INTRODUÇÃO AO DESENVOLVIMENTO DE GAMES

Dados Internacionais de Catalogação na Publicação (CIP)
(Câmara Brasileira do Livro, SP, Brasil)

Introdução ao desenvolvimento de games: vol. 3:
criação e produção audiovisual / editado
por Steve Rabin; tradução Opportunity
Translations; revisão técnica Luís Carlos
Petry. -- São Paulo: Cengage Learning, 2012.

Título original: Introduction to game development.
2º ed. norte-americana
Bibliografia.
ISBN 978-85-221-1145-9

1. Jogos por computador - Design 2. Jogos por
computador - Programação 3. Video games - Design
I. Rabin, Steve.

12-02733 CDD-794.81536

Índices para catálogo sistemático:

1. Games por computador: Desenvolvimento
794.81536

INTRODUÇÃO AO DESENVOLVIMENTO DE GAMES

Tradução da 2ª edição norte-americana

Volume 3
Criação e produção audiovisual

Tradução
Opportunity Translations

Revisão Técnica
Luís Carlos Petry

Doutor em Comunicação e Semiótica pela PUCS-SP. Professor no Programa de Pós-Graduação em Tecnologias da Inteligência e Design Digital e no Curso de Tecnologia Superior em Jogos Digitais da PUC-SP. Coordenador do Núcleo de Pesquisas em Hipermídia e Games da PUC-SP.

Editado por
Steve Rabin

Austrália • Brasil • Japão • Coreia • México • Cingapura • Espanha • Reino Unido • Estados Unidos

Introdução ao desenvolvimento de games
Volume 3 – Criação e produção audiovisual
Tradução da 2ª edição norte-americana
Editado por Steve Rabin

Gerente Editorial: Patricia La Rosa

Supervisora Editorial: Noelma Brocanelli

Editora de Desenvolvimento: Marileide Gomes

Supervisora de Produção Editorial: Fabiana Alencar Albuquerque

Título original: Introduction to game development, second edition
ISBN 13: 978-0-84003-103-7
ISBN 10: 0-84003-103-3

Tradução: Opportunity Translations

Revisão Técnica: Prof. Dr. Luís Carlos Petry

Copidesque: Mônica de Aguiar Rocha

Revisão: Ana Maria de Carvalho Tavares e Miriam dos Santos

Diagramação: Alfredo Carracedo Castillo

Capa: Sergio Bergocce

Indexação: Casa Editorial Maluhy & Co.

© 2010 Course Technology, uma divisão da Cengage Learning

© 2013 Cengage Learning Edições Ltda.

Todos os direitos reservados. Nenhuma parte deste livro poderá ser reproduzida, sejam quais forem os meios empregados, sem a permissão, por escrito, da Editora. Aos infratores aplicam-se as sanções previstas nos artigos 102, 104, 106 e 107 da Lei nº 9.610, de 19 de fevereiro de 1998.

Para informações sobre nossos produtos, entre em contato pelo telefone
0800 11 19 39
Para permissão de uso de material desta obra, envie seu pedido para
direitosautorais@cengage.com

© 2013 Cengage Learning.
Todos os direitos reservados.

ISBN: 13: 978-85-221-1145-9
ISBN: 10: 85-221-1145-6

Cengage Learning
Condomínio E-Business Park
Rua Werner Siemens, 111 – Prédio 20
Espaço 04 – Lapa de Baixo
CEP 05069-900 – São Paulo – SP
Tel.: (11) 3665-9900 – Fax: (11) 3665-9901
SAC: 0800 11 19 39

Para suas soluções de curso e aprendizado, visite **www.cengage.com.br**

Impresso no Brasil.
Printed in Brazil.
1 2 3 4   15 14 13 12

› Agradecimentos

Muitas pessoas dedicadas contribuíram para a criação deste livro. Primeiro, gostaria de agradecer aos autores. Esta obra é um tributo ao trabalho intenso e dedicação em compartilhar seu conhecimento com outros. Como líderes em seus campos, é necessário sacrifício e boa vontade para doar seu tempo livre na transmissão de conhecimento a outras pessoas. Por esse esforço, muito obrigado.

Este livro começou como um sonho de trazer veteranos importantes da área de jogos para criar um volume de conhecimento e sabedoria sem igual. Charles River Media acreditava imensamente no projeto desde o começo e me confiou a fazê-lo. Quero agradecer-lhes por sua orientação, suporte e fé. Toda a equipe da Charles River Media foi muito prestativa e utilizou suas habilidades para produzir esta obra rapidamente, e merece muitos agradecimentos por isso.

Quero manifestar minha gratidão a Jason Della Rocca, ex-diretor executivo da IGDA, não apenas pelo encorajamento para este projeto, mas também por seu suporte e contribuição à International Game Developers Association (IGDA) e à IGDA Curriculum Framework, que inspiraram e orientaram este livro. Obrigado também aos outros membros do Curriculum Development Committee: Tracy Fullerton, Magy Seif-El Nasr, Darius Kazemi, Darren Torpey, Yusuf Pisan, Rob Catto, Doug Church, Robin Hunicke, Katherine Isbister, Katie Salen, Warren Spector e Eric Zimmerman.

Agradeço ainda a Rob Bakie, Isaac Barry, Hal Barwood, Jim Charne, Henry Cheng, Miguel Gomez, Jeff Lander, Eric Lengyel, Tito Pagan e Graham Rhodes pela ajuda no recrutamento de autores e pela revisão de muitos dos capítulos.

Por fim, obrigado à minha amada esposa e a meus filhos, Aaron e Allison, por me apoiarem durante essa jornada, bem como meus pais, Diane e Barry, e meus sogros, Jim e Shirley.

Sumário

Prefácio — xv
Prefácio à edição brasileira — xxi
Biografia dos colaboradores — xxiii

>> PARTE 6 – CRIAÇÃO E PRODUÇÃO AUDIOVISUAL

6.1 – DESIGN VISUAL — 643

Visão geral — 643
A "aparência" — 643
Princípios do design gráfico — 644
    Elementos do design gráfico — 645
Teoria das cores — 647
Design da interface de usuário — 648
    Considerações de design — 648
    Elementos de design — 649
        Fundamentos de tipografia — 651
        Fontes TrueType versus bitmap — 653
        Criando uma fonte — 653
        Prototipagem rápida — 653
Resumo — 654
Exercícios — 654
Referências — 655

6.2 – MODELAGEM 3D — 657

Visão geral — 657
Introdução à modelagem 3D — 657
Modelagem por caixa com polígonos — 658
    Esboços conceituais — 658
    Esculpindo o básico da personagem — 659
    Refinando o modelo — 663

NURBS	**669**
Superfícies de subdivisão	670
Escultura 3D	670
Engenharia reversa	671
Modelagem BSP	672
Abordagens comuns para geometria de construção	673
Estudo de caso: *Final Drive Nitro*	673
Modelagem de baixo polígono (*low-polygon*)	675
Metodologia de modelagem	676
Use materiais de referência	676
Trabalho inicial e refinamento	676
Análise crítica	677
Perfis	677
Topologia	677
Opinião objetiva	677
Expressividade e essência	677
Resumo	678
Exercícios	678
Referências	678
6.3 – AMBIENTES 3D	**679**
Visão geral	679
Pré-planejamento	680
Abordagem artística	680
Estilo consistente e configuração	680
Ponto de vista da câmera	680
Aprimoramentos de volume	681
Efeitos de distância	682
Simulando detalhes	684
Cronograma	684
Resumo	684
Exercícios	685
Referências	685

6.4 – TEXTURAS 2D E MAPEAMENTO DE TEXTURA — 687

Visão geral — 687
Imagens 2D baseadas em arquivo para o mapeamento de textura — 689
O que você deve saber antes de criar um mapa de textura — 690
Sistema de coordenadas do mapeamento de textura — 691
Métodos para mapear coordenadas UV — 692
Estudo de caso: mapeamento de textura de uma personagem — 694
    Etapa 1: Avaliar o design da malha e o posicionamento de arestas — 695
    Etapa 2: Excluir elementos duplicados e dissecar o que sobrou — 695
    Etapa 3: Designar um mapa de textura e aplicar UVs — 697
    Etapa 4: Avaliar o espaço de textura e ajustar UVs — 698
    Etapa 5: Deixar a diversão de verdade começar – criar o mapa de textura — 699

Resumo — 699
Exercícios — 700
Referências — 700

6.5 – EFEITOS ESPECIAIS — 701

Visão geral — 701
Terminologia — 702
    Efeitos, sistemas de partículas, emissores e partículas — 702
        Efeitos — 703
        Sistemas de partículas — 703
        Emissor — 703
        Partícula — 703
    Tipos de partículas — 703
        Billboard — 704
        Sprites — 704
        Modelos — 704
        Ribbons — 704
        Renderização de partícula Z-feather — 704

Tipos de efeitos — 704
Elementos em um efeito — 705
Criando sistemas de partículas — 705

Crítica — 708

- Sincronização de tempo — 708
- Impacto — 709
- Movimento secundário — 709
- Densidade — 709
- Peso — 709
- Dispersão — 709
- Fundamento — 709
- Visceral — 709
- Frenético — 710

Shaders — 710

Física — 711

Desempenho e otimizações — 712

- Limitações de tempo — 712
- Decomposição — 713
  - *Contagens de partículas* — 713
- Quatro milissegundos para acontecer — 714
  - *Atualizações da CPU* — 714
  - *Overdraw* — 714
- Partículas de CPU versus partículas de GPU — 715

Requisitando novas características — 716

Dicas profissionais — 716

Exercícios — 717

Referências — 717

6.6 – ILUMINAÇÃO — 719

Visão geral — 719

Vendo dimensão em um mundo plano — 720

- Luz e superfície — 720
- Luminância — 720
- Ênfase na forma — 721
- Direcionando o foco com luz — 721
- Definindo o clima — 721

Modelos de luz — 721

- Luz de ponto: *point light* — 722

Luz de foco: *Spotlights*	722
Luz direcional: *directional light*	723
Luz de área: *area light*	723
Luz ambiente: *ambient light*	723

Sombras: *shadows*	724
Efeitos de lentes e atmosfera	724
Texturas iluminadas	725
Resumo	725
Exercícios	725
Referências	726

6.7 – ANIMAÇÃO 727

Visão geral	727
Responsabilidades e expectativas do animador	728
Aprendendo a animar para reprodução em tempo real	729
Fluxo de trabalho de produção de animação de personagem	732
Planejando seu trabalho	733
Modelagem e mapeamento de textura	735
Criando uma armação de esqueleto	736
Peso dos vértices – vinculando a malha ao esqueleto	740
Animação – construindo os *keyframes* manualmente	741
Animação facial	746
Outras considerações importantes para animação facial	747
Captura de movimento	748
Uso apropriado e disponibilidade	749
Animação de simulação	751
Resumo	751
Exercícios	752
Movimentos de personagem animados manualmente para um jogo em tempo real	752
Especificações técnicas	752
Referências	753

6.8 – CINEMATOGRAFIA   755

Visão geral   755
Definindo cinemática para jogos   755

    A linguagem do cinema   756
    Entregando emoção   757

Integrando cinemática nos jogos   757

    Oferecendo uma recompensa: a cena original   757
    Ritmo   757
    Avançando na trama: introduções, finais e história de fundo   758
    Dicas, pistas e instrução   758

Considerações técnicas   758

    Pré-renderizado *versus* em jogo   758
    Pré-renderizando cinemáticas   758
    Maquinima   759
    Ferramentas   760
    Cronograma   760

A linguagem cinemática   761

    Enquadramento   761
    Movimento: ação e direção dentro de um frame   762
    Edição: criando uma experiência perfeita   762

Planejamento e pré-produção   763

    Pesquisa   763
    Ilustração de produção e storyboards   764

Práticas de produção   765

Resumo   765

Exercícios   766

Referências   767

6.9 – DESIGN DE ÁUDIO E PRODUÇÃO   769

Visão geral   769
Equipe de áudio   771

    Equipe de música: diretor de música   772
    Equipe de música: compositor   772

Equipe de música: produtores de música	772
Equipe de música: engenheiro de gravação	772
Equipe de música: engenheiro de mixagem	773
Equipe de música: engenheiro de masterização	773
Equipe de música: engenheiro assistente	773
Equipe de design de som: diretor/gerente de áudio	773
Equipe de design de som: designer de som	773
Equipe de design de som: implementador	774
Equipe de diálogo: agente de elenco	774
Equipe de diálogo: diretor de dublagem	774
Equipe de diálogo: dubladores	774
Equipe de diálogo: editor de diálogo	775

Fundamentos do design de áudio — 775

Desenvolvimento de áudio — 776

Design de som — 778

Exemplo de design de som: basquete de rua	779
Ambiência	779

Música — 780

Música interativa	780
Fazendo streaming de música	780
Criando música	781
Sistema de áudio adaptativo	782

Produção de dublagem — 783

Áudio espacializado — 785

Mono	785
Estéreo	786
Surround multicanal	786
Áudio 3D espacializado	786
Áudio de ambiente	787

Estúdio experiente — 788

Hardware	789
A tríade	789
PC *versus* Mac	789
Software	789
Aplicativos para produção de áudio	789
Instrumentos e efeitos virtuais	790
Bibliotecas de efeitos sonoros	790

O negócio	**791**
Game Audio Network Guild	791
Paixão e localização	791
Resumo	**792**
Exercícios	**792**
Referências	**793**
Índice	**795**

〉 Prefácio

Bem-vindo à *Introdução ao desenvolvimento de games, Volume 3 – Criação e produção audiovisual*. Este é um livro único que combina a sabedoria e a experiência de mais de 20 profissionais do setor de jogos para lhe dar uma visão sem precedentes do desenvolvimento de jogos – desde o design, programação, produção até questões de negócios.

O maior desafio na criação deste livro foi abordar praticamente todo o desenvolvimento de um jogo, tentando manter a profundidade necessária para realmente entender e apreciar o estado da arte dos processos tecnológicos. A solução foi reunir alguns dos especialistas mais brilhantes e respeitados na indústria e permitir que cada autor fosse fundo nos detalhes para cobrir sua especialidade. Esse processo resultou em um livro bastante longo, dividido em quatro volumes. Apesar de ser uma obra longa comparada à maioria, tal aspecto foi peça-chave para manter conceitos e ideias importantes, dando-lhe discernimento profundo para os problemas do desenvolvimento real de jogos.

O histórico dos autores é impressionante. Grande parte tem mais de uma década de experiência na indústria de jogos e são líderes em seus respectivos campos, palestrando regularmente na Game Developers Conference,[1] ministrando aulas de desenvolvimento de jogos em nível superior, ou até mesmo escrevendo seus próprios livros. O que destaca esta obra é a incrível percepção e experiência que cada autor traz para seu capítulo, com todas as áreas do desenvolvimento de jogos sendo exploradas. Ninguém poderia criar um livro como este, já que requer vidas de especialização e experiência para entender e refinar os problemas. Contudo, não leve minhas palavras em consideração; observe a biografia dos autores nas páginas a seguir.

Estrutura do livro e inspiração

A estrutura da obra é totalmente apoiada na Estrutura de Currículo da International Game Developers Association (IGDA) proposta pelo IGDA Curriculum Development Committee. Por meio da cooperação entre os profissionais respeitados da indústria e da academia, esse comitê foi capaz de definir uma estrutura que daria orientação para escolas e universidades para criar seus próprios programas acadêmicos no desenvolvimento de jogos. Por ser a Estrutura de Currículo da IGDA um continuado processo, ela forneceu a orientação e a inspiração para este livro.

Não é a intenção que todo tópico e capítulo deste livro sejam ensinados completamente em uma aula de desenvolvimento de jogos. Em vez disso, a obra contém uma classificação de assuntos, divididos em partes, que podem ser misturados e combinados para criar um currículo customizado, porém direcionado a um programa acadêmico particular.

Embora o livro possa ser customizado para criar um foco em particular, há um valor imenso na compreensão de todos os elementos do desenvolvimento de jogos e como eles interagem. O desenvolvimento de jogos não é apenas o design, programação ou criação de modelos 3D. Ele abarca o processo completo e como cada elemento interage e influencia os demais. Especialistas em programação não serão muito úteis se não entenderem as motivações do designer de jogos, artistas ou produtor. Os artistas irão criar uma arte inútil se não levarem em conta as limitações da programação do hardware e não criarem uma arte que combine com o design do jogo. Por fim,

---

[1] N.R.T.: A *Game Developers Conference* é um evento da indústria de games que se organiza em vários módulos. Consulte o site da GDC em http://www.gdconf.com/.

seria prejudicial a um projeto se a área comercial não entendesse os desafios técnicos envolvendo programação e criação de arte. O desenvolvimento de jogos é um processo cooperativo que depende de que cada departamento compreenda as motivações, os requisitos e as limitações colocadas pelos demais. Este livro deseja estabelecer um respeito mútuo e atitude de equipe de trabalho para o desenvolvimento de jogos.

Atualizações da segunda edição

A primeira edição deste livro foi desenvolvida em 2004-2005, antes do lançamento do Xbox 360, PS3 e Wii. Durante essa última transição dos consoles, vimos os processadores passarem do *single core* para o *multicore*,[2] os preços dos jogos subirem de US$ 50 para US$ 60, a distribuição digital se tornar cada vez mais aceita mundialmente e um retorno à ênfase na jogabilidade sobre materiais visuais impressionantes. E por mais que o desenvolvimento de jogos tenha mudado nos últimos quatro anos, os fundamentos principais continuam os mesmos. O único modo de ter sucesso é produzir grandes jogos que se concentrem na experiência do jogador.

Nesta segunda edição, tornamos mais eficiente a seção *Design de Jogos* (no Volume 1), expandindo métodos e técnicas para fazer o design dos jogos. Um novo capítulo sobre *Escrita de jogos e contando histórias interativas* (*Interactive storytelling*) foi adicionado. Este capítulo, que também faz parte do Volume 1, complementa e completa a seção *Design de Jogos*, dando orientação na disciplina de como construir e contar uma história dentro de uma experiência interativa. Além disso, atualizamos todos os capítulos para refletir o avanço tecnológico no desenvolvimento comercial de jogos.

Desenvolvimento de jogos no século XXI

Passados são os dias que um desenvolvedor solitário fabricava sozinho o design, o código e a arte do jogo. Desenvolvimento de jogos no século XXI trata da luta de grandes equipes para atingirem uma meta comum, em um período de vários anos. A indústria de jogos é um negócio "movido por grandes êxitos", e é necessário incrível talento, experiência, criatividade, marketing e sorte para produzir o próximo jogo de sucesso. Contudo, nessa indústria inovadora e evolutiva, há uma enorme oportunidade para alcançar novas barreiras e empurrar a tecnologia ainda mais além.

Enquanto a primeira edição do livro estava em produção, a indústria de jogos testemunhou o aparecimento do Nintendo DS. Esse sistema de jogos portáteis se mostrou como um exemplo perfeito de como a inovação continua a surgir ao nosso redor, ano após ano. O sistema suporta múltiplas telas, um microfone, um painel de toque, conectividade sem fio, e o jogar por transferência sem fios. Cada um desses elementos já existia há algum tempo, de uma forma ou de outra, mas ao colocarem tudo em um único pacote que milhões de pessoas compraram, os desenvolvedores podem contar com a presença dessas características na exploração de novos modos de jogabilidade. Centenas de empresas dedicaram seus desenvolvedores mais talentosos na criação de jogos que exploram essa nova interatividade.

Com quase 40 anos de idade, a indústria de videogames ainda é jovem e se encontra em um ritmo de expansão impressionante. A receita global de 2007 foi de US$ 41,9 bilhões e foi estimada em torno de US$ 57 bilhões em 2008. Apesar da crise econômica global ao final de 2008 e 2009,

---

[2] N.R.T.: Os computadores contam atualmente com uma arquitetura de multiprocessamento, designada como *multicore*, baseada em estudos da indústria e, em pesquisadas do MIT. Maiores detalhes em: http://www.ic.unicamp.br/~rodolfo/Cursos/mc722/2s2007/trabalhos/g20_texto.pdf.

os videogames parecem ser mais à prova de recessão do que as outras indústrias e irá resistir ao ambiente econômico muito bem, talvez alcançando US$ 68 bilhões em receita global em 2012 de acordo com a PricewaterhouseCoopers LLP.

Esse crescimento incrível significa oportunidade para novas ideias, novas formas de jogar e a necessidade de novos talentos para a indústria. Este livro espera inspirar, motivar e guiar gerações futuras de desenvolvedores a criar jogos inovadores que continuem a elevar as fronteiras do que foi criado no passado.

www.IntroGameDev.com

Juntamente com a publicação do livro, temos um site que serve de suporte aos aspirantes a desenvolvedores de jogos. Nele você encontrará informações sobre tudo o que deve saber e conhecer para o desenvolvimento de jogos. O site funciona como um guia para encontrar artigos e informações sobre desenvolvimento de jogos; dicas que não estão disponíveis em qualquer outro local. São mais de 1.300 artigos, categorizados por disciplinas como física, IA ou design de jogos. Utilize-o como ferramenta e recurso quando for explorar as técnicas e conhecimentos de desenvolvimento de jogos. As informações estão disponíveis em inglês.

Material complementar disponível para download

Este livro disponibiliza para download códigos-fonte, demonstrações, arquivos de arte, e outros materiais que podem ser muito úteis para estudos e exercícios apresentados ao longo do texto. Esses materiais estão disponíveis na página do livro, no site da editora em www.cengage.com.br. O conteúdo está disponível em inglês, consulte o link.

Requisitos do sistema

Séries Intel® Pentium®, AMD Athlon ou processadores mais recentes recomendados. Windows XP (64MB RAM) ou Windows 2000 (128MB RAM) ou superior recomendado. Placas gráficas de vídeo 3D necessária para algumas aplicações de amostra. DirectX 9 ou o mais recente. Software necessário para utilizar todos os arquivos fornecidos: Microsoft Visual Studio .NET 2003, 3ds max 6, Microsoft Word, Microsoft Excel, Microsoft PowerPoint, Adobe Reader e QuickTime Player.

Como utilizar este livro

À primeira vista , a natureza desta obra pode ser desencorajadora para qualquer estudante, instrutor ou aspirante a desenvolvedor de jogos. Claramente, não é a intenção de que todo o capítulo seja ensinado de modo minucioso em uma aula acadêmica, mas encorajamos que várias partes sejam usadas para criar uma experiência educacional customizada. Personalizando o conteúdo deste livro, muitos programas acadêmicos com propósitos um pouco diferente podem ser satisfatoriamente atendidos. As partes e os capítulos são independentes, o que facilita a sua customização. É possível ignorar certas partes ou mover capítulos quando necessário. As informações a seguir fornecem uma orientação e exemplos de como usar o livro em um contexto educacional.

Entender as várias partes deste livro é a chave para criar um currículo customizado. Como mostra a Figura 1, os volumes que compõem o livro estão divididos em quatro categorias principais: entendendo os jogos, programação de jogos, criação de arte/recursos e negócios/gerenciamento. Para qualquer currículo, o objetivo é encontrar um equilíbrio entre as quatro categorias.

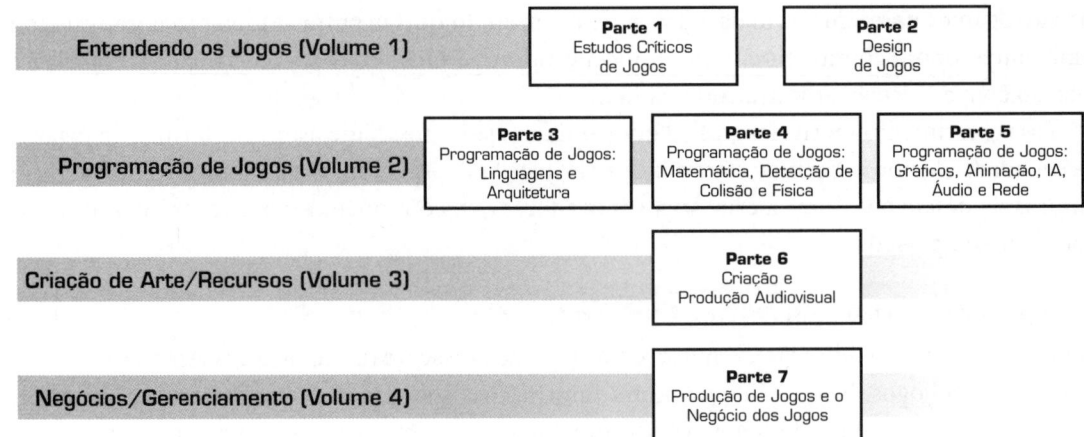

Figura 1 Quatro categorias principais para equilibrar um currículo.

Em um curso de desenvolvimento de jogos, promovido por um departamento de ciência da computação, é, sem dúvida nenhuma, importante se concentrar nos aspectos de programação (Partes 3, 4 e 5 – Vol. 2). Contudo, é essencial para motivar o que está sendo construído (Partes 1 e 2 – Vol. 1), evidenciar que existem limitações relacionadas a recursos que vão ser integrados (Parte 6 – Vol. 3), e como um projeto de jogo é gerenciado (Parte 7 – Vol. 4). Em um curso de dez semanas, seria apropriado dedicar sete a oito semanas em programação, enquanto se intercala o tópico principal, com aproximadamente duas ou três semanas, de *entendendo os jogos*, *criação de arte/recurso*, e questões de *negócios/gerenciamento*.

Cada vez mais em universidades, cursos interdisciplinares especiais estão sendo oferecidos na área do desenvolvimento de jogos, abrangendo estudantes de disciplinas diferentes como ciência da computação, arte, música e negócios. Em um ambiente dinâmico e rico, este livro pode ajudar de diversas maneiras, desde design de jogos, programação, criação de arte até no gerenciamento de projetos de equipes. Nesse tipo de curso, estudantes adotam um papel e interagem uns com os outros como se fossem parte de uma equipe real de desenvolvimento de jogos. As aulas podem ser divididas dentro das quatro categorias principais, observando-se uma maior ênfase na parte da programação. O livro fornece profundidade suficiente para que os estudantes em cada disciplina se aprofundem mais e explorem tópicos individuais.

Outros currículos, como os de design de jogos, podem se beneficiar da exploração das inter-relações de todos os aspectos do desenvolvimento que este livro oferece. Enquanto a maioria dos tópicos de programação poderia ser abordada superficialmente ou de maneira esparsa, há uma grande quantidade de material a explorar nas Partes 1 e 2 (Vol. 1), 6 (Vol. 3) e 7 (Vol. 4). Um curso sobre design de jogos dedicaria mais ou menos três semanas à história dos jogos e à análise de jogos, outras duas a três ao design principal, então as quatro semanas restantes na relação da programação seriam dedicadas a criação de recurso e questões de negócios (como regulamento de conteúdo) com o design do jogo. Por exemplo, temas como inteligência artificial ou áudio podem ter um grande impacto no design de um jogo proporcionando muitas oportunidades interessantes de jogabilidade.

Em resumo, três currículos de exemplo são dados na Tabela 1 para cada um dos três tipos de cursos apresentados. Cada um aborda a maioria dos capítulos de todo o livro, mas a diferença está no foco e na profundidade. Ao dedicarem tempo apropriado a cada tópico, os estudantes garantem aprofundar-se em um assunto, porém podendo apreciar as questões tecnológicas, artísticas e de negócios que são parte integrante do desenvolvimento do jogo. Observe também que as partes e os capítulos são geralmente independentes e podem ser omitidos, misturados ou distribuídos em pares conforme for necessário.

Tabela 1 Três exemplos de currículos baseados em um curso de nível superior, de 10 semanas.

Semana	Curso orientado à programação	Curso interdisciplinar	Curso de design de jogos
1	Visão geral e design de videogames (Caps. 1.1, 1.2, 2.1, 2.2) – Vol.1	Visão geral de videogames (Caps. 1.1, 1.2) – Vol.1	História dos videogames (Cap. 1.1) – Vol. 1
2	Equipes e a produção de jogos (Caps. 3.1, 7.1) – Vols. 2 e 4	Equipes e a produção de jogos (Caps. 3.1, 7.1) – Vols. 2 e 4	Questões sociais e culturais dos jogos (Cap.1.2) – Vol.1
3	Linguagem e arquitetura (Caps. 3.2 – 3.6) – Vol. 2	O papel da indústria de jogos e a economia (Caps.7.2, 7.3, 7.4) – Vol.4	Estudando os jogos a partir de uma perspectiva acadêmica (Cap. 1.3) – Vol.1
4	Matemática, detecção de colisão e física (Caps. 4.1, 4.2, 4.3) – Vol. 2	Design de jogos (Caps. 2.1, 2.2) – Vol.1	Design de jogos (Caps. 2.1, 2.2) – Vol.1
5	Gráficos, modelos 3D, texturas (Caps. 5.1, 6.2, 6.4, 6.7) – Vols. 2 e 3	Criação de recursos e arte (Caps. 6.1 – 6.7) – Vol. 3	Design de jogos (Caps. 2.1, 2.2) – Vol. 1
6	Programação de animação e criação (Caps. 5.2, 6.7) – Vols. 2 e 3	Linguagens de programação e arquitetura (Caps. 3.2 – 3.6) – Vol. 2	Influência da inteligência artificial e do áudio no design de jogos (Caps. 5.3, 5.5, 6.8) Vols. 2 e 3
7	Gráficos e animação (Caps. 5.1, 5.2) – Vol. 2	Conceitos de matemática e física 3D (Caps. 4.1, 4.3) – Vol. 2	Equipes e produção de jogos (Caps. 3.1, 7.1) – Vols. 2 e 4
8	Inteligência artificial (Caps. 5.3, 5.4) – Vol.2	Visão geral dos gráficos e animação (Caps. 5.1, 5.2) – Vol. 2	Visão geral da criação de arte e recursos (Caps. 6.1 – 6.7) – Vol. 3
9	Áudio e rede (Caps. 5.5, 5.6) – Vol.2	Visão geral de inteligência artificial, áudio e rede (Caps. 5.3, 5.5, 5.6) – Vol. 2	Papel da indústria de jogos e da economia (Caps. 7.2, 7.3, 7.4) – Vol. 4
10	Questões legais e de negócios (Caps. 7.2 – 7.6) – Vol. 4	Propriedade intelectual e regulamento de conteúdo (Caps. 7.5, 7.6) – Vol. 4	Propriedade intelectual e regulamento de conteúdo (Caps. 7.5, 7.6) – Vol. 4

> Prefácio à edição brasileira

A primeira edição brasileira de *Introdução ao desenvolvimento de games, Volume 3 – Criação e produção audiovisual*, editado por Steve Rabin, liderando uma equipe de profissionais e desenvolvedores com larga e comprovada experiência na área dos jogos, coloca mais um recurso fundamental à disposição da comunidade de produtores e pesquisadores em jogos no Brasil. Aliado aos dois volumes anteriores, que tratam das amplas áreas referentes ao *Universo dos jogos* e *à Programação: técnica, linguagem e arquitetura,* o atual volume traz para o primeiro plano a questão do design de jogos, enfocando de forma compenetrada e elucidativa todas as áreas que, juntas, culminam no que os autores chamam de design de nível.

O conjunto de livros que forma a *Introdução ao desenvolvimento de games* se caracteriza por uma sólida organização didática, a qual se pauta pela apresentação estruturada dos conceitos, pela sistematização de exemplos e situações modelo, pela discussão de alternativas e opções adicionais, sempre acompanhados de exercícios que cobrem o conteúdo de cada capítulo. Além disso, traz uma excelente bibliografia para estudo e materiais de apoio (disponíveis no site da Editora) que compõem um conjunto de recursos didático-pedagógico extremamente rico e versátil. Se, por um lado, o cenário internacional da teoria e desenvolvimento de jogos sofreu profundas alterações nos últimos cinco anos, com o incremento dos motores de jogos acompanhando a evolução dos processadores, e com o crescimento da comunidade de desenvolvedores e jogadores, o fato é que cada vez mais os produtores e as empresas têm despertado para a necessidade de uma maior e mais ampla contextualização e fundamentação de suas práticas – e isso não somente do ponto de vista técnico, mas igualmente a partir de outros tantos conhecimentos da cultura ocidental.

O Brasil, por sua vez, passou da simples posição de consumidor secundário para a condição de território emergente de consumo e produção. Empresas e profissionais brasileiros começaram a se destacar dentro do plano internacional, seja na participação em projetos de jogos, ou no desenvolvimento de metodologias associadas aos motores de jogos. Viu-se o surgimento de inúmeros estúdios de desenvolvimento independentes no Brasil e um aumento significativo de cursos universitários que agora voltam a sua atenção para a formação de profissionais focados na concepção e desenvolvimento de jogos.

É sob esse panorama efervescente que esse volume – que trata das áreas da criação e produção audiovisual para games, envolvendo as regras do *design visual, a modelagem tridimensional de objetos, personagens e ambientes, a produção de texturas, efeitos especiais e iluminação, a animação, a cinemática e o design e produção de áudio* para jogos – cobre uma demanda por novos e consistentes materiais que são, ao mesmo tempo, técnicos e conceituais.

Da mesma forma como os dois volumes anteriores (*Entendendo o universos dos jogos* e *Programação: técnica, linguagem e arquitetura*), este é um excelente recurso à mão de todos os que estudam, pensam e pesquisam jogos. Ele se constitui em um livro essencial para o ensino e aprendizagem da produção de jogos para todos aqueles que buscam uma referência conceitual sólida e a indicação de fontes consagradas. Se para as graduações de jogos ele pode ser tomado como uma bibliografia básica, nos cursos de pós-graduações se converterá em precioso recurso para a pesquisa de tópicos avançados.

A revisão técnica do livro contou com o apoio de uma comunidade de pesquisadores em jogos, aos quais agradeço pelas contribuições e discussões. Com Eliseu Lopes Filho, diretor de cinema de animação, recebemos um suporte e apoio exemplar para a discussão dos temas que envolviam animação, efeitos especiais e cinemática, contribuindo para a diferenciação e, ao mesmo tempo, para a referência histórica em relação ao cinema e sua linguagem. O leitor poderá observar na leitura do presente volume que os elementos sintáticos e semânticos do cinema que são incorporados pela produção de jogos, em alguns momentos, produzem variações e mutações significativas. Como dizem os autores deste volume, os jogos não são cinema nem teatro, ainda que tenham nestes uma das bases históricas de seu atual percurso. Em uma área da cultura em constante mutação como a de jogos, espera-se que cada vez mais os conceitos evoluam, diferenciem-se e se tornem mais precisos, a fim de que possam servir de um sólido instrumento para as atividades técnico-criativas. Vários outros pesquisadores colaboraram na discussão dos conceitos desta edição. Com os colegas David de Oliveira Lemes e Fábio Musarra tivemos uma acolhida essencial para a discussão sobre pontos da terminologia atual a ser utilizada na formação em jogos. Somente podemos desejar ao leitor uma boa e frutífera leitura.

Luís Carlos Petry

> Biografias dos colaboradores

Robert T. Bakie

slinkie@serv.net
Rob Bakie é um profissional da indústria de jogos desde 1998 e um ávido jogador desde pouco tempo após seu nascimento. Atualmente, trabalha na Nintendo of America como webmaster no grupo de suporte ao desenvolvedor. Antes, trabalhou na divisão on-line multijogador WON.net da Sierra Entertaiment. Já escreveu críticas e revisões de jogos para revistas e sites norte-americanos. Rob é bacharel em Communications-Broadcast Journalism pela University of Washington com formação secundária em Música Computacional.

Isaac Barry

isaac.barry@gmail.com
Isaac Barry é diretor de Criação para a GameHouse, o primeiro estúdio de desenvolvimento de games casuais em Seattle, Washington. Próximo do final do século XX, começou a procurar trabalho e logo encontrou o de designer de jogos. O trabalho com design em todos os tipos de sistemas e conteúdos o levou a uma paixão pelo desenvolvimento de ferramentas visando à melhoria de seu trabalho e da indústria em geral. Ele teve a sorte de ter encontrado sua segunda casa em um campo no qual os profissionais se dedicam na criação de experiências afetivas, e grato à sua primeira casa por continuar a apoiar e sustentar seu processo.

Ed Bartlett

ebartlett@igaww.com
Ed Bartlett, vice-presidente e cofundador do IGA Worldwide Europa, é um profissional da nova geração de visionários da indústria multidisciplinar, combinando um histórico de 15 anos no setor de videogames com uma perspicácia de negócios e especialidade em mídia e publicidade comprovada. Tendo participado de cargos de produção e criatividade sênior em lançamentos importantes de jogos para produtoras, incluindo a Sega, Virgin Interactive, BMG Interactive, Acclaim e Hasbro Interactive, Bartlett passou para o desenvolvimento de negócios em 1999, como diretor de um renomado estúdio de desenvolvimento de jogos, The Bitmap Brothers.
Bartlett é um dos pioneiros da publicidade de jogos, dedicadamente fundando a agência Hive Partners, à frente da concorrência em 2003. Como diretor executivo, levou a empresa a lucrar em seu primeiro ano, conseguindo contas globais de anunciantes como Red Bull, e alcançando acordos revolucionários com produtoras de videogame, incluindo Sega e Vivendi Universal Games. Em 2005, negociou a aquisição da Hive Partners pela IGA Worldwide, unindo as companhias como membro fundador e ajudando a aumentar os US$ 17 milhões de capital de risco da empresa. Desde então é responsável pela construção das fundações da Radial Network, líder no setor, garantindo negócios mundiais com empresas como Electronic Arts, Valve, Sega, Atari e Codemasters. A IGA Worldwide foi selecionada pela Sony Computer Entertainment America e pela Sony Computer Entertainment Europe como a principal parceira para a inserção de publicidade a ser realizada no interior de jogos do Playstation3 (os *in-game advertising plataform*).

James Boer

author@boarslair.com

James Boer está na indústria de jogos desde 1997, trabalhando em títulos como *Deer Hunter*, *Deer Hunter II*, *Trophy Hunter*, *Pro Bass Fishing*, *Microsoft Baseball 2000*, *Tex Atomic's Big Bot Battles* e *Digimon Rumble Arena 2*. Também contribuiu de maneira frutífera com a mídia impressa da indústria de jogos, tendo escrito vários artigos para a revista *Game Developer*, com coautoria no *DirectX Complete*, autoria em *Game Audio Programming* e contribuído com quatro volumes de *Game Programming Gems*. Atualmente, trabalha na ArenaNet, onde é responsável pela criação de sistemas de áudio e cinemática, bem como de ferramentas para títulos que ainda estão em produção.

Sue Bohle

sue@bohle.com

Sue Bohle é uma profissional de relações públicas altamente conceituada. Iniciou sua carreira na Burson-Marsteller, a maior agência de relações públicas do mundo. Ela então foi contratada pela J. Walter Thompson Co. para ajudar a empresa a desenvolver uma presença de relações públicas em Los Angeles. No prazo de três anos, tornou-se a primeira vice-presidente da JWT na Costa Oeste e, um ano depois, a primeira mulher em Los Angeles a ser nomeada gerente geral de um escritório de uma empresa internacional de Relações Públicas. Em 1979, Sue decidiu abrir sua própria empresa de relações públicas. Hoje, The Bohle Company é uma das 50 maiores agências independentes de Relações Públicas nos Estados Unidos e a maior empresa focada em tecnologia no Sul da Califórnia. Profissionalmente ativa, é membro e ex-presidente do College of Fellows, PRSA, uma honra concedida a profissionais avaliados como modelo na indústria de Relações Públicas. Ela também é ex-presidente da Counselors Academy, uma organização nacional de chefes de agências, bem como ex-presidente da Los Angeles Chapter of Public Relations Society of America. Sue possui tanto o bacharelado como o mestrado da Northwestern University's Medill School of Journalism. Antes de entrar em relações públicas, ela era instrutora de jornalismo dos ensinos médio e superior.

Todd M. Fay

todd@audiogang.org

Todd M. Fay era o diretor de desenvolvimento para a Game Audio Network Guild (www.audiogang.org). Já trabalhou com Creative Labs ATC, Blizzard Entertainment, THQ, Vivendi Universal, Black Ops Entertainment, G4 Media, e Tommy Tallarico Studios. Seu talento chamou a atenção na *Game Developer Magazine*, Gamasutra.com, Music4Games.net e, no G4: Television for Gamers, a rede 24 horas dedicada a jogos e ao estilo de vida dos jogadores. No G4 Media, Todd supervisionou o desenvolvimento dos programas *Filter and Cheat!: Pringle's Gamer's Guide*, bem como o *Special: Splinter Cell* da Icon. Enquanto trabalhava com a Creative Labs, contribuiu com o desenvolvimento do EAX 3.0, e foi também autor do guia do designer para essa tecnologia. Todd produziu seu primeiro livro, *DirectX 9 Audio Exposed: Interactive Audio Development*, para a Wordware Publishing em 2003, que lhe proporcionou o Prêmio G.A.N.G.[3] em 2004. Possui bacharelado em música pela University of Massachusetts Lowell (UML), cujo Departamento de Tecnologia em Gravação de Som foi ganhador do Prêmio Lowell (UML).

---

[3] N.R.T. : Consulte o site da G.A.N.G em http://www.audiogang.org/.

Tom Forsyth

Tom.Forsyth@eelpi.gotdns.org
Tom é um arquiteto de software e hardware na Intel trabalhando no projeto Larrabee. Anteriormente, escreveu software de animação para a RAD Game Tools, motores gráficos de jogos para a Muckyfoot Productions e drivers para placas de vídeo Direct3D para a 3Dlabs. Em seu tempo livre, fez uma variedade de pesquisas relacionadas aos gráficos, com foco em sombras, e já escreveu e editou muitos livros e artigos, notavelmente como parte da série *ShaderX*.

David Johnson

undertone_dj@yahoo.com
David iniciou sua carreira como colorista na CST Technology, em 1994, colorizando desenhos animados e filmes. Após estudar animação e efeitos especiais no Santa Monica College's Academy of Entertainment Technology, tornou-se um modelador 3D. Trabalhou como modelador profissional na 3Name3D e Viewpoint Digital. David tem créditos em um filme, créditos em vários jogos e já criou modelos para diversos sites e comerciais de TV. Está trabalhando em jogos desde 1999 e é um dedicado artista de efeitos desde 1995. Trabalhou em títulos como *Shadowrun*, *Halo 3* e também no *Modern Warfare 2*, da Infinity Ward.

Eric Lengyel

lengyel@terathon.com
Eric Lengyel é arquiteto chefe no Terathon Software, onde comanda o desenvolvimento do C4 Engine. Ele se dedica à pesquisa de gráficos 3D há mais de 15 anos e é autor do best-seller *Mathematics for 3D Game Programming and Computer Graphics*. Também é autor do *OpenGL Extensions Guide* e já escreveu muitos artigos para publicações da indústria desde o Gamasutra.com até a série *Game Programming Gems*.

Peter Lewis

peterlewis@primitive-eye.com
Peter Lewis trabalha com gráficos de computador desde metade dos anos 1980, quando começou a programar câmeras de controle de movimento para a indústria de filmes. Começou a atuar na indústria de videogames em 1991 com a Dynamix, Sierra Online, onde criou o Cinematics e gráficos 3D para jogos. Foi *senior art lead*[4] na WildTangent, Mad Doc Software, estúdio ACES dentro da Microsoft Game Studio, e é atualmente diretor de arte na Reality Gap. Peter é instrutor no DigiPen Institute of Technology, onde ensina animação de computador para estudantes de arte e programação; tem sido instrutor do programa de animação de computador certificado pela University of Washington Extension.

Noel Llopis

llopis@gmail.com
Noel Llopis é fundador da Snappy Touch, desenvolvendo independentemente jogos para iPhone. Anteriormente cofundou a Power of Two Games. Também foi arquiteto técnico chefe na High Moon Studios onde coordenou a pesquisa e o desenvolvimento de tecnologia de ponta. No Day 1 Studios, arquitetou e

---

[4] N.R.T.: *Senior art lead* é um cargo da indústria de games. Ele é o responsável pela produção, processamento e a localização das artes e recursos dentro do jogo. O cargo é ocupado por um artista com ampla experiência e conhecimento; uma versão possível seria: *artista principal sênior*.

desenvolveu a tecnologia que está na base de jogos como *MechAssault 1* e *2*. É um entusiasta dos métodos de desenvolvimento ágil, testes automatizados e desenvolvimento direcionado por testes. É autor do livro *C++ for Game Programmers*, contribuiu com diversos artigos para a série *Game Programming Gems*, e atualmente escreve a coluna Inner Product na *Game Developer Magazine*. Obteve bacharelado pela University of Massachusetts Amherst e mestrado pela University of North Carolina em Chapel Hill.

Syrus Mesdaghi

syrusm@hotmail.com

Syrus Mesdaghi é o engenheiro chefe de IA na Dynamic Animation Systems, onde é o chefe de tecnologia em um projeto FPS (*First Person Shooter*) para treinamento tático de tomada de decisões baseadas em equipe, assumindo muitos aspectos do projeto, o que inclui a IA. Anteriormente foi diretor do Curso de IA no programa de Desenvolvimento e Design de Jogos da Full Sail University. Além de sua paixão por IA, dedicou-se à melhoria, demonstração e promoção da tecnologia Java. Desenvolveu e exibiu tecnologia de jogos de ponta para DAS, Full Sail University e Sun Microsystems em diversas conferências como GDC, SIGGARH, QuakeCon e I/ITSEC em projetos, desde jogos de FPS, RTS, luta e corrida. Realizou apresentações na GDC e é um dos autores de *Practical Java Programming*. Contribuiu ainda com outras publicações como *AI Game Programming Wisdom*.

Tito Pagan

tpagan@w-link.net

O diretor de arte Tito Pagan é um veterano desenvolvedor de jogos e escritor com 17 anos de experiência na indústria, além de possuir créditos em dezenas de títulos de jogos. Sua experiência vai desde artista de texturas, designer de nível, chefe de animação, modelador de personagem, artista de conceito, diretor de captura de movimentos e diretor técnico. Há pouco tempo fundou o BoldFist, um estúdio de animação e captura de movimentos em Washington. Anteriormente para a WildTangent, Tito chefiou a direção de arte de títulos de jogos Internet, bem como a edição de jogos para a Internet publicados de forma customizada para os clientes. Os ciclos de desenvolvimento agressivos na WildTangent ensinaram muito a Tito sobre produção e terceirização otimizada de arte nos jogos, com uma média de três jogos por ano durante seus cinco anos de empresa. Com o lançamento da Gas Powered Games, chefiou o trabalho de animação, com a tarefa de coordenar os elementos de movimentação do personagem no jogo *Dungeon Siege*.

Mark Peasley

mp@pixelman.com

Mark Peasley é um veterano na indústria de jogos, com 20 anos de experiência produzindo ilustrações, cronogramas, gerenciando equipes e fazendo trabalhos impossíveis. Durante esse tempo, foi artista, diretor de arte, produtor e diretor de projeto. Trabalhou em mais de 25 títulos de PC, 3DO, Xbox e Xbox 360. Recentemente na Microsoft Games Studio, trabalhou com *Forza Motorsport*, *Forza Motorsport 2*, *Midtown Madness* e *Rallisport*.

Steve Rabin

steve.rabin@gmail.com

Steve Rabin é engenheiro de software principal da Nintendo of America, onde pesquisa novas técnicas para as plataformas atuais e futuras da Nintendo, ferramentas de desenvolvimento para arquitetos como o WiiProfiler e dá suporte aos desenvolvedores da empresa. Antes da Nintendo, trabalhou principalmente como engenheiro IA em diversas empresas iniciantes em Seattle incluindo Gas Powered Games,

WizBang Software Productions e Surreal Software. Organizou e editou a série de livros da *AI Game Programming Wisdom*, o livro *Introduction to Game Development* e tem dúzias de artigos publicados na série *Game Programming Gems*. Palestrou na conferência AIIDE em Stanford, na Game Developers Conference e em muitas conferências de desenvolvimento da Nintendo na América do Norte e Europa. Organizou a AI Summit com duração de dois dias na GDC 2009 e moderou as mesas-redondas de IA na GDC. Steve também fundou e gerencia um grupo profissional conhecido como AI Game Programmers Guild. Ensina inteligência artificial para jogos na University of Washington Extension e no DigiPen Institute of Technology. Possui bacharelado em Engenharia da Computação e mestrado em Ciência da Computação, ambos pela University of Washington. Por fim, mantém um site que cataloga mais de mil artigos de desenvolvimento de jogos no www.introgamedev.com.

Graham Rhodes

grhodes@nc.rr.com
Graham Rhodes começou a fazer jogos nos computadores Commodore e Atari de 8 bits quando ainda estava no ensino médio. Desde então vem criando software para gráficos 3D em tempo real, jogos e simulações. Foi programador chefe para uma série de jogos educacionais para o *World Book Multimedia Encyclopedia*, bem como em diversos *"serious games"* em primeira/terceira pessoa, além de contribuir em inúmeros projetos de modelagens procedurais de simulações baseadas em física. Graham contribuiu com capítulos para diversos livros na série *Game Programming Gems*. É moderador do fórum de matemática e física no site *gamedev.net*, apresentou-se na Game Developers Conference (GDC) anual e outros eventos e regularmente participa da GDC e da conferência anual ACM/SIGGRAPH. Graham é membro da ACM/SIGGRAPH, da International Game Developer's Association (IGDA), da North Carolina Advanced Learning Technologies Association (NC Alta) e da Long Now Foundation.

Dr. Stephen Rubin , Esquire

sr@stephenrubin.com
Steve Rubin representa desenvolvedores e distribuidores engajados em todos os aspectos da indústria de jogos em assuntos tais como contratos, licenças, proteção e aplicação da propriedade intelectual e litígio, formação de negócios, aquisições e financiamento. Antes de criar sua própria empresa, Steve era um advogado na Divisão Antitruste do Departamento de Justiça dos Estados Unidos, professor de direito na University of Florida e sócio em um escritório onde chefiava as práticas de propriedade intelectual e antitruste. Também atuou como *special master*[5] e como mediador na Corte Federal norte-americana para casos de patentes e outros litígios. É autor de diversos livros e artigos sobre antitruste e propriedade intelectual. Além disso, é palestrante sobre tópicos de direito e negócios na Game Developers Conference.

Kathy Schoback

kathy@igda.org
Como vice-presidente executiva e diretora global de marca para a Game Group of Think Services, Kathy supervisiona a série de eventos da Game Developers Conference, localizada em São Francisco, CA; Austin, TX; Vancouver, Canadá; Xangai, China; e Colônia, Alemanha. Também gerencia produtos impressos e sites para o Game Group, que inclui Gamasutra.com e *Game Developer*. Uma veterana da indústria de jogos, Kathy começou sua carreira na SEGA of America e em seus nove anos lá ocupou uma variedade de cargos de desenvolvimento de gerenciamento e negócios. Outra experiência profissional inclui trabalhar

---

[5] N.R.T.: O *special master* é um cargo judiciário nos EUA, designado pelo juiz. Sua função é a de cuidar que as ordens judiciais sejam seguidas criteriosamente.

como diretora de Operações de Produtos na Eidos e vice-presidente de Aquisição de Conteúdo para AGEIA Technologies, bem como fazer parte do comitê consultivo da Game Developers Conference, como diretora da International Game Developers Association, e participar no comitê de direção do Women in Games International. Kathy se graduou com *summa cum laude* no bacharelado em Inglês da University of California, Berkeley.

Jeff Selbig

jselbig@hotmail.com
Jeff trabalha na indústria de jogos desde 2000 como artista 3D, diretor de arte e gerente de terceirização. Anteriormente, atuou como geologista de exploração para ARCO e engenheiro geotécnico no Alasca. Gasta seu tempo livre convencendo sua família de que jogar *World of Warcraft* e *Guild Wars* é pesquisa relacionada a trabalho.

Tom Sloper

tomster@sloperama.com
Tom Sloper é produtor e designer de jogos há mais de 25 anos, projetou e produziu jogos para grandes plataformas desde o Vectrex e Atari 2600 até Playstation, Dreamcast, Nintendo DS, Xbox 360 e IPTV. Trabalhou para Sega, Atari, Activision e Yahoo. Como palestrante, proferiu palestras na KGC, GDC e no Smithsonian. Como autor contribuiu com diversos livros sobre jogos e a indústria (*Secrets of the Game Business, Game Design Perspectives, Introduction to Game Development*). Sloper está na faculdade da University of Southern California, onde ensina design de videogames, produção e garantia de qualidade. É um autor e um expert internacionalmente reconhecido do clássico jogo chinês de mah-jongg.

Leslie Stirling

lesliestirling@hotmail.com
Leslie é escritora de jogos e contadora de histórias profissional de jogos. Possui mestrado em Biblioteconomia e Ciência da Informação, com ênfase em narrativas e tecnologia pela University of Washington. É uma jogadora de longa data e gerencia ativamente uma guilda MMO on-line com mais de 2.500 jogadores.

Tommy Tallarico

www.tallarico.com
Tommy Tallarico é compositor musical para videogames há mais de 18 anos. Em 1994, fundou o Tommy Tallarico Studios, o maior estúdio de produção de áudio da indústria de multimídia. Foi o primeiro a utilizar um áudio 3D em um jogo (*Q-sound*), responsável por trazer o verdadeiro som *surround* interativo digital 5.1 (seis canais) para a indústria dos jogos. Tommy trabalhou na indústria de jogos como analista de jogos, gerente de produto, produtor, escritor, designer e chefe dos departamentos de Vídeo e Música. É o fundador e presidente da Game Audio Network Guild (G.A.N.G.), uma organização sem fins lucrativos para educar e elevar a percepção do áudio para o mundo interativo (www.audiogang.org). Tommy está no comitê consultivo da Game Developers Conference, é um orgulhoso membro da International Game Developers Association, e membro da comissão de indicação da Academy of Interactive Arts & Sciences. Já ganhou mais de 20 prêmios da indústria pelo melhor áudio de videogames e trabalhou em mais de 20 títulos, até hoje, com total de vendas de mais de 75 milhões de unidades e 2 bilhões de dólares.

Bretton Wade

brettonwade@gmail.com
Bretton Wade é um veterano da indústria de gráficos e jogos. Atualmente é diretor na SC Technologies and Clockwork 3. Foi diretor de tecnologia da Firaxis Games, gerente da equipe de software do sistema Xbox, líder de um estúdio independente contratado pela Blizzard Entertainment e líder de desenvolvimento no projeto do Microsoft *Flight Simulator*.

Chuck Walters

chuck@gamegineer.com
Chuck Walters atualmente contrata desenvolvimento de jogos por meio da Gamegineer Corp. Também instrui cursos sobre Arquitetura de Jogos Multijogador (*Multiplayer Game Architecture*) e ASP.NET na University of Washington Extension. Seus empreendimentos anteriores incluem *Magic The Gathering Online* na Wizards of the Coast, jogos para celulares baseados na plataforma Brew para a Tooned In, o jogo de corrida *Need for Speed* para a Electronic Arts, demonstrações para Microsoft Research Group, transferência de jogos de uma plataforma para outra para Manley & Associates, ferramentas de software para a Tektronix, engenharia de hardware para Attachmate, e um artigo sobre dispositivos de feedback de força para *Game Developer Magazine*.

PARTE 6

Criação e produção audiovisual

6.1 Design visual

Neste capítulo

- Visão geral
- A "aparência"
- Princípios do design gráfico
- Teoria das cores
- Design da interface de usuário
- Resumo
- Exercícios
- Referências

⟩ Visão geral

O design visual pode ser descrito como o gerenciamento e a apresentação das informações visuais. Engloba várias formas de comunicação em ambos os domínios bidimensionais e tridimensionais. Muitos campos, como cinema, teatro, arquitetura, devem o seu sucesso ou fracasso ao forte design visual. Isso também é válido nos setores mais tradicionais de design, como design gráfico, ilustração, tipografia e criação de símbolos. Essas disciplinas usam o design visual para se comunicar com o espectador por meio da aplicação prática de princípios básicos. Apesar de serem novos como uma forma de entretenimento, os computadores e consoles ainda dependem desses mesmos princípios básicos para comunicar informações.

⟩ A "aparência"

Durante as fases iniciais da concepção de um projeto, normalmente não há tecnologia real ou código. O jogo é apenas uma ideia no papel. O código de programação ainda não foi escrito, portanto, um método mais tradicional de utilização de imagens para transmitir a ideia é usado.

Durante o processo de pré-produção, os diretores de design e arte começam a explorar a aparência[1] do jogo. Esboços e desenhos conceituais ajudam a visualizar a aparência do jogo. Conceitos iniciais de design podem ser testados e rejeitados, com um mínimo de esforço e muito pouca mão de obra desperdiçada. Os primeiros desenhos ou pinturas ajudam a definir o visual de um jogo e começam a definir as expectativas de todos os envolvidos. Eles são usados para definir as qualidades, como tom, humor e estilo. Em geral, esses conceitos são agrupados no que é chamado de a *Bíblia de Arte*, um documento no qual todas as melhores ideias e imagens são mantidas. Ele ajuda a orientar o projeto para a equipe manter um ponto de referência comum a partir do qual pode começar a criar um jogo.

Para a abordagem artística manter uma presença forte durante o ciclo de desenvolvimento, o artista do jogo deve entender e usar alguns princípios básicos.

⟩ Princípios do design gráfico

O design gráfico é um processo de comunicação por meio do qual ideias e conceitos são apresentados em um meio visual. Usando elementos gráficos, composição, layout, cor e tipografia, a informação pode ser apresentada de uma forma muito poderosa e convincente. O bom design gráfico é muitas vezes invisível ao usuário. A informação é entendida com o mínimo de esforço e pode ser interpretada facilmente. O mau design, pelo contrário, pode interferir na apresentação de informações a ponto de o público absorver pouco ou nenhum dado útil. No desenvolvimento de jogos, isso se traduz como frustração do jogador, experiências de jogo negativas e más críticas.

O design gráfico pode ser dividido em diversos princípios básicos. Ao compreender cada um, um projeto coeso, agradável e informativo será o resultado. Os princípios são *equilíbrio, ritmo, ênfase* e *unidade*.

O *equilíbrio* é traduzido pela harmonia visual em uma composição. As forças em confronto anulam umas às outras e fornecendo estabilidade à imagem. O *equilíbrio simétrico* é o princípio em que os objetos de igual peso são colocados em cada lado de um ponto central ou *fulcrum*[2]. O *equilíbrio assimétrico* é o princípio em que os objetos de peso diferentes são equilibrados em torno de um ponto ou *fulcrum*. Exemplos de cada um deles estão na Figura 6.1.1.

Ritmo é o padrão criado pela repetição de vários elementos em um design. Ele produz ordem e previsibilidade. Também transmite movimento a uma composição, permitindo ao artista o controle da energia visual. A Figura 6.1.2 mostra um exemplo de ritmo.

A *ênfase* é criada quando o padrão de movimento é interrompido. O ritmo é quebrado e forma-se um ponto focal, geralmente trazendo o olhar do jogador para esse ponto primeiro. A ênfase também pode ser criada por meio da repetição e contrastes de elementos como cor, tamanho, forma ou textura. A imagem da direita na Figura 6.1.2 demonstra a ênfase.

---

[1] N.R.T. : A expressão *look and feel* foi aqui traduzida por aparência, lembrando que ela tem, nesta fase do projeto, um forte caráter estético e intuitivo. A expressão *look and feel* também tem aqui o sentido de realizar um esboço, rascunho, rabisco, etc., *para se ver e sentir se funciona tão bem como pensamos.*

[2] N.R.T.: O autor utiliza o termo latino *fulcrum* no sentido de ponto de apoio, sustentáculo ou base (visual), a partir das ideias na teoria das formas e do equilíbrio nas artes. Na teoria do desenho ele consiste em um ponto da folha que divide o campo visual, geralmente ocupado por um objeto, e ao redor do qual os demais elementos do desenho são dispostos. O conceito latino de *fulcrum* possui seu correspondente em português: *fulcro*.

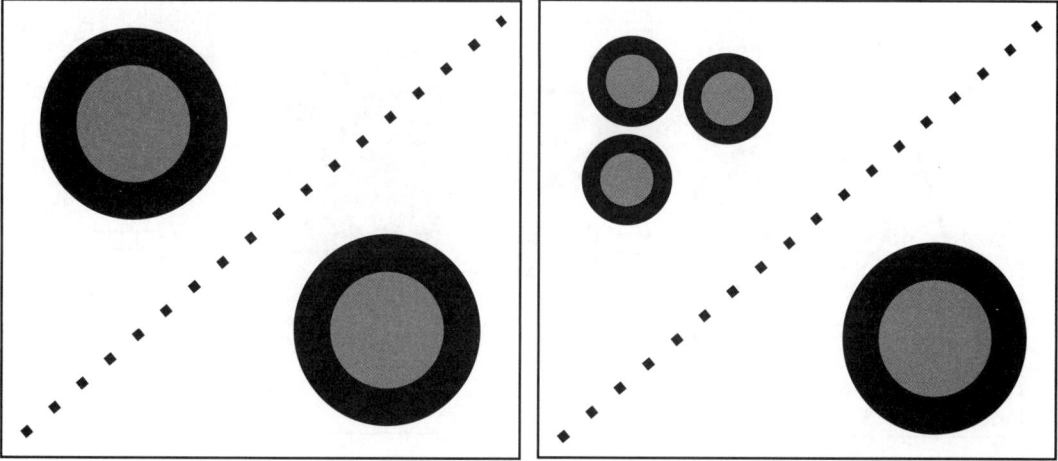

Figura 6.1.1 Equilíbrio simétrico e assimétrico.

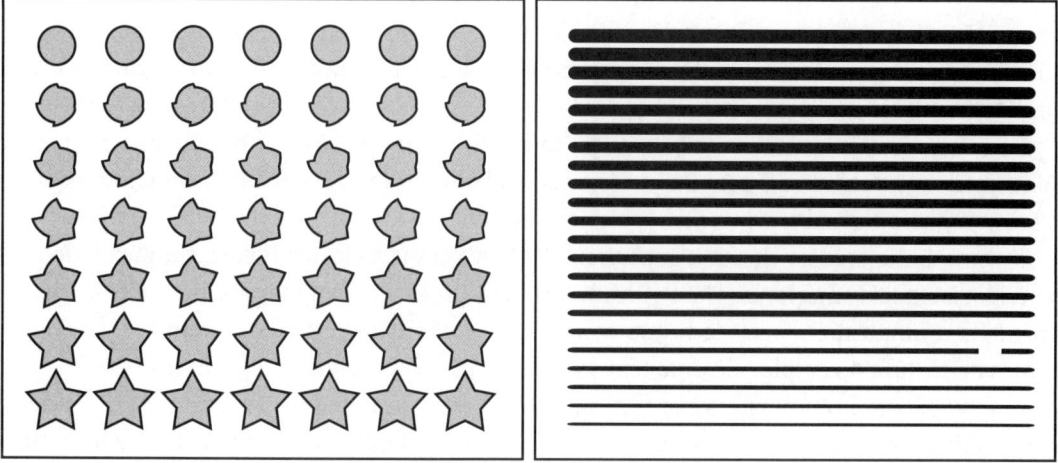

Figura 6.1.2 Um padrão rítmico é previsível. Para criar ênfase e fazer com que o olhar do jogador foque em um local específico, o padrão pode ser interrompido.

A *unidade* é a harmonia de todas as partes. Forma um todo coeso em um design. Os elementos que estão na unidade parecem inseparáveis.

Elementos do design gráfico

Elementos são as partes de um design que podem ser isoladas e definidas. Os princípios são aplicados a esses elementos para formar um design coeso. Os elementos são: *linha, forma, espaço, textura, tamanho* e *cor*, conforme mostra a Figura 6.1.3.

Uma *linha* é qualquer marca que conecta dois pontos. Pode ser curva ou reta, ter peso, e enfatizar a direção. As linhas podem ser combinadas para formar texturas e padrões.

Forma refere-se a qualquer coisa que tenha altura e largura. Isso inclui personagens, símbolos e formas. Três formas básicas primitivas compõem os blocos de construção para todas as outras

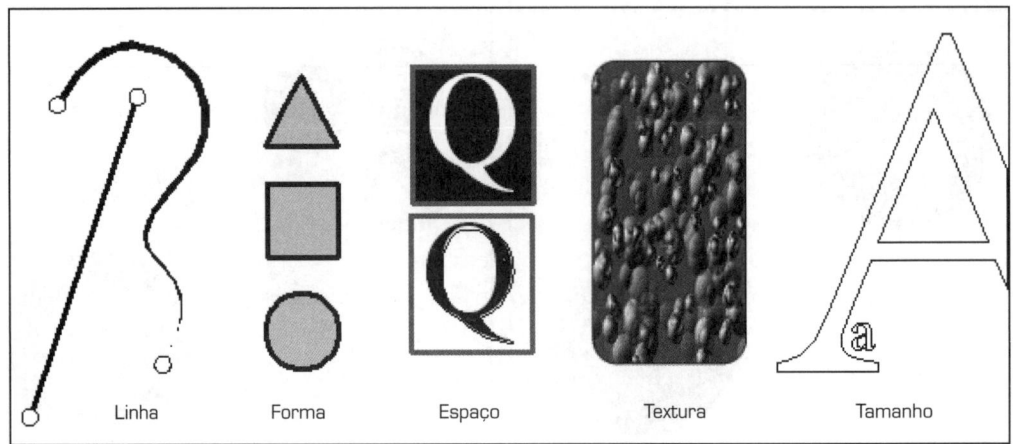

Figura 6.1.3 Os elementos básicos do design gráfico.

formas: o retângulo, o círculo e o triângulo. Os formatos e as formas criadas podem ser bidimensionais ou tridimensionais. Uma forma bidimensional tem largura e altura. Ao adicionar-se a profundidade, a terceira dimensão é alcançada.

Espaço é a área ao redor ou entre os elementos e pode ser pensada como positiva ou negativa. Na maioria dos designs, o plano de fundo[3] é considerado o espaço negativo, enquanto os objetos formam o plano frontal[4] e compõem o espaço positivo.

Textura é a aparência de uma superfície. Relacionamos todas as texturas a partir de nossas experiências táteis anteriores. Uma textura também pode ser imaginária e não necessariamente vinculada a uma experiência de toque conhecida. Todas as superfícies podem ser descritas em termos de textura. Exemplos de uma textura podem ser áspero, macio, liso ou frio.

Tamanho, como o próprio nome indica, designa quão grande ou pequeno é algo. É a relação comparativa entre os objetos. Esse princípio pode ser usado para criar um senso de importância ou fazer os objetos parecerem mais próximos do observador. Relações de tamanho podem ser empregadas para criar uma sensação de profundidade ou perspectiva. Um bom exemplo delas pode ser encontrado em uma relação matemática chamada de *Proporção Áurea* ou *Razão Áurea*[5]. Muitas vezes, é encontrada na natureza e considerada esteticamente agradável.

Cor é um termo genérico que abrange uma ampla gama de áreas. Para usar a cor de forma eficaz, é importante que parte da ciência básica por trás seja igualmente entendida. A primeira área que iremos explorar é a teoria da cores.

---

[3] N.R.T.: *Plano de fundo*, em inglês, *background*.
[4] N.R.T.: *Plano frontal*, em inglês, *foreground*.
[5] N.R.T.: No original inglês o autor usa os termos: *Golden Mean* e *Golden Rule*. Trata-se de um conceito muito rico e que é designado com muitos nomes, tais como: *proporção áurea, número de ouro, número áureo* ou *proporção de ouro* ou *seção áurea* (do latim *sectionis aurea*), *razão áurea, razão de ouro, média e extrema razão* (Euclides), *divina proporção* (Leonardo e Vitrúvio), *divina seção* (do latim *sectio divina*), *proporção em extrema razão, divisão de extrema razão, áurea excelência* ou *razão de Phídias*. A *proporção áurea* é uma constante real algébrica irracional denotada pela letra grega ϕ *(phi)*, em homenagem ao escultor Fídias, que a teria utilizado para projetar o *Parthenon* na *Acrópole* de Athenas, e com o valor arredondado a três casas decimais de 1,618.

❯ Teoria das cores

Vemos cores em uma pequena porção do espectro eletromagnético conhecida como *luz visível*. Outros tipos de radiação encontrados acima e abaixo da luz visível no espectro eletromagnético são ondas de rádio, micro-ondas, infravermelho, ultravioleta, raios X e raios gama. Quando vemos uma cor, estamos vendo o reflexo da luz em uma superfície. Todas as outras cores são absorvidas pela superfície, permitindo apenas que a cor que vemos seja transmitida.

Vemos todas as cores refletidas caírem dentro do *espectro visível*. Um feixe de luz solar pode ser dividido nesse espectro, passando por um prisma. O resultado mostra o espectro visível dividido em cores individuais. Elas sempre seguem uma ordem específica – vermelho, laranja, amarelo, verde, azul, anil e violeta. Pouco antes do vermelho no espectro eletromagnético está a luz infravermelha. Logo após o violeta, temos a transição para a luz ultravioleta.

Para ajudar a definir como as cores aparecem, elas podem ser divididas em várias qualidades, como tom, saturação e valor.

Tonalidade[6]: Refere-se ao nome da cor dentro do espectro visível.
Saturação[7]: Refere-se à quantidade de cor. Quanto menos saturada uma cor está, mais visível está o valor de cinza.
Valor: A quantidade de branco ou preto que está presente em uma cor. Esta é muitas vezes referida como a luminosidade ou a escuridão de uma cor.

Quando olhamos o mundo à luz do sol, vemos apenas as cores refletidas em nossos olhos. Isso é conhecido como cores subtrativas. Gráficos de impressão, pinturas e desenhos usam *cores subtrativas*. Veja a Imagem Colorida 1, no final do livro, para um exemplo.
Cores primárias: No círculo cromático subtrativo, temos três cores primárias: vermelho, amarelo e azul.
Cores secundárias: Essas cores são formadas pela mistura das cores primárias. Elas são verde, laranja e violeta.
Cores terciárias: Essas cores são formadas pela mistura de uma cor primária e uma cor secundária. Eles são amarelo-alaranjado, vermelho-alaranjado, vermelho-violeta, azul-violeta, azul-esverdeado e amarelo-esverdeado.

Pela mistura de uma ou mais fontes de luz, as cores podem ser alcançadas por meio de uma *cor aditiva*. Como as cores são emissivas, em vez de reflexivas, elas se comportam e se misturam de maneira diferente. Um exemplo comum de algo que usa a cor aditiva é um monitor de televisão ou computador. Na indústria de jogos, a maioria dos trabalhos de arte são criados com um software que usa a cartela de cores aditivas. Veja a Imagem Colorida 2, no final do livro, para um exemplo.

Cores primárias: As três cores primárias da tabela aditiva são vermelho, verde e azul.
Cores secundárias: Partes iguais de quaisquer duas cores primárias resultarão em uma cor secundária de magenta, ciano ou amarelo.
Branco: Partes iguais de todas as primárias (vermelho, verde e azul) irão resultar em branco.

---

[6] N.R.T.: No original inglês: *hue*. Em português, *tonalidade* ou *matiz*.
[7] N.R.T.: No original inglês: *saturation*.

Harmonia das cores: Categoriza as cores e determina os grupos harmoniosos, como complementares, complementares divididas, tríades e cores análogas. A ordem, quantidade e a combinação dessas cores propiciam a "arte" no trabalho.

〉 Design da interface de usuário

O nível de esforço dedicado à concepção e desenvolvimento da interface em um jogo pode ser surpreendente. Como as pessoas interagem com computadores, extraem informações e usam esse conhecimento é atualmente um elemento crítico no desenvolvimento de software. A interface de usuário (UI) do projeto é um importante elo entre o código de programação e o usuário final. Para se estabelecer uma interface bem-sucedida entre o homem e a máquina, uma interface de usuário deve ser previsível, consistente e informativa.

Implícito a qualquer bom design de UI estão os fundamentos do design gráfico. Conforme já definido, o design gráfico é nada mais do que a apresentação de informações em um formato forte, consistente e visualmente atraente. O texto e os elementos visuais são organizados para que proporcionem ao jogador uma maneira fácil de recuperar, classificar e armazenar as informações. A composição, layout e tipografia são equilibrados a fim de fornecer a apresentação visual o mais forte possível. No entanto, o design gráfico, no sentido tradicional, é um meio unidimensional para a transmissão de informações. É direcionado para uma apresentação única, não interativa.

O design de interface do usuário adiciona vários novos elementos à equação básica. Os princípios gráficos do som são necessários, e deve ser dada uma grande atenção a um novo conjunto de elementos de design. A interação do usuário, a navegação, os impactos do som, animação e tempo, todos afetam a experiência final. O designer deve considerar como controlará a experiência do usuário. Que tipo de mecanismos de feedback serão colocados e como todos esses elementos se unem para formar uma experiência positiva do usuário?

Muitas vezes, a melhor interface é aquela que é mais transparente para o usuário. Dependendo das necessidades do jogo, uma abordagem minimalista para o design da interface do usuário pode vir a ser a mais atraente. É sempre melhor começar com a solução mais simples e acrescentar mais complexidade quando necessário. Com tudo isso a considerar, é fácil entender por que criar uma estrutura sólida e bem pensada pode ter um impacto importante sobre o tempo de um artista no desenvolvimento de jogos.

Considerações de design

Primeiro, considere alguns princípios básicos de design gráfico e como podem ser expandidos para uso em um design de interface.

Simplicidade: Artistas, em regra, têm uma tendência ao design excessivo ou gráficos do jogo superelaborados. No design de interface, as soluções mais simples são em geral mais fáceis de usar e mais eficientes. Às vezes, mais informação e um maior impacto podem ser adquiridos por meio de uma abordagem minimalista.

Consistência: Os seres humanos são criaturas de hábitos. Aprendemos por meio de ações repetitivas e mais rápidas para responder a eventos se podemos predizer o comportamento. Uma vez que o usuário tenha aprendido a função ou local de um elemento de interface, ele vai usar esse conhecimento em novas telas, na tentativa de encontrar coerência na estrutura.

Se a consistência não estiver lá, o usuário ficará frustrado por ter de reaprender novos paradigmas de tela a tela. A consistência também faz o design parecer mais simples de usar. Ao estabelecer uma posição consistente de elementos repetitivos, tal como onde o botão Cancelar é encontrado, é possível criar um ambiente em que o usuário se sente fortalecido e confortável para explorar.

Conhecer o usuário-alvo: Em um amplo curso, isso significa compreender e prever como o produto será utilizado pelo grupo-alvo demográfico. O design da interface do usuário para um produto infantil será radicalmente diferente de um dirigido aos adultos. Devemos prestar atenção ao fato de quão bem informado o usuário é, como percebe a informação apresentada, que tipos de mecanismos de feedback serão usados e quão simples são os requisitos de navegação. Os produtos direcionados a um público internacional devem considerar as implicações culturais de elementos de design. Por exemplo, uma cor pode ter conotações muito específicas para um país, e completamente diferentes em outro.

Uso de cores: A interface do usuário não deve confiar somente na cor para transmitir informações críticas. Cerca de 8% da população masculina tem daltonismo ou deficiências de percepção de cores. Os mecanismos de feedback adicionais irão garantir que o usuário entenda a intenção do designer. Usando o valor de contraste entre os elementos do primeiro plano e plano de fundo, especialmente quando o texto está relacionado, pode-se evitar problemas de legibilidade. Também é aconselhável evitar grandes quantidades de texto claro em um fundo escuro. É mais difícil de ler e causa fadiga visual ou cansaço nos olhos.

Mecanismos de feedback: Esses elementos visuais e auditivos ajudam o usuário final a entender sua interação com a interface do usuário. Um exemplo comum são os botões padrão na maioria das aplicações de computador. Eles em geral têm um estado de transição que indica quando o usuário está em um "hot spot"[8] no botão. O mecanismo de feedback pode assumir a forma de uma mudança de destaque visual, um efeito especial, uma animação ou um som. Tal recurso também informa ao usuário que ele realizou uma tarefa. Devido à natureza dos computadores e de sua tendência em travar ou falhar, é aconselhável que o usuário saiba quando o programa está executando uma tarefa. Uma barra de progresso pode satisfazer essa necessidade com facilidade e evitar a frustração do usuário. Se estiver carregando um arquivo que demora mais do que cerca de 5 a 10 segundos, é aconselhável mostrar alguma forma de barra de progresso ou feedback percentuais.

Elementos de design

O fluxograma do projeto é uma ferramenta valiosa para detectar erros no design ou na sua funcionalidade. Isso é especialmente crítico quando o design funcional e estético do projeto estão sendo feitos por pessoas diferentes. É bastante comum que o designer de jogos apresente os requisitos funcionais na forma de um sistema de menus, enquanto o artista os apresente dentro da aparência estética do jogo. Muitas vezes, um fluxograma o irá liberar das falhas na lógica do projeto bem antes que qualquer tempo e esforço sejam colocados na criação dos elementos de arte. Criar uma

---

[8] N.R.T.: O termo *hot spot* designa uma área da tela que é sensível ao ponteiro do mouse, apresentando muitas vezes comportamentos associados à sobreposição do mouse, a sua retirada, ao clique (nos estados de clicar e já clicado), etc.

interface do usuário enquanto o projeto ainda está em um estado de grande fluxo implica retrabalho e desperdício de arte. Um exemplo é o fluxograma da Figura 6.1.4.

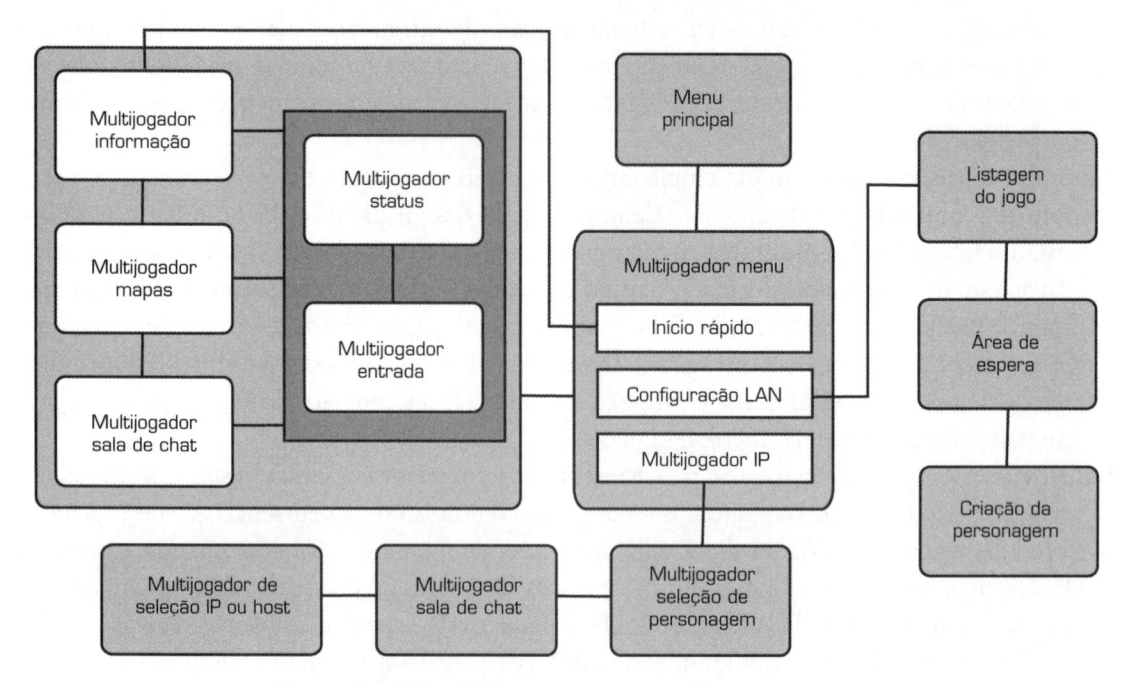

Figura 6.1.4 Um fluxograma ajuda a visualizar um design.

Em geral, o design mais simples é o mais eficiente. A memória humana de curto prazo armazena apenas de 5 a 7 itens antes que comece a perder o foco. Muitos dos projetos mais bem-sucedidos confiam nesse conceito. O usuário nunca está a mais do que 3 a 5 cliques de distância de acessar as informações que deseja. Naturalmente, isso às vezes é impossível de manter, mas manter a navegação a um mínimo irá aumentar o conforto do usuário com os menus. O agrupamento de funções múltiplas ou de opções em uma área também é uma boa prática. Isso permite ao usuário tomar decisões mais eficientes e o mantém na mesma área da tela. Se o usuário tem a impressão de que está pulando de uma tela para outra com cada navegação de menu, pode sentir-se perdido em um grande sistema de menu.

Estabelecendo uma grade: Basicamente todos os bons designs são grades. Essa é uma estrutura visual que fornece o arcabouço para o design e lhe fornece equilíbrio e ritmo. Ao observar qualquer revista, jornal ou anúncio, uma grade pode ser encontrada onde todas as imagens e textos se encontram. Do ponto de vista de design, a grade dá ao artista uma estrutura lógica para o layout. Uma grade bem projetada oferecerá consistência às telas da interface do usuário e permitirá ao usuário melhor compreender e prever o comportamento do menu. Ela também fornece uma boa base para minimizar as decisões de projeto e estabelecer um conjunto de regras ou guias de estilo que podem ser aplicados às novas telas. A Figura 6.1.5 mostra um exemplo de como as grades podem ser utilizadas.

Sistema de menu hierárquico: O sistema de menu mais poderoso é aquele que pode adaptar-se às necessidades do usuário. Para o novato, pode apenas conter os comandos mais básicos. Para

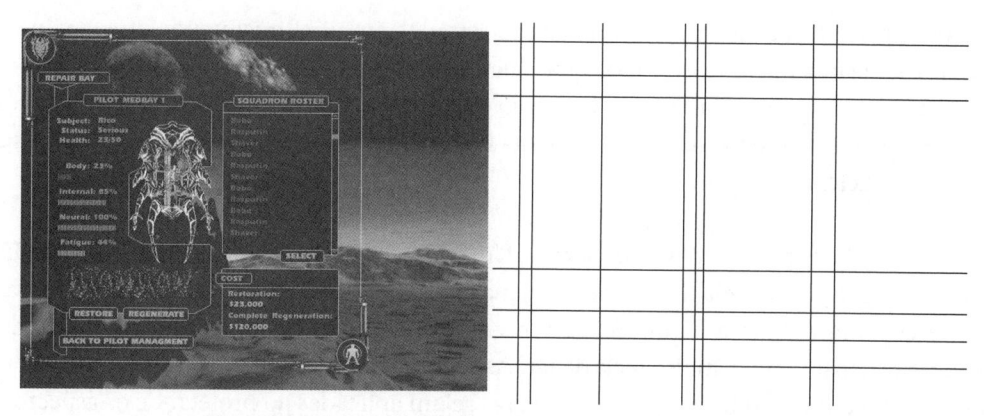

Figura 6.1.5 As grades irão ajudar a vincular um design.

o usuário avançado, a interface pode ser feita para revelar uma maior complexidade, possibilitando maior controle. Ao permitir ao usuário a capacidade de controlar a quantidade de dados a que tem acesso, ele estará mais apto a explorar.

Considerações de localização: Vendas no estrangeiro são uma parte substancial do mercado-alvo para muitos dos jogos de hoje. Converter um título para uma linguagem diferente é geralmente referido como *localização*. Considerando algumas das regras mais simples de localização, um artista de jogo pode evitar retrabalho adicional quando chega o momento de localizar um produto.

Primeiro, não insira o texto diretamente na arte final para o jogo ou menu. Se possível, o texto deve ser tratado por meio do código de programação utilizando-se uma fonte TrueType ou uma fonte de bitmap. No entanto, se ele está incorporado na arte (como um sinal ou um logotipo), é uma boa ideia separar o texto em uma única camada no arquivo de arte de base. Isso permitirá ao artista fácil acesso somente ao trabalho artístico afetado pela tradução. Em seguida, deixe 30% de espaço adicional em torno de qualquer texto. Alguns idiomas, como alemão, têm uma tendência a palavras muito grandes quando traduzidas, que ocupam mais espaço na interface do usuário. Por último, evite as fontes pequenas e teste-as muitas vezes no dispositivo de saída de destino (TV ou monitor de computador). Como regra geral, não utilize abaixo de 12 pixels para o tamanho da fonte. Abaixo desse tamanho, não há pixels suficientes para estabelecer algumas formas básicas de letras, principalmente com idiomas, como japonês. Ao criarmos fontes para consoles, é fundamental que sejam visualizadas no sistema de destino. Uma fonte que funcione muito bem em um PC pode muitas vezes se tornar ilegível em uma televisão NTSC.

Fundamentos de tipografia

Escolher a fonte certa vai acrescentar identidade e elegância para um design. Não existe uma ciência exata ou fórmula que trará bons resultados o tempo todo. No entanto, a compreensão de algumas regras básicas de tipografia pode reduzir significativamente o tempo para criar um sólido design.

Os seres humanos reconhecem letras e palavras como formas, que são memorizadas como um significado ou conceito. Considere a leitura de uma página de texto. Cada letra não é ouvida na cabeça do leitor. Em vez disso, as combinações de letras foram memorizadas como uma unidade de reconhecimento de formas, compondo uma palavra. Quando o texto é escrito em letras maiúsculas, é muito mais difícil de ler, já que o reconhecimento de padrões é reduzido a simples retângulos, em vez de agrupamentos únicos encontrados em uma mistura de letras maiúsculas e minúsculas. Uma boa prova disso é usar qualquer parágrafo de texto em um documento do Word, mudá-lo para letras maiúsculas e lê-lo. O tempo que leva para ler uma única frase é significativamente maior já que o cérebro não pode usar sua habilidade natural para reconhecer as formas, de maneira mais eficiente.

Fontes com serifa *versus* fontes sem serifa: Uma fonte serifada (com serifas) se distingue de uma fonte sem serifas pela adição de pequenas mudanças nas extremidades de cada traço do caractere, como mostra a Figura 6.1.6. Em grandes volumes de texto, as fontes serifadas são geralmente consideradas mais fáceis de ler. As serifas fornecem uma estrutura horizontal para o olho acompanhar. Embora as mesmas regras sejam aplicadas ao projetar-se os aspectos tipográficos de um computador ou jogo isso é, em geral, um problema menor. Não é sempre que grandes quantidades de texto são estruturadas em um formato de página. Além disso, o limite de resolução da tela de saída, muitas vezes, restringirá a quantidade de texto que pode ser exibida ao mesmo tempo. Mesmo que o hardware continue a evoluir, os designs devem visar ao menor denominador comum em termos de resolução de tela.

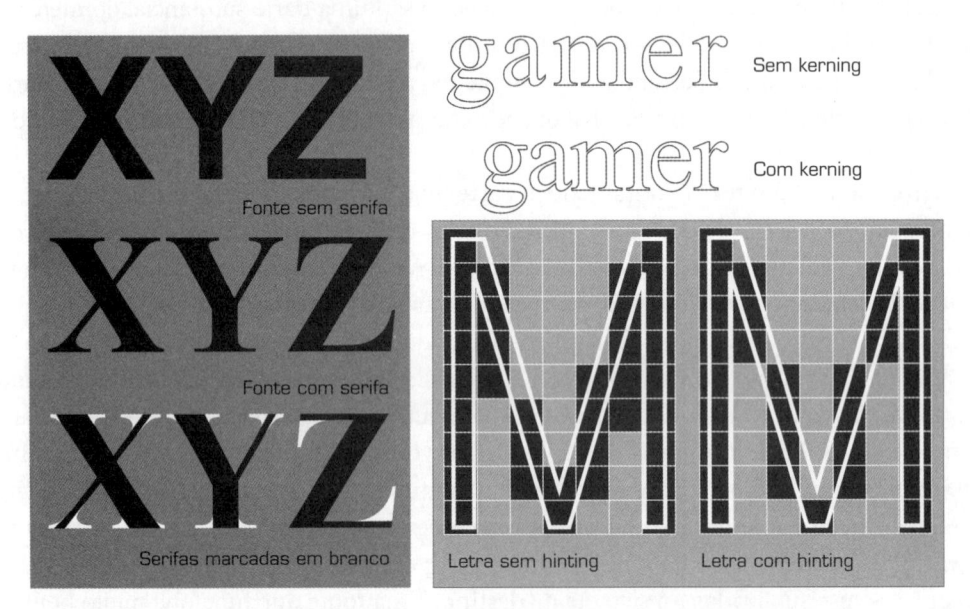

Figura 6.1.6 Exemplos de uma fonte serifada e sem serifa. O kerning mostra o espaçamento entre as letras. O hinting permite ao texto ser reduzido e ainda manter a legibilidade.

Considerações internacionais sobre fontes: Os jogos são geralmente localizados para grandes línguas, como francês, alemão e espanhol. Para minimizar a quantidade de trabalho envolvida na conversão de um idioma para outro, as fontes em geral contêm um conjunto específico de caracteres especiais. A maioria das traduções da Europa Ocidental pode ser feita usando uma fonte que possui um conjunto de caracteres de byte único que oferece 256 caracteres. Esse conjunto contém letras latinas, números arábicos, pontuação e alguns caracteres de desenho. O padrão reconhecido para esses 256 códigos de caracteres é o conjunto de códigos de caracteres ANSI (American National Standard Institute), usado pela maioria das grandes empresas produtoras de computadores. No entanto, 256 caracteres estão muito aquém do que é necessário em uma única fonte para as traduções que envolvem algumas das línguas do Extremo Oriente. Em alguns casos, essas fontes podem precisar de mais de 12 mil caracteres para abranger o idioma corretamente. Para fornecer os códigos de caracteres necessários, byte duplo ou multibyte (MBCS/DBCS), conjuntos de caracteres são usados. Esses conjuntos são uma mistura da codificação de caracteres de byte único e de byte duplo que fornece mais de 65 mil caracteres.

Kerning: Kerning é o ajuste do espaço entre os caracteres de forma que parte de uma letra se estenda sobre o corpo da outra, como mostra a Figura 6.1.6. Vemos esse espaçamento de letra todos os dias, mas realmente não notamos sua presença. Um exemplo seria o espaçamento estreito entre duas letras circulares, como um "c" e um "o". Esse espaçamento ou kerning seria muito estreito para duas letras paralelas, como duas minúsculas "l". A maioria dos computadores ou fontes TrueType tem a informação de espaçamento dentro de si. O kerning faz com que a palavra se forme de maneira mais sólida e legível. Sem ele, o texto parece incoerente, perdendo sua coesão e sendo mais difícil de ler.

Hinting: Hinting é uma instrução matemática adicionada à fonte que distorce o contorno do caractere antes de ser convertido em um bitmap para exibição na tela. Essas modificações permitem que o designer tenha um nível bastante elevado de controle sobre o formato bitmap resultante da letra, especialmente em tamanhos menores. Sem esse controle, as características que definem a fonte (o peso da linha, a largura, os detalhes da serifa) podem tornar-se inconsistentes, irregulares e, às vezes, até mesmo desaparecer em tamanhos menores. Isso pode ter um efeito dramático sobre a legibilidade. Um exemplo é mostrado na Figura 6.1.6.

Fontes TrueType versus bitmap

Embora as fontes TrueType tenham kerning construído nelas, alguns motores de jogo não necessariamente suportam o seu uso. Como essas fontes necessitam de mais memória e um código especial de programação, elas são muitas vezes substituídas por uma fonte de bitmap simples. Uma fonte de bitmap é um mapa de textura com todas as letras necessárias espaçadas em uma grade de células. Com a abordagem baseada em células, o espaçamento entre letras é em geral definido pela largura de uma célula específica. Tal abordagem quase sempre não permite o kerning e pode conferir uma aparência mais simplista da fonte na tela do jogo.

Criando uma fonte

A criação de uma fonte de jogo personalizada não é nenhuma atividade simples. Ao criarmos uma fonte, ganhamos o controle criativo sobre um dos principais elementos visuais do jogo, porém, há uma tremenda quantidade de trabalho envolvido. Gerar uma fonte TrueType adequada implica a criação do alfabeto e os números de base, e os caracteres internacionais necessários para traduções europeias. Além disso, criar informações de kerning e hinting pode adicionar tempo inesperado à programação. Uma grande vantagem no que diz respeito à geração de uma fonte a partir do zero pode ser vista sob o ponto de vista de direitos autorais e licenciamento. Não é mais necessário conseguir acordos de direitos autorais e de licença para uso dentro do jogo e na embalagem.

Prototipagem rápida

A prototipagem rápida permite que o designer de interface trabalhe com rapidez por meio da lógica e do fluxo de um sistema de menus sem a necessidade de envolver a equipe de programação.

Uma série de programas e métodos permite que o design seja concretizado e testado facilmente. No nível mais simples, um fluxograma pode ser utilizado. Outra forma popular é gerar páginas HTML com hiperlinks simples entre eles, simulando a navegação. Programas mais avançados, como o Director da Macromedia ou o Flash, podem ser usados para mostrar a funcionalidade e começar a testar outros elementos, tais como animação e som. Essas prototipagens servem para solidificar elementos artísticos e fornecer aos programadores e outros membros da equipe uma visão concisa e clara da direção artística.

Resumo

Por causa do ambiente rico em conteúdo fornecido pelo desenvolvimento do jogo, um novo conjunto de disciplinas relacionadas à arte surgiu. Quando os computadores pessoais começaram a chegar ao mercado em massa, eram um dispositivo de comunicação relativamente simples. Pouco ou nenhum design visual era necessário para ajudar a apresentar a informação. Telas monocromáticas foram utilizadas para exibir o texto de baixa resolução. O computador pessoal ainda não havia sido considerado uma forma de entretenimento, e não havia muita necessidade de ir além do utilitarismo. Em poucos anos, desde então, os recursos de hardware passaram por curvas exponenciais de crescimento. Agora, ambientes 3D coloridos, fotorrealistas e cenas com qualidade cinematográfica são comuns. Junto com essa evolução explosiva na tecnologia veio uma correspondente maturação das expectativas e sofisticação dos usuários. Agora, mais do que nunca, um design visual forte ajuda a moldar a experiência do usuário e faz a interface homem-máquina ser bem-sucedida.

Exercícios

1. Liste os princípios e elementos do design gráfico. Dê um exemplo de cada um.
2. Crie um gráfico de exemplo mostrando um espectro eletromagnético e os alcances principais dentro dele.
3. Crie um exemplo de gráfico colorido subtrativo e aditivo. Descreva as diferenças entre cada modelo de cor.
4. Liste os elementos de design que devem ser considerados ao começarmos a criar um design de interface de usuário (UI).
5. Crie um design de layout para o sistema de menu. Mostre o sistema de grade básico no qual o design é baseado.
6. Apresente um conjunto de código de caractere ANSI que inclua conjuntos internacionais de caracteres. Descreva como é usado quando um produto é localizado para uma linguagem diferente.
7. Faça uma fonte de jogo. Essa fonte deve conter caracteres maiúsculos, minúsculos e números. Crédito extra: crie caracteres internacionais necessários para localização.
8. Crie um sistema de menu interativo para um jogo fictício. Usando técnicas rápidas de prototipagem, crie uma interface funcional de usuário que mostre a navegação do menu.

Referências

[Beaumont87] Beaumont, Michael, *Type—Design, Color, Character and Use*, Quarto Publishing, 1987.

[Hamlin 96] Hamlin, J. Scott, *Interface Design with Photoshop*, New Riders Publishing, 1996.

[IBM04] "IBM Design Fundamentals", IBM, 2004, disponível on-line em www-3.ibm.com/ibm/easy/eou_ext.nsf/publish/561.

[Johnson04] Johnson, David, "Psychology of Color", *Infoplease*, 2004, disponível on-line em www.infoplease.com/spot/colors1.html.

[Knobler71] Knobler, Nathan, *The Visual Dialogue*, Holt, Rinehart and Winston, Inc., 1971.

[Marcus92] Marcus, Aaron, *Graphic Design for Electronic Documents and User Interfaces*, ACM Press, 1992.

[Mayer04] Mayer, Roger, "Color Theory", Brown University, 2004, disponível on-line em www.cs.brown.edu/courses/cs092/VA10/HTML/start.html.

[Microsoft04] "Microsoft Typography", Microsoft, 2004, disponível on-line em www.microsoft.com/typography/default.mspx.

[MundiDesign04] "Web color studies", Mundi Design Studios, 2004, disponível on-line em www.mundidesign.com/webct/.

[NASA04] "Electromagnetic Spectrum—Introduction", NASA, 2004, disponível on-line em http://imagine.gsfc.nasa.gov/docs/science/know_l1/emspectrum.html.

[Swann89] Swann, Alan, *How to Understand & Use Grids*, Quarto Publishing, 1989.

6.2 Modelagem 3D

Neste capítulo

- Visão geral
- Introdução à modelagem 3D
- Modelagem por caixa com polígonos
- NURBS
- Superfícies de subdivisão
- Escultura 3D
- Engenharia reversa
- Modelagem BSP
- Abordagens comuns para geometria de construção
- Metodologia de modelagem
- Análise crítica
- Resumo
- Exercícios
- Referências

› Visão geral

Neste capítulo, você aprenderá sobre o processo de criação de modelos 3D. Alguns métodos discutidos são processos padrão no dia a dia de um modelador e alguns são menos utilizados ou métodos para fins especiais, mas ainda vale a pena serem mencionados. Este capítulo começa com um exemplo detalhado de como um modelo 3D da personagem é criado, para familiarizar o leitor com o fluxo básico de trabalho. Posteriormente, iremos analisar alguns modelos de jogos típicos e como eles são criados, incluindo um carro, um ambiente e uma personagem com poucos polígonos.

› Introdução à modelagem 3D

Um modelador 3D profissional é um escultor e um técnico. Ele é um artista e um engenheiro. Ele deve estar preocupado com a forma, a expressividade e estilo, bem como com a contagem de polígonos, a topologia e a eficiência de seus modelos.

Embora existam muitos métodos e tipos de modelagem, a modelagem de polígonos nos jogos de hoje é a principal.

› Modelagem por caixa com polígonos

Modelagem por caixa[1] é justamente o que o nome implica. Começa-se com uma caixa de polígono e a cortamos, a extrudamos e a refinamos até que tenhamos um modelo acabado. Essa é uma abordagem de forma livre para a modelagem e, em linhas gerais, imita o processo de escultura com argila. Vamos mergulhar na criação de uma personagem simples utilizando as técnicas de modelagem por caixa.

Esboços conceituais

Se possível, comece com um esboço das várias vistas[2] da personagem que você irá modelar, como mostram os dois desenhos da direita na Figura 6.2.1. Um esboço de pose é ótimo para mostrar a personalidade e a atitude da personagem, mas não é ideal como uma referência de modelagem. Esboço das várias vistas fornecem proporções quase exatas e mostram a forma que pode ser confusa em um esboço de pose. O esboço das vistas pode ser digitalizado e importado em seu programa de modelagem. Quando visualizado diretamente na janela do software de modelagem, o esboço fará com que o processo de modelagem seja muito mais fácil. Observe que ajuda construir a sua imagem na forma de um quadrado, em uma resolução de proporção multiplicada por dois, como 256 × 256, 512 × 512 ou 1024 × 1024. Caso contrário, a placa de vídeo pode ter de reescalar cada uma dessas resoluções, diminuindo assim a fidelidade da imagem.

Figura 6.2.1 Um esboço do conceito de pose de uma personagem, junto com dois esboços de duas vistas: lado e frente.

---

[1] N.R.T.: Modelagem por caixa é a tradução do inglês: *box modeling*.
[2] N.R.T.: Na preparação para a modelagem tridimensional de personagens tridimensionais geralmente temos as vistas de frente (*front*), lado (*side*), atrás (*back*) e topo (*top*). Temos ainda uma vista de perspectiva na qual pode-se ver a *pose* da personagem. Aqui o autor aborda a consagrada técnica do esboço desenhado a lápis nas vistas de frente, lado e pose e posteriormente digitalizado para ser utilizado como referência de modelagem. Observe que a personagem é desenhada nas vistas com os braços abertos formando um T. Esta é chamada de *Pose T*, pois é a pose utilizada para modelagem e posteriormente para se organizar e ajustar o *rigging* (a armação) da personagem com seus ossos.

Antes de começar qualquer modelagem, alguns requisitos técnicos devem ser definidos. O mais importante nesta fase é a contagem de polígonos que você tem como objetivo. Nos jogos atuais, a contagem de polígonos da personagem pode variar de 200 polígonos a 15 milhões de polígonos (ao utilizar mapas normais). Seu cálculo da contagem de polígonos vai depender da plataforma do jogo, do motor de jogo, do número de personagens que serão simultaneamente colocados na tela, do nível de método de detalhe, e assim por diante. Geralmente, o cálculo total de polígonos de uma cena, incluindo a quantidade total de polígonos necessária para o ambiente e personagens individuais, é decidido conjuntamente pelo gerenciamento (diretor de arte, programador líder e produtor) durante a fase de pré-produção. Para efeitos do presente capítulo, vamos ter como objetivo 4 mil polígonos, o que é típico de uma personagem principal de um jogo de luta ou herói de um jogo de ação em terceira pessoa do Wii. Outras questões técnicas que necessitam serem definidas incluem: qual é a escala desejada, que unidade de medida deve equivaler a uma unidade utilizada pelo motor de jogo, quantos segmentos são desejados em torno das articulações, texturas semitransparentes (alfa canalizado) podem ser usadas para o cabelo ou outros elementos, e de qual ângulo o modelo será visto na maior parte do tempo?

Existem duas fases principais para a modelagem por caixa. Primeiro, esboça-se a personagem. Em segundo lugar, refina-se o modelo para que tenha proporções corretas, todas as topologias necessárias e detalhes finos.

Esculpindo o básico da personagem

Para esboçar a personagem, comece por adicionar uma caixa de polígono para a cena (Figura 6.2.2a). As técnicas básicas são *cortar*, *extrudar* e *ajustar*. O corte subdivide faces e acrescenta novas faces. Extrudar adiciona mais volume ao modelo, como a adição de um pedaço de barro, para uma escultura. Ajustar é a parte artística da modelagem. Você está buscando capturar a forma, o perfil e o caráter do seu modelo movendo vértices no espaço 3D.

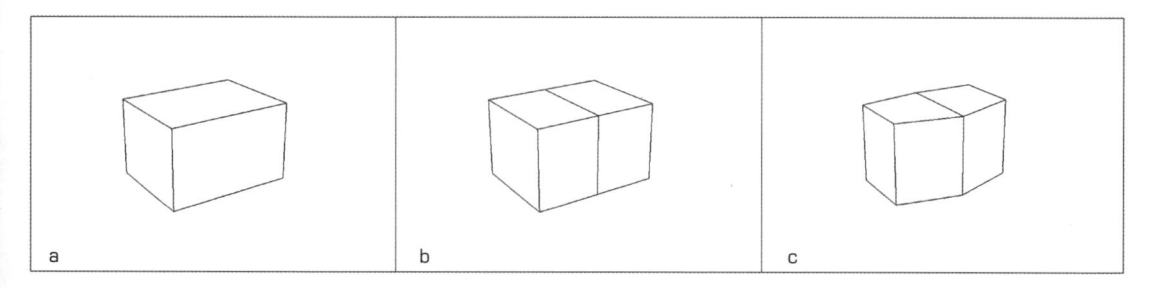

Figura 6.2.2 Inicie com uma caixa, corte a linha central e então aproxime do formato do tronco (torso).

A caixa que estamos começando eventualmente será o tronco da nossa personagem. Uma frente, costas e dois lados não são suficientes para definir o formato básico de um tronco; então vamos cortar a caixa na metade (Figura 6.2.2b). Ter uma linha central é também extremamente útil na modelagem, porque permite que se crie apenas metade do modelo e espelhe-o. No entanto, sempre que possível, mostre as duas metades do modelo, pois auxilia na visualização de proporções corretas.

Em seguida, ajuste a caixa para que melhor reflita o formato de um tronco humano (Figura 6.2.2c). Mova os vértices de tal forma que a largura da caixa seja maior do que sua profundidade e ajuste os vértices centrais (aqueles que foram adicionados na linha central), de modo que o meio fique ligeiramente arqueado.

Agora extrude a face superior três vezes e a parte inferior uma vez (Figura 6.2.3a). Isso nos fornecerá várias seções para definir o contorno detalhado de um tronco. Ajuste os vértices usando as ferramentas e procedimentos de *mover*, *girar* e *escalar*, de modo que a curvatura da coluna seja refletida e os volumes representem um corpo humano.

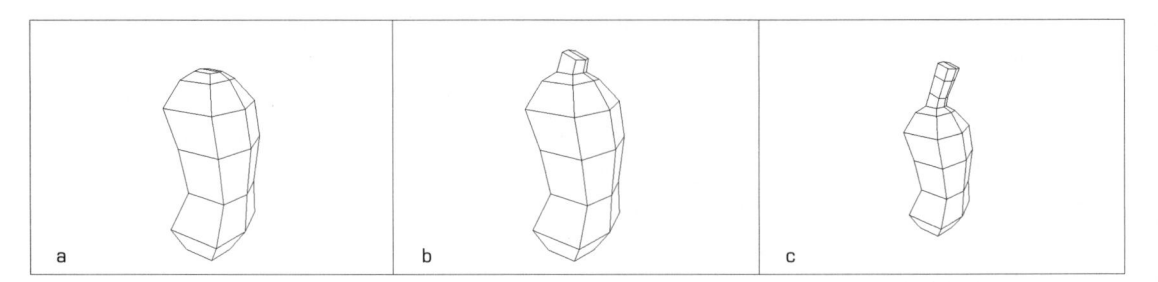

Figura 6.2.3 Extrude e forme o tronco e então novamente extrude o pescoço e o ajuste.

Crie a base do pescoço, selecionando a face que está na parte superior do tronco, e extrude uma pequena quantidade (veja a Figura 6.2.3b). Reescale a nova face de modo que se aproxime da base do pescoço. Extrude novamente para criar um pescoço curto. Mova para a frente e gire-o para aproximar a curvatura da coluna vertebral.

Uma vez que o pescoço é criado, é hora da cabeça. Selecione a parte superior do pescoço e extrude duas vezes. A primeira extrusão será ao nível dos olhos e a segunda estará no topo da cabeça. Agora se parece mais com um longo pescoço do que com uma cabeça. Selecione todas as faces ao redor dos quatro lados da protrusão da nova cabeça e extrude novamente para criar algum volume da cabeça (Figura 6.2.4a).

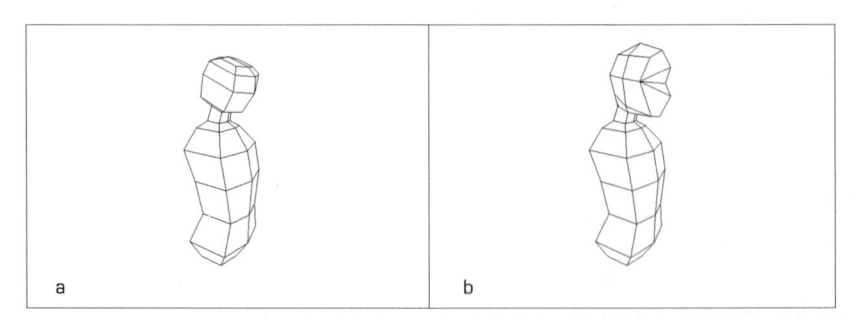

Figura 6.2.4 Pescoço extrudado e corte para aproximar uma cabeça.

Agora, ajuste até que você tenha uma aproximação grosseira da cabeça. Adicione um corte logo acima da linha dos olhos para a testa e sob a linha do olho para o nariz. Então realize um corte na lateral na cabeça. Ajuste os vértices até que a cabeça esteja reconhecível (Figura 6.2.4b).

Depois que a cabeça está esculpida, crie os braços. Modele os braços no padrão "pose Da Vinci"[3], isso significa que os braços estarão estendidos, com os cotovelos levemente flexionados

---

[3] N.R.T.: Também chamada de *Pose-T*, por causa dos braços abertos que formam um T.

e o pulso mais ou menos na mesma altura do ombro, e as pernas retas para baixo com os joelhos levemente dobrados. As mãos estarão com as palmas voltadas para baixo.

É mais fácil e rápido criar apenas um dos braços; neste exemplo, o braço direito está modelado. Selecione dois polígonos superiores do lado direito do tronco e extrude um pouco[4]. Reescale e posicione as faces de forma que simule a base do ombro (veja a Figura 6.2.5a).

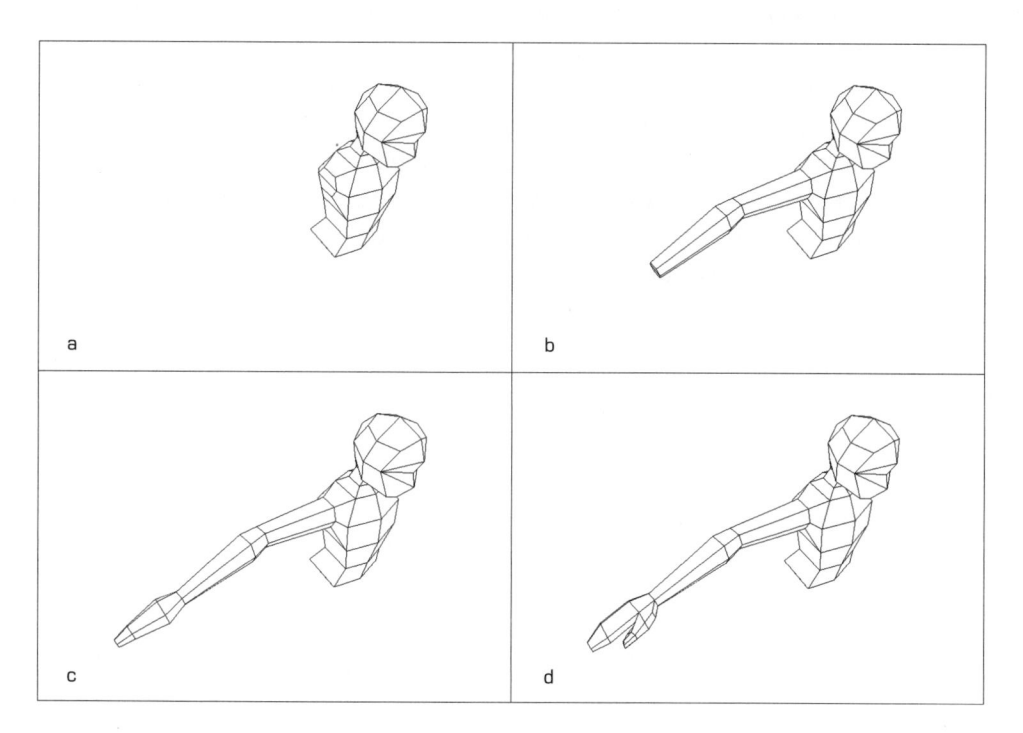

Figura 6.2.5 Braço direito construído por meio de extrusão e ajustes.

Extrude novamente para criar a parte superior do braço, que termina no cotovelo. Ajuste os vértices para representar o tamanho do cotovelo e gire em torno do "eixo superior" para dar uma ligeira curvatura no cotovelo. Extrude duas vezes e ajuste para criar o antebraço e os pequenos ossos do punho (Figura 6.2.5b)[5].

---

[4] N.R.T.: Em alguns softwares de modelagem o procedimento realizado nesse caso é o *Extrude Bevel* de faces poligonais selecionadas.

[5] N.R.T.: Os termos são: parte superior do braço (úmero) (*upper arm*); cotovelo (*elbow*); antebraço (formados pelos ossos cúbito e rádio) (*forearm*); punho (formado por oito ossos, os carpianos) (*smal wrist*); eixo superior (*up axis*). Uma referência sintética do tema pode ser encontrada na Wikipédia: (1) *esqueleto humano*: http://pt.wikipedia.org/wiki/Esqueleto_humano; (2) *lista de ossos do esqueleto humano*: http://pt.wikipedia.org/wiki/Lista_de_ossos_do_esqueleto_humano. Para informações científicas, consulte o *101 Free, Useful, and Striking Sites to Learn About Human Anatomy*, que possui uma lista dos 101 sites livres que abordam o tema do corpo humano, disponível em: http://www.geriatric-nursingcertification.com/blog/2009/101-free-useful-and-striking-sites-to-learn-about-human-anatomy/. Muito útil aos artistas de jogos pode ser a consulta ao *Inner Body, your guide to human anatomy Online,* disponível em: http://www.innerbody.com/image/skelfov.html. Outra, paga, formada por um sistema interativo de aprendizagem e consulta às estruturas do corpo humano, disponível para várias plataformas, pode ser encontrada no *Visible Body,* em: http://www.visiblebody.com.

Para a mão, extrude três vezes para formar a área mais ampla da mão, os dedos e as pontas dos dedos (Figura 6.2.5c).

Extrude os dois polígonos acima do pulso interno para formar a base do polegar. Selecione o lado da caixa extrudada (mais próxima à ponta dos dedos) e extrude duas vezes. Ajuste a massa em forma de polegar (Figura 6.2.5d). Observe e use o seu próprio corpo como referência. Observe que em uma posição relaxada, o polegar é cerca de um centímetro ou dois menor que os outros dedos.

Depois que o braço está esboçado, vá para a perna. Não se preocupe com o braço oposto, por enquanto, ele vai ser espelhado depois de uma das pernas ser modelada. Criar a perna esboçada é basicamente o mesmo processo de criação do braço: só extrudar e ajustar.

Selecione uma das faces debaixo do tronco. Neste exemplo, o polígono para a perna direita está selecionado (veja a Figura 6.2.6a). Extrude e ajuste quatro vezes para representar a coxa e o joelho até o tornozelo (Figura 6.2.6b). O pé é criado por meio da extrusão a partir do tornozelo, criando uma "saliência". Em seguida, selecione a parte dianteira da saliência e extrude (Figura 6.2.6c).

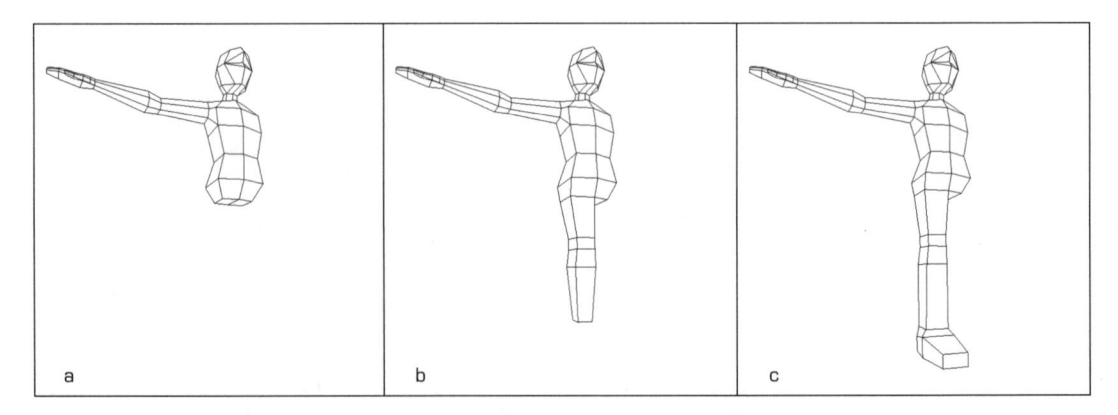

Figura 6.2.6 Perna direita construída por meio de extrusão e ajustes.

Quando o braço direito e a perna direita forem concluídos, espelhe metade do corpo para criar o outro lado (Figura 6.2.7).

Figura 6.2.7 Espelhe metade do corpo para criar o braço esquerdo e a perna esquerda.

Refinando o modelo

Agora, vamos para a segunda fase da modelagem por caixa. Nessa etapa, você refina o modelo para que tenha toda a topologia básica e proporções corretas. O modelo grosseiro que foi criado não se parece muito com o esboço da personagem ainda. Mais detalhes deverão ser adicionados para dar uniformidade e contorno. Novos polígonos serão criados para elementos como os bainhas das calças e cinto. O cabelo e os fones de ouvido serão modelados como um objeto separado.

A primeira coisa a fazer é combinar as proporções – a cabeça não é grande o suficiente, o tronco é muito grande e assim por diante. Agora que temos uma malha humanoide muito simplificada, é hora de começar a fazê-la parecer mais com a personagem na Figura 6.2.8.

Figura 6.2.8 Compare o modelo inicial com os esboços colocados nas vistas frontal e lateral.

Ao colocarmos os esboços digitalizados em cada janela do software de modelagem atrás do modelo, podemos ver quanto o modelo inicial varia em relação aos esboços originais. Empurre e puxe os pontos até que você tenha uma representação digna das proporções e volumes dos desenhos. Não se preocupe muito com os detalhes nesse momento. Itens importantes a verificar agora são: o tamanho da cabeça, a altura do ombro, os comprimentos das extremidades e o nível dos olhos (veja a Figura 6.2.9).

Figura 6.2.9 Proporções combinadas.

Observe que as pernas e os braços parecem um pouco à esquerda do desenho. Um desenho em geral não é perfeitamente simétrico. Tente aproximar uma média do que você vê à esquerda e à direita. Mais importante, tente capturar o contorno e o caráter do modelo.

Agora que o modelo está começando a se parecer com o desenho, é hora de começar a adicionar detalhes. Os pés quadrados e os sapatos não têm resolução suficiente para os colocarmos em um motor de jogo, especialmente porque são muito exagerados e proeminentes. Corte uma linha adicional das faces até o centro de cada pé e perna (veja a Figura 6.2.10). Continue cortando e ajustando até detalhes suficientes estarem presentes para melhor representar a curvatura. Preste atenção especial aos perfis (a linha, vista de lado) e compare constantemente o modelo aos esboços das vistas que estão nas janelas do software de modelagem.

Figura 6.2.10 Adicionando detalhes à perna.

As bainhas das calças são criadas selecionando-se uma fileira de faces em torno da perna e as extrudando (Figura 6.2.11).

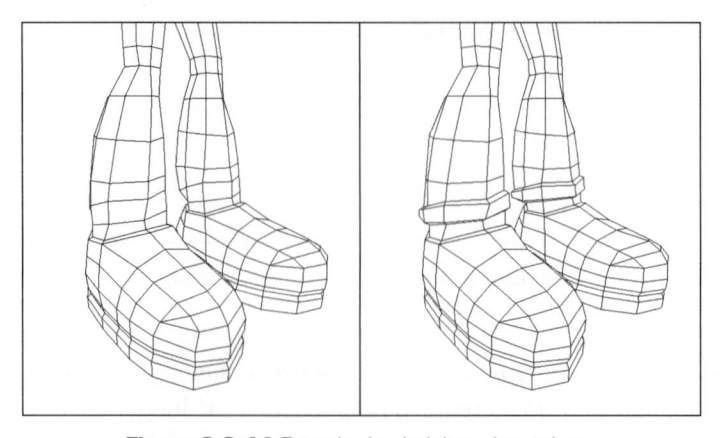

Figura 6.2.11 Extrude das bainhas das calças.

As mãos são muitas vezes uma das partes mais complexas de um modelo de personagem. Os problemas gerais para resolver são passar de um braço de detalhes relativamente pequenos para uma mão mais densa, para onde e quais linhas de direção devem fluir para apoiar todos os músculos e as estruturas da mão, bem como refletir com precisão a forma e o tamanho de uma mão.

Comece cortando o volume grosseiro de uma mão (veja a Figura 6.2.12a) logo atrás de onde serão colocadas as juntas (Figura 6.2.12b). Isso deve deixá-lo com um "coto de mão". Divida a face do coto para que haja faces suficientes para extrudar os quatro dedos (Figura 6.2.12c). Extrude mais uma vez para obter as juntas e ajuste os vértices de modo que as bases dos dedos fiquem aproximadamente circulares (Figura 6.2.12d). Extrude os dedos, com segmentos suficientes para as juntas (Figura 6.2.12e). Ajuste os vértices até que uma boa forma de mão seja obtida e corte conforme necessário para apoiar as várias estruturas e músculos da mão (Figura 6.2.12f). Uma vez que a forma da mão está correta, corte os segmentos adicionais em torno das articulações (Figura 6.2.12g). Quando as articulações são animadas, dois ou três segmentos são necessários para que a junta mantenha sua forma. Neste exemplo, são usados dois segmentos por junta. Use a Figura 6.2.13 como referência para acompanhar a construção da mão a partir do lado de baixo.

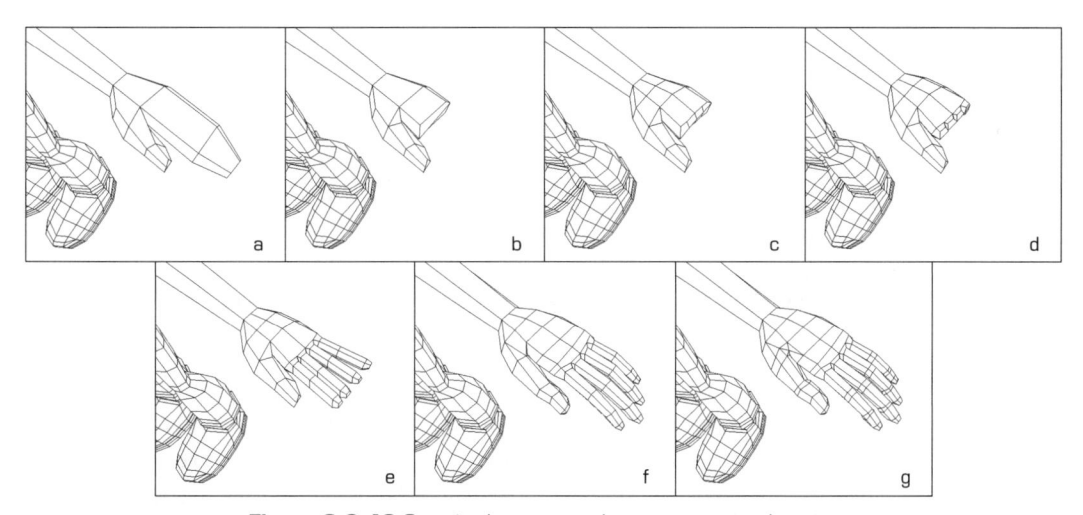

Figura 6.2.12 Sequência mostrando a construção da mão.

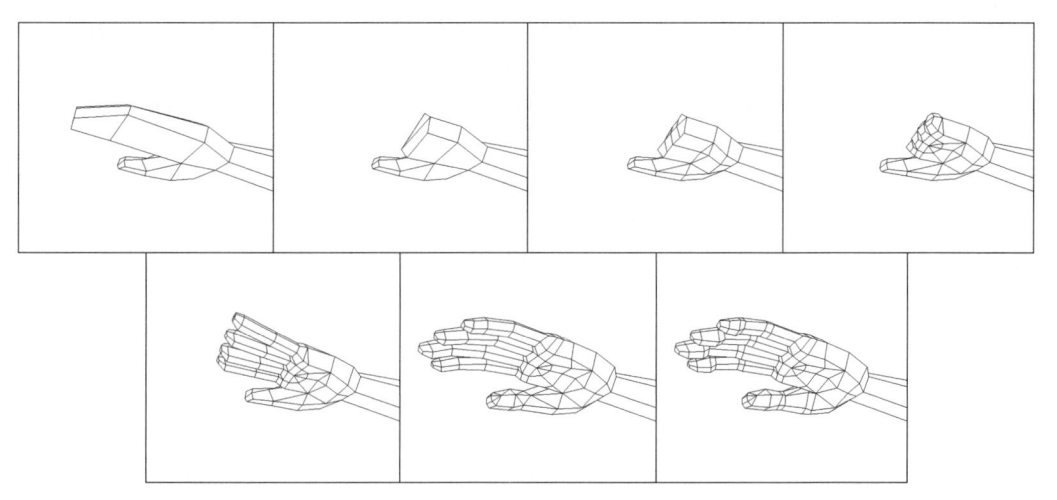

Figura 6.2.13 Sequência mostrando a construção da mão, exibida a partir do lado de baixo.

O tempo todo durante a modelagem, compare o modelo que você está criando com a sua própria mão no máximo de ângulos possíveis, para ajudar a solucionar problemas de proporção. É melhor modelar a mão em uma postura relaxada, levemente dobrada. Isso faz com que seja um pouco mais difícil adicionar um esqueleto, mas irá resultar em uma mão mais realista no final. Preste atenção especial para as costas da mão e como ela se curva. As costas das mãos não são planas. Você vai descobrir que a junta do dedo médio (quando em uma postura relaxada) é maior que a junta do mindinho. Além disso, observe os montes e vales da palma. Tente representar a carne da base do polegar, a borda da mão e abaixo dos dedos. Atente ao ângulo e à direção do polegar: está de frente para toda a mão, mais do que para baixo.

Para o braço é a mesma coisa. Corte seções transversais adicionais e ajuste os vértices até que o modelo corresponda à forma e aos contornos do esboço (Figura 6.2.14).

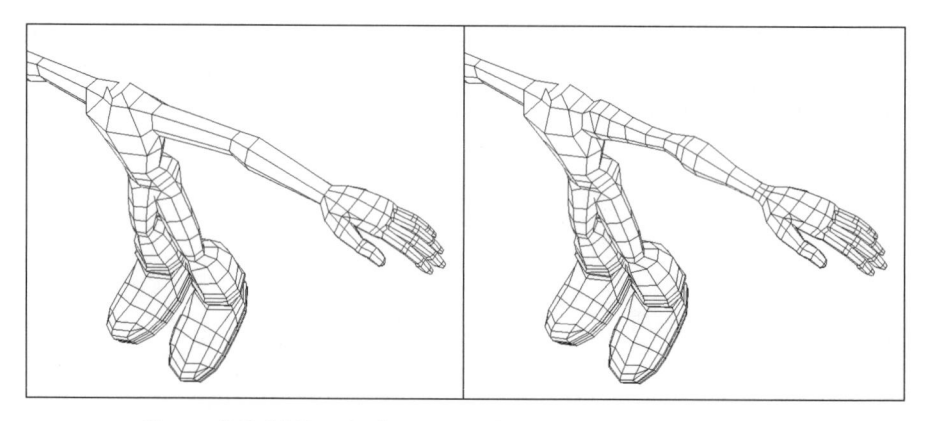

Figura 6.2.14 Sequência mostrando a construção de um braço.

O tronco apresenta algumas complicações. Aqui é importante ter uma boa noção de anatomia. Comece por subdividir os polígonos principais do peito para serem mais circulares, como uma moldura para os seios (veja a Figura 6.2.15a e a Figura 6.2.16a). Extrude duas vezes para conseguir polígonos de seios e ajuste os vértices até atingir um seio adequado (Figura 6.2.15b). Chanfre a borda onde a parte inferior da camisa estará e alargue-a (Figura 6.2.15c). Corte polígonos de apoio às estruturas esqueléticas como a caixa torácica e os ombros (Figura 6.2.15d). Adicione linhas de polígonos em torno do centro das costas para suportar o recuo da coluna vertebral (Figuras 6.2.15e e 6.2.16b). Adicione mais uma linha de polígonos em torno da articulação do ombro para suportar a deformação de animação (Figura 6.2.15f e Figura 6.2.16c).

A cabeça é concluída em algumas fases. Começando com uma base (Figura 6.2.17a), inicie acrescentando algumas seções para apoiar as principais estruturas da face, incluindo linha da testa, linha do olho, linha da bochecha, boca, nariz e linha do cabelo (Figura 6.2.17b). Selecione todas as faces acima da linha do cabelo e extrude um volume para o cabelo (Figura 6.2.17c).

Ajuste algumas das faces na direção da parte de baixo do cabelo, onde o rabo de cavalo estará para acomodar a extrusão. Extrude e ajuste os vértices para criar o rabo de cavalo. Um corte adicional sobre o volume maior é adicionado para simular a ondulação do cabelo (Figura 6.2.17d). Acrescente detalhes para apoiar todas as curvaturas e estruturas da face.

Corte os polígonos que seguem o formato dos olhos. Adicione mais polígonos para a bochecha e verifique a face de todos os ângulos para assegurar a curvatura malar e o volume. Acrescente

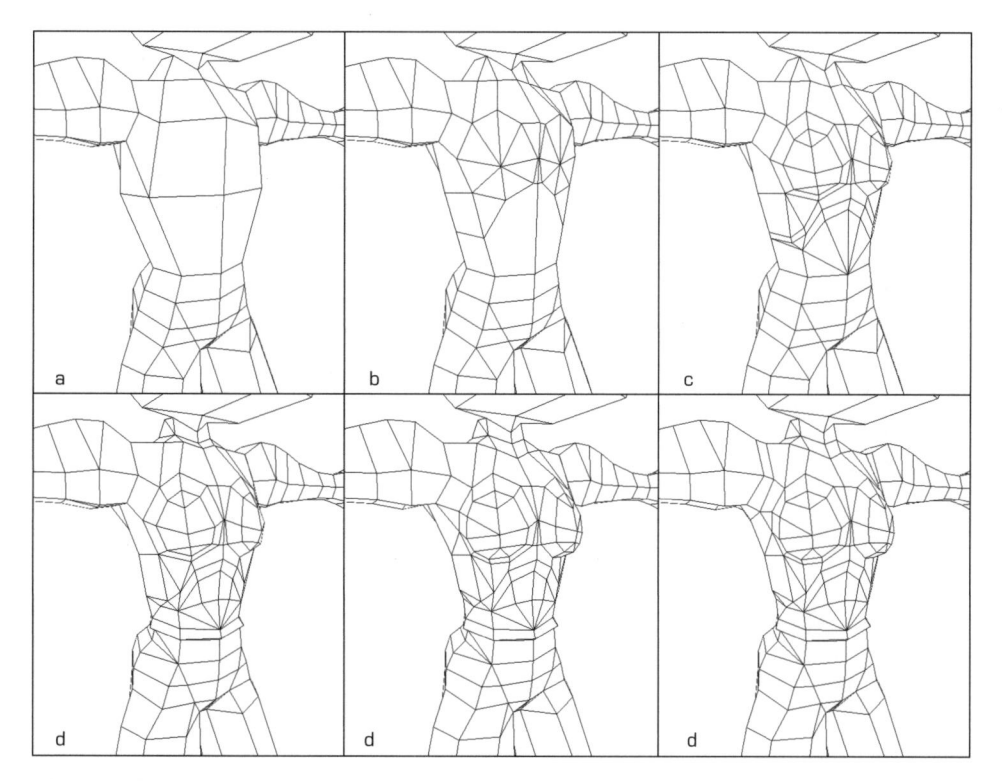

Figura 6.2.15 Sequência mostrando a construção dos detalhes do tronco, a partir da frente.

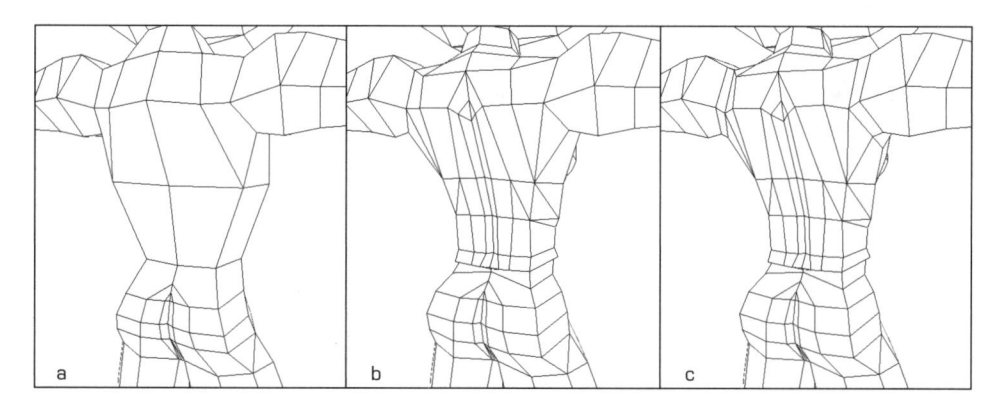

Figura 6.2.16 Sequência mostrando a construção dos detalhes do tronco, a partir das costas.

mais segmentos em torno do nariz e da boca (Figura 6.2.17e). Quando estiver satisfeito com o rosto e a cabeça, adicione alguma assimetria. Mova a parte do cabelo um pouco fora do centro e corte em uma peça que ziguezagueia de volta para o topo da cabeça (Figura 6.2.17f). A Figura 6.2.18 mostra a personagem concluída em uma estrutura de fios.

Nesta seção, abordamos o básico da modelagem por caixa. Utilizamos uma personagem nesse exemplo, mas a mesma metodologia se aplica a qualquer modelagem. Comece com um objeto

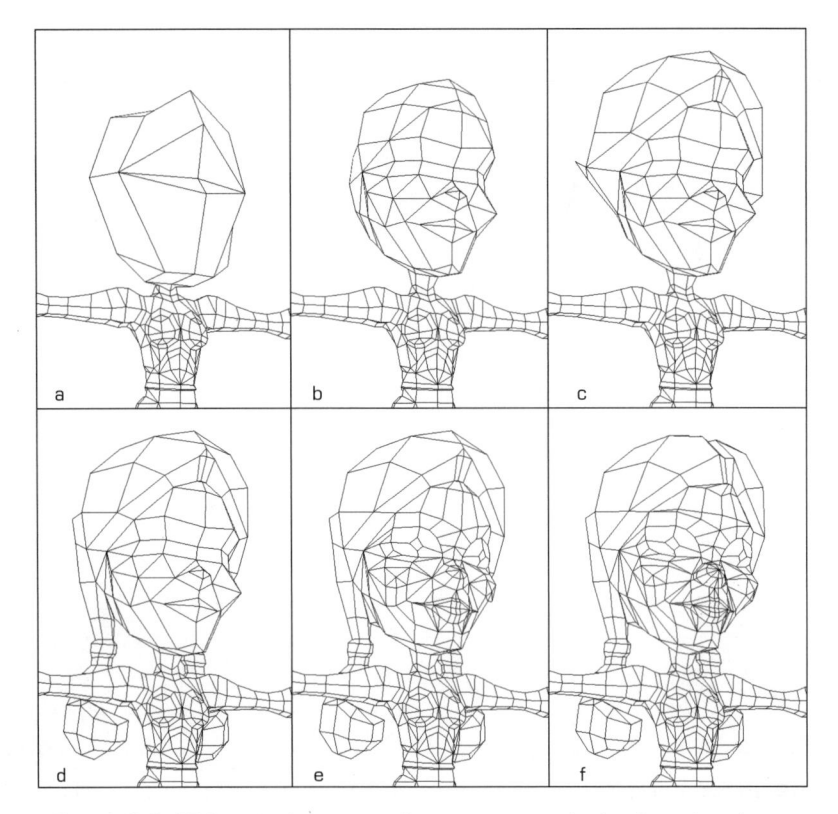

Figura 6.2.17 Sequência mostrando a construção de detalhes da cabeça.

simples, seja uma caixa, seja um cilindro ou mesmo um *loft*[6] generalizado. Em seguida, corte, extrude, refine e ajuste até que tenha estruturas aproximadas para o objeto inteiro. Depois de ter um modelo esboçado, verifique se há problemas de topologia e trate-os imediatamente. Corrija quaisquer problemas de proporção. Quando estiver satisfeito com o modelo aproximado, refine até que o modelo esteja completo e detalhado, como mostra a Figura 6.2.18.

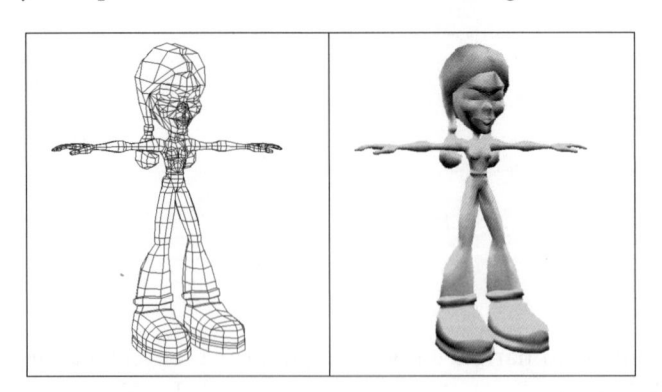

Figura 6.2.18 A personagem completa em wireframe e sombreado.
As imagens são cortesia de WildTangent, modelado por David Johnson.

---

[6] N.R.T.: *Loft*: ferramenta *hypernurbs* e técnica de modelagem na qual se constroem volumes a partir de *splines* que são orientadas em um trajeto espacial (*path*).

› NURBS

NURBS é uma sigla para *Non Uniform Rational Basis Spline* e é uma forma de modelagem que utiliza superfícies curvas com base em relativamente poucos pontos de dados. NURBS tem sido amplamente utilizado na indústria do cinema por um bom tempo e tem atualmente um uso limitado na indústria de jogos.

Uma spline NURBS é composta de *vértices de controle*, muitas vezes referidos como CVs. Uma spline NURBS é essencialmente uma linha 3D. Observe que a spline não passa por meio dos CVs, exceto para o primeiro e o último ponto. Os CVs criam uma *casca* que influencia a spline (Figura 6.2.19a).

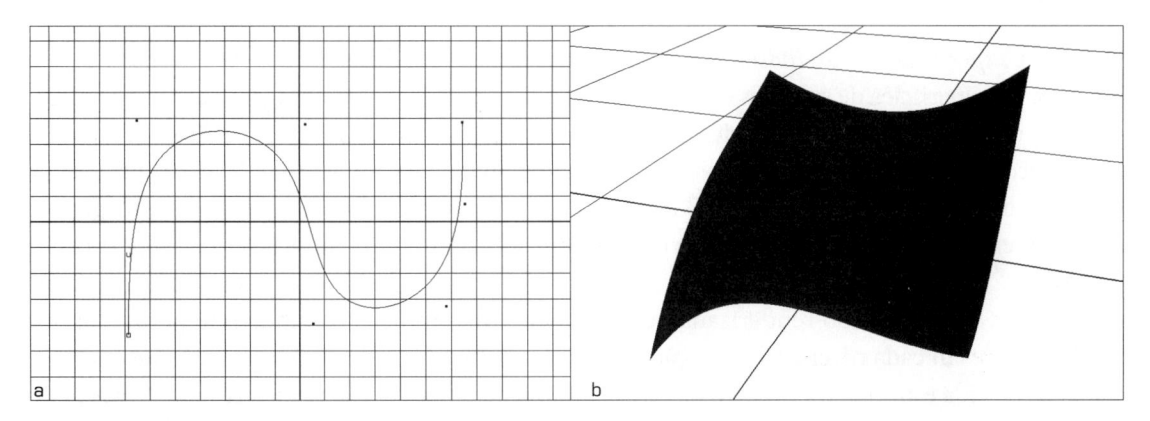

Figura 6.2.19 a) Uma spline de NURBS definida pelos vértices de controle. b) Uma superfície NURBS.

Uma superfície NURBS é uma malha 3D curva definida por várias splines NURBS e é muitas vezes referida como um *patch*[7] (Figura 6.2.19b). As superfícies NURBS quase sempre têm quatro lados. Ao modelar com NURBS, você deve decidir como várias superfícies podem ser conectadas para criar formas mais complexas. Por exemplo, um braço pode ser modelado por meio do enrolamento da superfície NURBS em forma cilíndrica e aperfeiçoada para adicionar suporte às articulações, protuberâncias musculares e outra definição. A face é dividida em seções com um *patch* circundando a boca, um *patch* circundando os olhos e *patches* adicionais para apoiar as estruturas faciais restantes e para conectar os demais *patches*.

Vantagens de NURBS incluem:
- Independentes de resolução
- Podem ser construídas "em tempo real"
- Têm superfícies curvas
- Possuem coordenadas de mapas inerentes

---

[7] N.R.T.: *Patch*, que literalmente quer dizer *remendo*, em computação é um conjunto de instruções que geralmente corrige um problema de um software. Em modelagem tridimensional, o *patch* é um conjunto instruções que armazenam coordenadas (as CVs das NURBs) na geração de uma malha tridimensional.

Desvantagens de NURBS incluem:
- Constroem usando apenas *patches* quadrangulares, o que não é o ideal para objetos complexos, como as mãos
- A tangência entre os *patches* pode ser difícil de resolver
- Apresentam problemas de topologia (alinhamento de *isoparms*[8])
- Dificultam a mudança entre áreas de alta densidade e baixa densidade
- Podem resultar em um grande número de *isoparms*
- Não são suportadas por todos os motores de jogos

› Superfícies de subdivisão

Pense em *superfícies de subdivisão* como um híbrido entre modelagem poligonal e modelagem NURBS. As superfícies de subdivisão são criadas usando técnicas de modelagem padrão de polígonos, mas o resultado é uma superfície suavizada, como um modelo NURBS. Superfícies de subdivisão oferecem o melhor de dois mundos em modelagem poligonal e modelagem NURBS. Você tem a resolução infinita de um modelo NURBS e nenhuma das dores de cabeça referentes à topologia.

As superfícies hierárquicas de subdivisão são um subconjunto da modelagem de superfície de subdivisão. Um modelo de superfície de subdivisão é uma malha de baixa resolução suavizada por diversas vezes, quando renderizada. As superfícies hierárquicas de subdivisão permitem que o artista entre em cada nível de suavização e ajuste os vértices. Isso é útil porque permite que você trabalhe, dê vida e anime um modelo de forma muito eficiente, e ainda renderize com tantos detalhes quanto o necessário. Essa é uma melhoria na modelagem padrão de subdivisão de superfície, porque, caso contrário, o modelo de baixa resolução deve conter todos os detalhes.

› Escultura 3D

Outro método para criar modelos de jogo é uma categoria chamada *escultura 3D*. Os programas como ZBrush, da Pixologic, permitem-lhe empurrar, puxar e esculpir modelos de alta resolução, sem se preocupar com a topologia. Esse tipo de produto trabalha mais como se fosse um programa de pintura (Adobe Photoshop, por exemplo) do que um programa de modelagem 3D. Você pode usar os pincéis para adicionar detalhes minuciosos e refinar os modelos utilizando métodos tradicionais de modelagem.

O esculpimento tridimensional é de longe a melhor técnica para a criação de *mapas normais* de alta qualidade. Um mapa normal é uma textura aplicada a um modelo de baixa resolução que dá a ilusão de que existe muito mais detalhe do que realmente há. Normalmente, a iluminação é calculada em cada vértice de um modelo, mas com mapas normais, a iluminação é processada em cada pixel da textura. Por exemplo, um modelo de resolução média pode ter 3 mil cálculos de iluminação (3 mil vértices), enquanto um modelo com um mapa normal de 512 × 512 pixels vai receber cerca de 260 mil cálculos de iluminação.

---

[8] N.R.T.: As *isoparms* são linhas de uma superfície NURBs conectadas por pontos (nas coordenadas U ou V) e representam as seções transversais da superfície NURBs nas direções das coordenadas U ou V.

Para esculpir um mapa normal, comece criando um modelo de baixa ou média resolução em qualquer programa de modelagem (Figura 6.2.20a). Então leve o modelo a um programa de escultura em 3D. O modelo é convertido e subdividido em uma malha extremamente densa, de alta resolução (Figura 6.2.20b). Você pode então esculpir detalhes, tais como escamas, veias, musculatura ou dobras de roupas em um tempo relativamente curto (Figura 6.2.20c). Depois que o modelo é esculpido por completo, um utilitário pode ser usado para criar um mapa normal, comparando os mapas de baixa resolução e alta resolução. O mapa normal é aplicado à malha original de baixa resolução (Figura 6.2.20d).

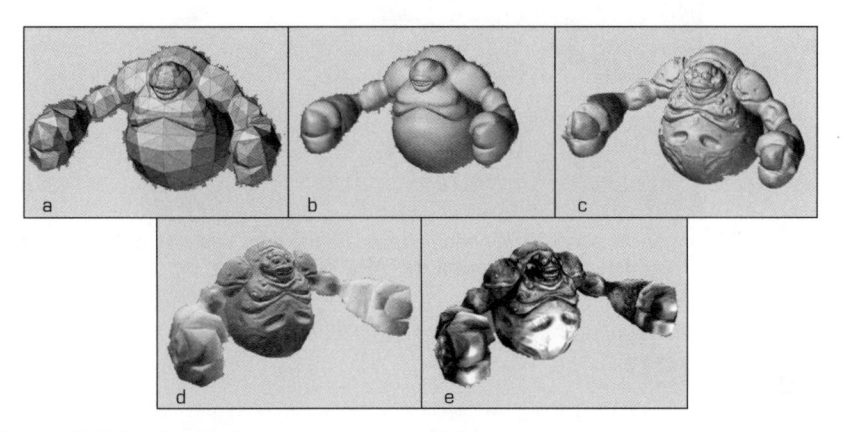

Figura 6.2.20 Sequência mostrando os estágios de construção de um mapa normal.
a) Malha original de baixos polígonos (*low-poly*)[9]. b) Malha de alta resolução convertida e subdividida.
c) Detalhes esculpidos. d) Malha de baixa resolução com mapa normal aplicado. e) Renderização final, modelos de baixa resolução com mapa normal e textura. As imagens são cortesia de Pixologic.

〉 Engenharia reversa

Outra maneira de criar modelos, embora menos comum em jogos do que as técnicas anteriores, é uma categoria de modelagem chamada *engenharia reversa*. A engenharia reversa significa digitalizar um "modelo físico" do mundo real. Scanners a laser, scanners ópticos e digitalizadores de ponto 3D são alguns exemplos de tecnologias utilizadas para capturar objetos reais. No jogo, você já deve ter assistido a uma personagem em 3D, cuja cabeça foi "ciberescaneada" ou um carro em um jogo de corrida que foi digitalizado (veja a Figura 6.2.21).

Varreduras a laser é uma outra maneira de gerar mapas normais. Uma escultura ou *maquete* é digitalizada a laser para criar uma malha extremamente densa de uma "nuvem de pontos", geralmente com base em muitos milhões de polígonos. Um artista usa uma versão reduzida da digitalização para construir um modelo com *baixo número de polígonos* pronto para jogo. O mapa normal é gerado por meio da comparação da digitalização original com o modelo criado pelo artista.

Não cobriremos as técnicas específicas de engenharia reversa neste livro, porque cada uma das tecnologias tem muitos fluxos de trabalho individuais e específicos. Basta dizer que, se você trabalhar

---

[9] N.R.T.: Os termos *low-poly* (*poucos polígonos* ou *baixo número de polígonos*) e *high-poly* (*muitos polígonos* ou *alto número de polígonos*) são correntes no vocabulário da comunidade produtora de jogos. Da mesma forma os termos *low-resolution* (*baixa resolução*) e *high-resolution* (*alta resolução*).

em uma empresa que use qualquer uma dessas tecnologias, eles provavelmente vão treiná-lo nas técnicas e software relacionados.

Figura 6.2.21 Um carro sendo escaneado a laser usando um Laser ScanArm da FARO. As imagens são cortesia de FARO Technologies, Inc.

› Modelagem BSP

Muitos níveis de jogo são criados usando-se uma técnica chamada *modelagem BSP* ou *modelagem de Pincel*. *Counter-Strike*, *Unreal Tournament* e *Quake III Arena* são exemplos comuns de jogos que contêm níveis BSP. BSP é uma sigla para "particionamento binário do espaço". É um termo de programação que descreve uma forma de organizar os dados. Do ponto de vista da arte, a modelagem BSP é essencialmente uma forma de cortar pedaços do universo usando volumes primitivos, como caixas e cilindros.

Na típica modelagem BSP, a cena começa com um universo sólido. O artista seleciona um pincel em uma lista predefinida de primitivos (caixa, esfera, cilindro etc.) e subtrai o volume para criar um espaço aberto. Pense nesse procedimento como um mineiro dentro de uma montanha. A montanha é uma rocha sólida, e o mineiro *explode* para esculpir salas e túneis.

A criação de ambientes BSP pode ser muito divertida e gratificante. Um artista pode rapidamente esculpir um nível grosseiro e reproduzi-lo instantaneamente. Pincéis são fáceis de ajustar e reconfigurar, sem a preocupação com a topologia e edição da malha. Os ambientes BSP têm mapeamentos inerentes, então a texturização básica pode ser aplicada com grande facilidade.

O BSP é comum em níveis de tiro em primeira pessoa (FPS) no interior de edifícios. Cada motor de jogo que utiliza os níveis BSP tem um editor associado para projetar os pincéis BSP.

Por exemplo, *Unreal Tournament* tem o UnrealEd[10], *Half-Life* tem Valve Hammer Editor[11], e *Quake III Arena* tem Q3Radiant[12]. Em geral, quando se compra e instala quaisquer desses jogos, o editor está incluso. Você precisará verificar a documentação ou recursos on-line para aprender sobre eles.

---

[10] N.R.T.: Veja em: http://www.unrealengine.com/
[11] N.R.T.: Uma versão BR do *Valve Hammer Editor 3.4* pode ser baixada em: http://www.acemprol.com/viewtopic.php?t=170
[12] N.R.T.: A página do Q3Radiant é: http://radiant.robotrenegade.com/

〉 Abordagens comuns para geometria de construção

Modelar uma personagem é talvez o jeito mais divertido de esculpir, mas no jogo as personagens são apenas uma das muitas responsabilidades de um modelador. Veículos, ambientes, armas, objetos de cena e às vezes as interfaces de usuário exigirão modelagem.

Estudo de caso: *Final Drive Nitro*

Vejamos agora as questões envolvidas com a modelagem de carros e os níveis de um jogo de corrida. Os jogos de corridas são um grande exemplo de um gênero não baseado em personagens, em que a estrutura do jogo implica muitas exigências na modelagem.

Criar um modelo de carro é o mesmo que criar uma personagem. Comece com uma referência, como uma fotografia de um carro ou uma malha CAD de alta resolução. Crie um carro estilizado, de baixa resolução, e aperfeiçoe e ajuste até que tenha resolução suficiente. Observe que a visão mais comum de um carro é de sua parte traseira; dedique mais atenção e polígonos nessa área do carro. As Figuras 6.2.22 e 6.2.23 mostram o modelo em *wireframe*[13] de um carro e como ele aparece no jogo on-line *Final Drive Nitro*.

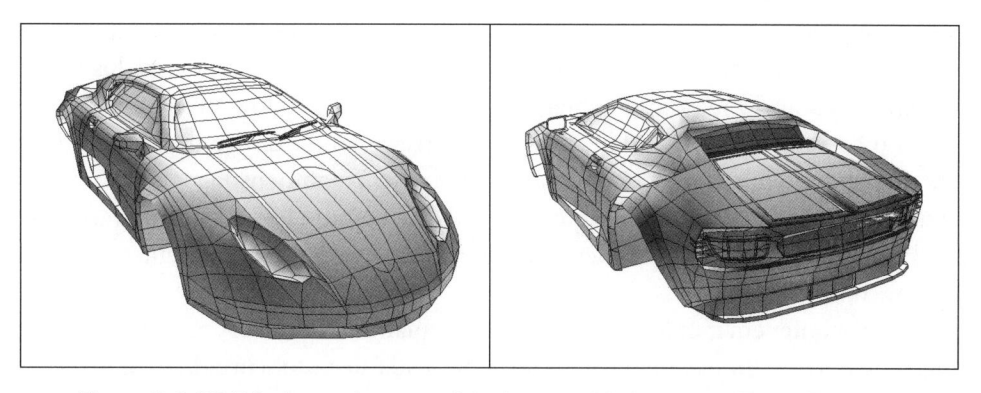

Figura 6.2.22 Wireframe de um modelo de carro. Modelado por Zhang Changhua na Gamestar. As imagens são cortesia de WildTangent.

Figura 6.2.23 O mesmo carro, visto na tela de seleção de carros e durante o jogo. As imagens são cortesia de WildTangent.

---

[13] N.R.T.: *Wireframe*: o termo é utilizado pela comunidade de desenvolvimento na sua forma inglesa. Os franceses traduzem *wireframe* por *rendu en fil de fer*.

A modelagem de carro tem algumas outras considerações específicas. As posições devem ser definidas para as rodas, brilhos e acessórios de atualização. Isso é normalmente especificado com *objetos localizadores* ou *objetos de ponto* ou talvez definidos em arquivos de texto. Pode ser necessário modelar o interior do carro. Versões danificadas de painéis e estruturas subjacentes, às vezes, podem ser necessárias.

Muitos jogos, incluindo jogos de corrida, requerem malhas de nível de detalhe (LOD) para manter uma taxa de frames consistente. Malhas LOD são versões múltiplas do modelo com resoluções progressivamente mais baixas. Os modelos próximos da câmera são renderizados nas LODs mais altas, enquanto os modelos mais distantes são renderizados em LODs mais baixas. Como um modelo se afasta, incrementando a sua distância da câmera, ele irá alternar entre LODs. Portanto, várias LODs de uma personagem ou veículo devem ser modeladas. Em geral, um modelador vai construir a LOD mais detalhada e depois criar as LODs menos detalhadas de forma automática por meio de um pacote de modelagem de plug-in ou reduzi-la manualmente.

A modelagem de nível é feita utilizando-se os mesmos métodos básicos como outros tipos de modelagem, mas existem objetivos técnicos únicos para ambientes. As contagens de polígonos são importantes, porém mais difíceis de definir com os ambientes. Uma vez que em geral é impossível criar um nível inteiro, ele é quebrado em pequenos pedaços, de modo que as peças possam sofrer um recorte simples no volume de visão da câmera[14] ou ser removidas do pipeline de processamento. Você está preocupado principalmente com quantos polígonos são renderizados em determinado momento; depois do recorte, a contagem de polígonos de todo o nível ainda é importante porque afeta o consumo de memória e tempo de carregamento. Em consoles, deve haver uma densidade de polígono fixa que se tem como objetivo. No entanto, os jogos de PC muitas vezes precisam dar suporte a uma gama de máquinas, por isso é comum levar em conta várias distâncias de *clipping*[15] (quão longe a cena é renderizada) ou apenas modelar os ambientes com o mínimo denominador comum em mente.

É importante manter em mente o uso da textura enquanto modelamos os ambientes. Por exemplo, no nível de corrida do exemplo (Figura 6.2.24), cada pista foi cortada para fornecer linhas para texturas de tijolos. O método de iluminação utilizado terá um impacto sobre a forma como o modelo é configurado. Se as cores dos vértices são utilizadas (como no exemplo de corrida), deveremos ter vértices suficientes para suportar grandes áreas de projeção de luzes claras e escuras, mas sombras são geralmente impossíveis, pois exigiriam muitos vértices. Se os mapas de luz são usados (texturas que definem a iluminação), a contagem de vértice não será uma preocupação, pois a iluminação é baseada em texturas, não em vértices.

Dependendo do tipo de nível, a forma como se aborda a modelagem irá variar. Para qualquer nível, é comum começar com um esboço do mapa, incluindo notas de elementos visuais ou de jogabilidade importantes.

Para níveis de corrida, começaremos com uma spline que segue a forma aproximada de toda a trilha e um perfil da estrada com um passeio. A partir do perfil de base, criaremos um grande

---

[14] N.R.T.: O termo *culling* pode ser traduzido como *recorte*. Entretanto trata-se de um termo usualmente utilizado em inglês. De modo geral, o conceito também é referido em situações como *backface culling*, *occlusion culling* ou ainda *viewing frustum culling*. Os nomes dependerão da linguagem e dos métodos utilizados pelo motor de jogo. Em suma, todos eles seguem a famosa regra: dividir para conquistar.

[15] N.R.T.: Distâncias organizadas em relação à câmera, a partir das quais objetos e personagens são gerenciados em seus LODs para permitirem sempre um adequado gerenciamento de polígonos na cena.

conjunto de variações, incluindo larguras de estrada diferentes, estradas divididas, bancos e assim por diante, e os aplicaremos ao longo da pista. Isso irá se iniciar com uma pista esboçada, jogável. Continuaremos a aperfeiçoar os bancos, voltas, saltos e o jogo em geral até que estejamos satisfeitos com a experiência de direção. Pode ser necessário acrescentar texturas de estrada grosseiras e grandes edifícios ou estruturas para dar uma noção de dimensão.

Figura 6.2.24 a) Modelo wireframe de um nível. b) Modelo com uma iluminação de vértice. c) Texturas e efeitos adicionados. As imagens do *Final Drive Nitro* são cortesia de WildTangent. Modelado por Luo Jun e Feng Yuhui na Gamestar.

Modelagem de baixo polígono (*low-polygon*)

Embora a contagem de polígonos aumente exponencialmente a cada geração de hardware, e o mapeamento normal torne a modelagem de alto polígono uma valiosa habilidade a ser dominada, a modelagem de baixo polígono (*low-poly*) não vai desaparecer tão cedo. Assim, o poder extra de processamento será muitas vezes usado para acrescentar um maior número de personagens com poucos polígonos na tela em vez de apenas mostrar um casal de personagens em alta resolução.

Ao modelarmos personagens de baixa resolução, especialmente se forem vistos a distância, comum em muitos jogos de estratégia em tempo real, existem algumas considerações especiais. Devemos prestar atenção especial aos perfis. Vire sua personagem para todos os ângulos imagináveis e veja se as formas se mantêm. Defina músculos grandes e formas estruturais. Exagere nas protuberâncias. Não se preocupe com pequenos detalhes, provavelmente serão renderizados por apenas alguns pixels. Detalhes finos devem ser pintados na textura, não modelados. Pinte sombras e acentue destaques na textura (veja as Figuras 6.6.25 e 6.2.26).

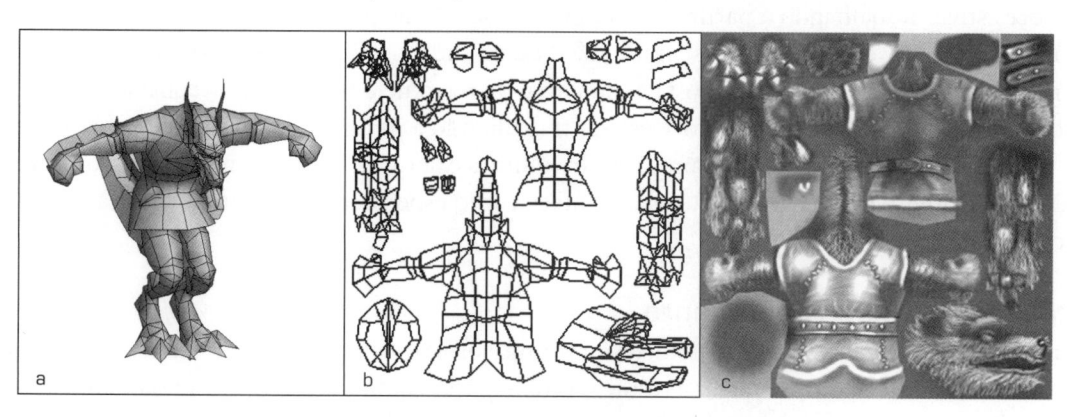

Figura 6.2.25 a) Wireframe de um monstro de baixo polígono. b) Mapeando coordenadas para o monstro. c) Mapa de textura. As imagens são cortesia de WildTangent. Modelo e textura por David Johnson.

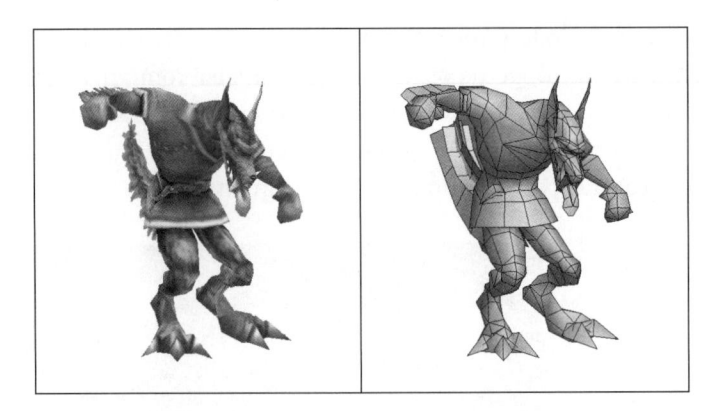

Figura 6.2.26 Modelo finalizado e em pose.
As imagens são cortesia de WildTangent. Modelado por David Johnson.

› Metodologia de modelagem

Como um modelador profissional, você precisará ser capaz de olhar para um objeto ou desenho e visualizar como pode ser representado como um modelo de jogo. Assim como um animador 2D começa com uma "linha de ação" de um gesto grosseiro e acrescenta os volumes para visualizar e começar um esboço, um modelador 3D começa com volumes simples para grandes estruturas de um modelo. O restante desta seção apresenta outras técnicas para ajudá-lo a trabalhar de forma eficiente e avaliar a qualidade do seu trabalho.

Use materiais de referência

Quanto melhor é o material de referência com o qual você está trabalhando, mais preciso será o seu modelo. Se você está modelando um objeto do mundo real, tire fotografias ortográficas a partir de vários ângulos possíveis. Se você tem acesso a dados oriundos de digitalizações, pode ser difícil trabalhar, mas é a melhor referência, sem dúvida. Se você estiver trabalhando a partir de um esboço, tente trabalhar a partir de esboços que tenham as várias vistas (frente, lado, atrás, etc.).

É extremamente eficaz colocar o seu material de referência dentro de um contexto. Crie texturas de seu material de referência e mostre-as na janela de exibição do seu software de modelagem. Se você estiver trabalhando a partir de um esboço, use a linha preta como o canal alfa, e terá um grande "esboço de estrutura de fios", muito fácil de modelar. Aplique transparência a seu modelo para que possa ver a malha sobreposta ao material de referência para verificar constantemente as proporções e posicionamento. Se você estiver trabalhando a partir de dados digitalizados, quebre os vértices da malha digitalizada para garantir volumes exatos. Se você está modelando um carro, faça uma pesquisa on-line para obter dados úteis, como especificação de altura, largura, comprimento e distância entre eixos.

Trabalho inicial e refinamento

Comece por modelos baseados em blocos ou primitivos para as principais estruturas com formas protuberantes. É fácil de identificar e resolver problemas quando o seu modelo ainda está em uma fase rudimentar. Ao começar a subdividir, e a contagem de polígonos se tornar muito pesada, será cada vez mais difícil executar grandes mudanças. Trabalhar com um modelo rudimentar também estabelece uma topologia estrutural básica. Dará a você as linhas que percorrem toda a extensão do seu modelo, constituindo uma excelente base a partir da qual refinar.

› Análise crítica

É fácil olhar para um modelo e saber que não está certo, mas é consideravelmente mais difícil identificar exatamente o que está errado e como deve ser corrigido. A seguir apresentamos algumas ferramentas para você usar na análise crítica de seus modelos.

Perfis

Muito modelos de cabeça sofrem da "síndrome da face chata". A bochecha não se sobressai o suficiente ou o desenho do olho não é côncavo o suficiente. Para ajudar a resolver problemas como esse, confira seus perfis. Gire o modelo para todos os ângulos e compare-os a uma pessoa real. Até que ponto a cabeça tem de virar para um olho ser obscurecido pela ponta do nariz? Ao modelar um nariz, verifique-o de lado, de frente, de cima para baixo, três quartos e, por fim, o resultado final. Ele se mantém de todos os ângulos? Esboços de várias vistas podem garantir que os perfis frontais e laterais sejam relativamente bons, mas os ângulos de 45 graus terão de contar com a sua sensibilidade artística. Se algo parece fora, compare-o com uma pessoa do mundo real ou um objeto.

Topologia

A topologia, que se refere à modelagem 3D, é a forma como os vértices, as faces e as arestas estão situados e dispostos para formar diversas estruturas de um modelo. Uma boa topologia terá detalhes suficientes para suportar uma estrutura, e de uma maneira bem distribuída. Braços e pernas devem ter boa linhas e colunas, e, se não houver forte definição muscular, polígonos estarão presentes para enquadrar esses músculos e proporcionar bons perfis. Evite polígonos longos e finos, sempre que possível. É preferível ter uma divisão de vértices de quatro ou menos faces. Mais vértices são aceitáveis e até mesmo algumas vezes necessários, mas evite os extremos em que várias faces estão ligadas por um único vértice.

A distribuição de polígonos é muito importante. Em geral, as mãos e o rosto terão o maior número de polígonos. Considere o ângulo a partir de onde o modelo vai ser visto e a sua escala no jogo. Se o modelo será visto de uma boa distância, todos os detalhes faciais podem ser imperceptíveis, e teria sido melhor gastar o tempo suavizando perfis maiores.

Opinião objetiva

Como artista, pode ser desconfortável aceitar as críticas sobre seu trabalho, mas é necessário no ambiente de equipe de desenvolvimento do jogo. Peça a alguém para examinar o seu modelo e oferecer uma primeira reação ao trabalho. A modelagem pode ser um esforço técnico, às vezes, e é fácil perder de vista o elemento artístico. Ter um segundo olhar ao seu trabalho pode muitas vezes dar-lhe uma nova ideia sobre o que está certo e errado acerca de seu modelo.

Expressividade e essência

Isso é difícil de articular, mas é a coisa mais importante a considerar enquanto você modela, em particular com as personagens. Será que o seu modelo captura a personagem, a personalidade e a emoção dos esboços de referência? Será que os olhos têm o mesmo brilho, o sorriso ou uma careta parecem convincentes, ou são chatos e sem vida? O modelo parece convidativo ou intimidador o suficiente? Você pode ter de se desviar dos esboços de referência e exagerar essas características importantes para dar vida a um modelo 3D.

Resumo

Uma vez que a grande maioria dos modelos de jogo são feitos com a edição padrão de polígonos, a maior parte deste capítulo concentrou-se na discussão de técnicas específicas para polígonos. NURBS, superfícies de subdivisão, escultura 3D, engenharia reversa e modelagem BSP também foram introduzidos. Uma demonstração passo a passo de como modelar uma personagem usando polígonos foi apresentada. Por fim, discutimos o que faz um bom modelo e como analisar e melhorar seus modelos.

A modelagem tridimensional é tanto um esforço técnico quanto artístico. Ao se familiarizar com as ferramentas, os processos e os métodos de criação de modelos, o lado técnico se tornará uma segunda natureza, e você poderá concentrar sua atenção no lado artístico, o mais importante.

Exercícios

1. Usando técnicas de modelagem por caixa, crie uma personagem de seu próprio projeto, ou encontre referência para uma personagem já existente.
2. Usando superfícies NURBS, crie uma criatura aquática – por exemplo, peixe, golfinho, ou baleia.
3. Usando técnicas de superfície de subdivisão, crie um monstro de seu próprio projeto, ou encontre referência para uma personagem já existente.
4. Importe uma de suas criaturas em um programa de escultura 3D e esculpa os detalhes.
5. Utilize um editor de nível BSP como o UnrealEd ou Worldcraft para criar um nível rudimentar com quatro salas.

Referências

[Gahan08] Gahan, Andrew, *3ds Max Modeling for Games: Insider's Guide to Game Character, Vehicle, and Environment Modeling*, Focal Press, 2008.

[Russo05] Russo, Mario, *Polygonal Modeling: Basic and Advanced Techniques*, Jones & Bartlett Publishers, 2005.

6.3 Ambientes 3D

Neste capítulo

- Visão geral
- Pré-planejamento
- Abordagem artística
- Cronograma
- Resumo
- Exercícios
- Referências

〉 Visão geral

A tarefa do artista 3D não é muito diferente daquela do pintor ou escultor clássico. As ferramentas se tornaram mais complexas, mas a intenção é a mesma. O artista procura uma maneira de ter uma ideia (por exemplo, um design de jogo ou direção de arte específica) e transformá-la em um espaço visual que pode ser explorado pelo usuário. Técnicas básicas para a transmissão de luz, distância e forma têm sido utilizadas ao longo dos séculos para manipular a percepção humana do espaço e do volume. O artista 3D usa as mesmas técnicas e as leva um passo mais perto da realidade em um espaço de jogo, permitindo ao jogador interagir com o mundo que o artista criou.

Atenção cuidadosa às especificações técnicas é fundamental na construção de um mundo 3D. A orientação técnica vai garantir que o jogo funcione bem na plataforma-alvo (Xbox 360, PS3, Wii, PC, Nintendo DS etc.). Atenção cuidadosa para a coerência de estilo, qualidade da iluminação, esquemas de cores, textura e melhorias de volume vão garantir uma experiência de jogo convincente e positiva. Este capítulo fornece algumas das principais táticas utilizadas na criação de ambientes 3D convincentes.

〉 Pré-planejamento

Construção de jogos é um processo de equipe, o qual é guiado pelo critério da economia. A equipe deve ter em mente o apelo estético do jogo para o público-alvo e fazer com que se encaixe na estética das limitações técnicas da plataforma-alvo e dentro do cronograma. Idealmente, a plataforma-alvo, o estilo de jogo e a direção de arte já foram determinados pelo diretor de arte no momento em que uma equipe de arte começa a produção do ambiente. De forma prática, nessa fase o jogo não foi totalmente projetado ainda, ensaios técnicos ainda estão indefinidos, e a arte conceitual ainda está sendo produzida enquanto a equipe de ambiente é trazida a bordo.

〉 Abordagem artística

Um bom ambiente 3D mantém um estilo consistente, aumenta o volume do espaço 3D por meio do uso criterioso dos efeitos da distância e usa a simulação de detalhes sempre que possível (para melhorar a taxa de frames). Não é suficiente para um jogo *ser* em 3D, ele também deve *parecer* 3D.

Estilo consistente e configuração

O diretor de arte irá trabalhar com os designers e a equipe de arte para garantir que todos os recursos sejam criados com uma visão artística consistente. Cada artista deve, de maneira individual, se necessário, revisar jogos de estilo similar e considerar o que foi bem-sucedido ou não nesses ambientes de jogo. Considere a abordagem artística utilizada nos jogos que têm uma sensação semelhante à que você quer construir. Enquanto traços expressivos de criatividade e gênio artístico são desejáveis, a realidade é que muita criatividade é baseada na obra de artistas anteriores. É aceitável a utilização de trabalhos anteriores como ponto de partida e tentar melhorá-los para o benefício do projeto atual.

Consistência de estilo deve ser guiada pelo diretor de arte, e o artista vai economizar muito retrabalho aderindo ao estilo do jogo. Seria, por exemplo, inadequado colocar palmeiras em uma paisagem destinada a entrar em um jogo de tiro em primeira pessoa no norte da Europa ou usar uma paisagem de montanha surreal em um ambiente de corrida contemporânea. Da mesma forma, as paletas de cores devem refletir a intenção do jogo. Por exemplo, nos jogos de Segunda Guerra Mundial, espera-se uma certa paleta de cores e, a menos que o jogo especificamente desvie desse gênero, é sábio manter-se de acordo com as expectativas. Um jogador que é fã de gêneros da Segunda Guerra Mundial vai esperar esquemas típicos de cores militares, como verdes, marrons e cinza.

Ponto de vista da câmera

Diferentes visões de câmera são utilizadas em toda a indústria do jogo. Câmeras de primeira pessoa mostram o mundo como se o jogador tivesse a câmera acoplada ao nível dos olhos. *CounterStrike* (Valve) e *Doom 3* (id Software) são exemplos. Câmeras em terceira pessoa mostram o mundo a partir de uma visão acima do ombro. O jogador pode normalmente ver sua personagem na visão da câmera. *Diablo II* (Blizzard Entertainment), *World of Warcraft* (Blizzard Entertainment) e *Dark Orbit* (Figura 6.3.1) [WildTangent01] são exemplos dessa visão. Jogos do tipo *side scrollers,* caracterizados pela rolagem horizontal da tela[1], mostram o mundo de lado, e são mais comuns em jogos 2D, mas estão sendo reinventados para o mundo 3D, pois os processadores se tornaram mais poderosos. *R-Type Final* (Irem) e *Phoenix Assault* (Lâmina Colorida 3) [WildTangent04a] são bons exemplos da revolução dos chamados *side-scrollers*.

Figura 6.3.1 O *Dark Orbit* é construído usando a visão em terceira pessoa.
© WildTangent, Inc. Reimpresso com permissão.

Aprimoramentos de volume

O ambiente visto através da tela do computador é necessariamente plano, e é tarefa do artista exagerar os aspectos 3D quando necessário para ajudar a dar credibilidade ao ambiente e diferenciá-lo de um ambiente 2D.

Os jogadores devem sentir-se totalmente imersos no mundo fantástico criado para eles, e a construção de um ambiente inteligente irá ajudar a reforçar isso. O layout do ambiente de jogo, em parte, será definido pelo designer de nível. O artista tem então a tarefa de manipular o design de nível para transformá-lo em algo visualmente atraente.

Certos componentes do ambiente trabalham bem com alguns pontos de vista da câmera e não com outros. Por exemplo, uma torre de rocha em espiral tem um impacto visual diferente em uma perspectiva em primeira pessoa, onde ela pode desaparecer nas nuvens ou na neblina do ambiente. Em uma visão em terceira pessoa, a ponta da torre poderia passar perto da câmera, aumentando bastante o efeito 3D. Túneis, tubos, torres, fossas, penhascos e assim por diante, todos têm algo em comum: aumentam o volume percebido do mundo 3D.

A Figura 6.3.1 mostra esse método de exagero de terreno na prática [WildTangent01]. A jogabilidade de *Dark Orbit* é restrita a um plano 2D, assim enfatizar o terreno circundante tornou-se

---

[1] N.R.T.: A rolagem lateral da tela, em inglês, *side-scrollers,* geralmente é colocada como um subgênero dos jogos de ação. Relacionado a eles temos os *scrolling shooter, atirador lateral,* jogo no qual atiramos com uma tela correndo lateralmente, para ambos os lados. Uma variante do gênero é o *vertical scroller,* com o rolamento vertical da tela (acima e abaixo).

importante para a transmissão de profundidade e da dimensão do mundo. Observe como as pontas das torres passam dramaticamente à frente da câmera, e os poços mergulham profundamente no planeta. Poços profundos são enfatizados com névoa colorida para reforçar nossa percepção de que objetos distantes ou profundos ficam obscurecidos pela névoa com a distância. Esse "efeito de distância" é uma poderosa arma no arsenal do artista de ambientes e será discutida posteriormente.

Esses conceitos são mais bem compreendidos primeiro com sua leitura e depois experimentando-os. O leitor é fortemente encorajado a jogar as demonstrações de jogos gratuitos nos links de sites listados na seção "Referências" [WildTangent01, WildTangent04a]. Além dos jogos sugeridos, examine criticamente o que você vê em cada jogo que experimenta, e tente analisar o que faz um ambiente parecer grande, assustador, frio, acolhedor, caloroso etc. Como um artista na criação de ambientes, você será, em grande parte, responsável por moldar as emoções do jogador e em acomodá-las ao propósito do jogo.

Efeitos de distância

Outro método para alavancar a tela do jogo em 2D com um convincente espaço 3D é exagerar nas cores e contrastes. A aceitação do jogador do que é real (também conhecido como *suspensão da descrença*) é flexível quando joga um jogo. A experiência do jogo pode ser reforçada com o exagerar de cores além do que normalmente pode ser visto no mundo real. Um exemplo disso está na fotografia. Fotografias subaquáticas feitas sem iluminação especial tipicamente parecem monótonas e monocromáticas. Os fotógrafos subaquáticos profissionais utilizam acessórios de luz para realçar as cores do mundo subaquático. Outros fotógrafos profissionais frequentemente aumentam a intensidade da cor e o contraste das suas fotos usando filtros polarizadores para remover a luz refletida. Tente olhar um espaço exterior por meio de um par de óculos polarizados. Observe que a luz direta se torna mais colorida, áreas sombreadas ficam mais escuras e o contraste é aumentado em seu geral. As cores refletidas pelos objetos vão depender da cor da lente polarizada.

Regras do mundo real podem ser usadas em jogos para transmitir distância e profundidade. Por exemplo, objetos próximos serão mais destacados, em contraste, mais detalhados e, normalmente, mais escuros do que objetos semelhantes vistos de mais longe. Névoa é uma boa maneira de transmitir essa profundidade. Um dos grandes benefícios da incorporação de neblina em seu jogo é que ela é uma ferramenta utilizada pelos construtores do universo do jogo para realizar o recorte da geometria[2] – aumentando assim a taxa de frames.

O artista de ambiente pode usar as regras, tanto do mundo "real" quanto do mundo "aprimorado" para manipular a forma como o jogador irá ver o ambiente. As paletas circulares de cores que estão nas Imagens Coloridas 1 e 2[3] ilustram esses conceitos e mostram como um ambiente clássico 2D foi transformado em espaço 3D com a percepção de profundidade muito aprimorada

---

[2] N.R.T.: O *culling*, descrito na nota 14, do *Capítulo 6.2 Modelagem 3D*, do presente volume.
[3] N.R.T.: As duas paletas de cores RGB em formato de círculos sobrepostos se encontra na *primeira página colorida*, da sequência de imagens coloridas, no final do livro. O termo paleta, no jargão da informática, designa um subconjunto determinado da gama total de cores suportadas pelo sistema gráfico de um computador. Para cada cor da paleta se designa um número, e em cada pixel é armazenado um desses números. Esses números determinam a cor do pixel. As paletas permitem que imagens que contenham um pequeno número de cores sejam armazenadas utilizando-se uma quantidade reduzida de memória gráfica. O termo paleta deriva da pintura, na qual indica uma placa, geralmente de madeira, sobre a qual as cores são misturadas para serem usadas. Vale lembrar que Goethe, em 1810, em seu ensaio sobre as cores, foi o primeiro a representar o espectro das cores de forma circular. Hoje esse modelo é largamente utilizado em computação gráfica.

usando os dois conjuntos de regras. A Imagem Colorida 3 (no final do livro) mostra uma tentativa de passagem nos detalhes do ambiente. Embora a primeira passagem seja razoavelmente boa, se aplicarmos os princípios já discutidos na cena, teremos um retrato mais convincente de profundidade e espaço.

Primeiro, vamos discutir geometria. Na Imagem Colorida 3 (no final do livro), note a grande estrutura de torre de água em segundo plano e a grande rocha em primeiro plano. Esses objetos parecem estar sozinhos, e já que a torre de água é um objeto estranho e uma rocha pode ser de qualquer tamanho, precisamos adicionar mais objetos à cena para que o jogador tenha alguma sensação de dimensão. Na Imagem Colorida 4, no final do livro, adicionamos uma torre, aproximamos do jogador e acrescentamos uma rocha ao fundo. A proximidade desses objetos e seus tamanhos relativos fornecem ao jogador uma sensação mais visceral da dimensão do mundo e da dimensão dos objetos estranhos em cena. Além disso, observe na Imagem Colorida 3 (no final do livro) que a camada de água quase parece uma nuvem ou uma névoa brilhante. Na Imagem Colorida 4, os objetos se refletem na água abaixo deles, mais notavelmente a rocha em primeiro plano. Esse detalhe de reflexão define o plano de água e dá ao jogador uma sensação mais sólida do espaço jogável.

Em seguida, consideramos o nível de contraste e neblina em toda a cena e como acrescentar intensidade visual para objetos e volume ao meio ambiente. A mudança mais óbvia é a adição de detalhes e contraste com a rocha próxima ao solo na Imagem Colorida 4 (veja as páginas finais do livro). Como mencionado, objetos próximos irão, em geral, ser mais escuros e ter mais detalhes do que objetos distantes. Objetos longínquos, no mundo real, serão atenuados pela neblina no ar, e os detalhes serão revelados pelo reflexo da luz dessa névoa. Todos os objetos recebem um tratamento de menos "neblina", enquanto se aproximam da câmera. De trás para a frente, vemos que o céu na Imagem Colorida 3 recebeu um pouco de névoa na Imagem Colorida 4 (vejas as páginas finais do livro). O nível de contraste do planeta grande ao fundo foi reduzido (como a cor, mas isso será discutido na próxima seção). Na torre de água de trás, a névoa foi retirada, assim como a rocha de trás. Na Imagem Colorida 4 (no final do livro), a torre próxima tem maior contraste e é mais escura do que a torre de trás, e a rocha próxima é subsequentemente maior em contraste e mais escura do que a torre da frente. Os objetos mais próximos do solo são as naves do jogador e as naves do inimigo. Estes receberam o maior nível de contraste. Nesse caso, pode-se argumentar que o contraste foi exagerado demais, e que os valores de cor estão sofrendo como resultado, mas é instrutivo examinar o resultado. Para a produção final, os níveis de contraste da nave seriam reduzidos um pouco para que os valores de cores não fossem tão extravagantes, e o nível de contraste de qualquer outro objeto seria reduzido proporcionalmente. Por fim, a superfície da água recebeu maior contraste na parte mais próxima e menor contraste ao longo do horizonte distante.

Agora vamos discutir brevemente as cores. A percepção humana de cores pode ser manipulada para transmitir profundidade. Cores quentes, como vermelhos, amarelos e marrons, são percebidas como mais próximas de nós no espaço do que cores frias, como azuis ou verdes. Esse princípio é frequentemente usado no design de interface, mas também pode ser usado na construção do universo do jogo. O objeto principal que reflete a projeção do equilíbrio de cores na Imagem Colorida 3 (no final do livro) é o planeta grande de fundo. Na Imagem Colorida 4, foi dado ao planeta um tom frio e azulado para mostrar o efeito de dispersão da luz na neblina azul da atmosfera do nosso planeta. Isso prova a vantagem de aparentemente levar o planeta mais para longe no plano de fundo. Agora está menos incômodo para o jogador e parece se encaixar com mais naturalidade no ambiente 3D.

Simulando detalhes

Independentemente da plataforma de desenvolvimento, sempre existem limitações técnicas no espaço de textura e contagem de polígonos. Um ambiente realista não pode conter todos os detalhes que vemos na vida real, independentemente da definição. As placas de vídeo também são limitadas ao número de texturas que podem apresentar sem afetar o desempenho. Uma maneira de contornar as limitações de textura e polígonos é utilizar coloração de vértice na cena. O motor de desenvolvimento usado irá determinar se a coloração de vértices é uma opção viável. A coloração de vértices é o processo de pintura dos vértices na sua malha. Qualquer textura aplicada na área entre dois vértices de cores diferentes adotará seu gradiente de cor. Coloração de vértices é um popular e barato (não requer muito poder de processamento) método de adicionar cor a uma malha. A coloração de vértices pode ser adicionada em áreas onde as sombras são necessárias, a profundidade ou a depressão deve ser implícita ou apenas para acrescentar variedade de cores a uma textura muito ladrilhada[4]. A Imagem Colorida 5 (no final do livro) mostra uma imagem de uma cena do jogo *Polar Bowler* [WildTangent04b]. O túnel de gelo depende muito do sistema de coloração de vértice para adicionar qualidade visual e variedade ao gelo. Apenas uma textura é utilizada nas paredes de gelo em toda a cena. Ao adicionar azuis, roxos e colorização de vértice amarela ocasionais, a percepção da profundidade e variedade é muito maior, e diversos graus de calor e frescor estão espalhados por todo o túnel. Se desejamos uma colorização de vértice adicional, uma face poligonal pode ser subdividida para adicionar mais vértices a uma área (desde que o desempenho permita).

> Cronograma

A produção do jogo é uma atividade econômica, e como tal insere-se dentro de um cronograma. Comece construindo componentes de maior dimensão ou de maior risco do meio ambiente, com a intenção de revisitar o seu trabalho ou para entregá-lo a um outro artista para uma fase diferente. (A estrutura e o fluxo de trabalho variam em cada estúdio.) O produtor do projeto também pode ajudar a definir essa prioridade. Essa abordagem é semelhante a pintar as partes de fundo de uma tela grande e, em seguida, voltar mais tarde para preencher os detalhes. Além disso, o diretor de arte ou líder de programação terá de definir um limite técnico detalhado acerca de como uma cena poderá ser construída; parte da eficiência da construção de um conjunto completo de ambientes do jogo consiste em tornar uma cena tão completa quanto possível, próximo do início do projeto. Ao completar uma cena, você terá uma compreensão de quão rapidamente as cenas restantes serão construídas e o que evitar no caminho.

>> Resumo

Os princípios apresentados neste capítulo são apenas um ponto de partida na criação de ambientes atraentes e bonitos. A criação real de ambientes 3D irá variar em cada aplicação de software, mas a teoria da exposição do meio ambiente em um jogo é a mesma: criar a percepção de espaço 3D

---

[4] N.R.T.: Quando são utilizados ladrilhamento em textos (*tiled texture*), o que em alguns casos pode produzir *ruídos visuais* na área texturizada.

na tela do computador em 2D. Um jogo 3D irá utilizar a definição de geometria para tentar criar a percepção de volume, mas a melhor aplicação não irá ignorar os princípios básicos de utilização de cor adequada, níveis de contraste e dos princípios de distância do mundo real. Por último, a teoria de cores e os refinamentos baseados na observação da vida e mundo reais têm sido usados ao longo dos séculos para transmitir profundidade em uma tela plana e podem ser utilizados hoje para trazer um mundo 3D à vida.

Exercícios

1. Encontre uma imagem de tela de um ambiente em um de seus jogos favoritos. Redija uma crítica documentando o que funciona e o que não funciona com o meio ambiente na cena. Aborde especificamente a emoção criada na cena. Considere se os esquemas de cores funcionam bem e como essas ou outras cores são usadas em diferentes partes do jogo. Como a mudança de iluminação, esquemas de cores e níveis de contraste afetam a percepção do jogador?
2. Compare um ambiente de um jogo em primeira pessoa com um ambiente de um jogo em terceira pessoa. Que elementos têm um forte impacto na perspectiva em primeira pessoa que não funcionam tão bem na terceira pessoa e vice-versa?

Referências

[WildTangent01] *Dark Orbit*, disponível on-line em www.wildgames.com, 2001.
[WildTangent04a] *Phoenix Assault*, disponível on-line em www.wildgames.com, 2004.
[WildTangent04b] *Polar Bowler*, disponível on-line em www.wildgames.com, 2004.

6.4 Texturas 2D e mapeamento de textura

Neste capítulo

- Visão geral
- Imagens 2D baseadas em arquivo para o mapeamento de textura
- O que você deve saber antes de criar um mapa de textura
- Sistema de coordenadas do mapeamento de textura
- Métodos para mapear coordenadas UV
- Estudo de caso: mapeamento de textura de uma personagem
- Resumo
- Exercícios
- Referências

〉 Visão geral

Muito parecido com cobrir um livro com uma capa de papel ou embrulhar uma bola de futebol em papel ou a pintura de um escultura de um cavalo em cerâmica com tintas esmaltadas, da mesma forma um modelo 3D em um jogo precisa de algo equivalente a uma cobertura, um embrulho ou revestimento de cor. Um modelo 3D bem-sucedido normalmente significa que um artista trabalhou em algumas etapas necessárias no processo de construção, para dar-lhe uma aparência personalizada colorida. Essas etapas incluem a criação de imagens digitais adequadamente preparadas, conhecidas como *mapas de textura*, e um método meticuloso de conseguir que essas imagens 2D se ajustem na superfície do modelo 3D. Nessa fase de nível artístico elevado que ocorre entre a modelagem e a iluminação de um objeto, o artista cria imagens digitais, geralmente em um popular programa de pintura 2D usando habilidades mais tradicionais da arte. Nas etapas relacionadas mais adiante, no entanto, certas habilidades técnicas devem ser desenvolvidas antes de sabermos como o artista pode preparar a arte final ou mapa de textura para o seu melhor uso na geometria do modelo. Esse processo que parece complicado é chamado de *mapeamento de textura* ou *mapeamento UV*. Todos os objetos do ambiente em um jogo 3D, bem como os avatares, automóveis, certos efeitos e até mesmo o céu, contam com essas etapas para dar à geometria de polígonos valores de cores. Durante a produção de todos os objetos, a etapa de atribuição de coordenadas de textura tem de acontecer antes de o artista realmente ver sua textura sobre o modelo.

Este capítulo aborda os tipos de mapas de textura frequentemente utilizados e desmistifica o processo técnico de como um artista informa ao computador como aplicar uma textura em um polígono particular de um modelo tridimensional e, explicitamente, como exibi-lo na tela. Embora existam muitas formas de fazer isso, de "esfolar o gato", a discussão da criação de mapas de textura e as abordagens para técnicas de mapeamento de textura irão se concentrar mais sobre aquelas que um artista profissional comumente vai usar na criação de jogos em tempo real.

Enquanto pensamos como um "artista de mapas de textura", essas pessoas são as responsáveis pela criação dos mapas de textura, que também podem ser conhecidos como *mapas de cores* ou *mapas difusos*, dependendo da aplicação 3D utilizada. Observando a Figura 6.4.1, veja que, com a participação dessas etapas no fluxo de produção, o modelo de textura pode ser exportado e começar a percorrer o seu caminho em direção ao motor de jogo, isso já com a finalidade de avaliarmos a sua aparência e o impacto que pode ter no jogo em desenvolvimento. De modo geral, quanto antes a arte puder ser avaliada, dentro do próprio jogo ao lado e em comparação com outras artes do ambiente, dos efeitos especiais, das personagens devidamente dimensionadas etc., melhor será para a equipe realizar mudanças críticas no início do desenvolvimento.

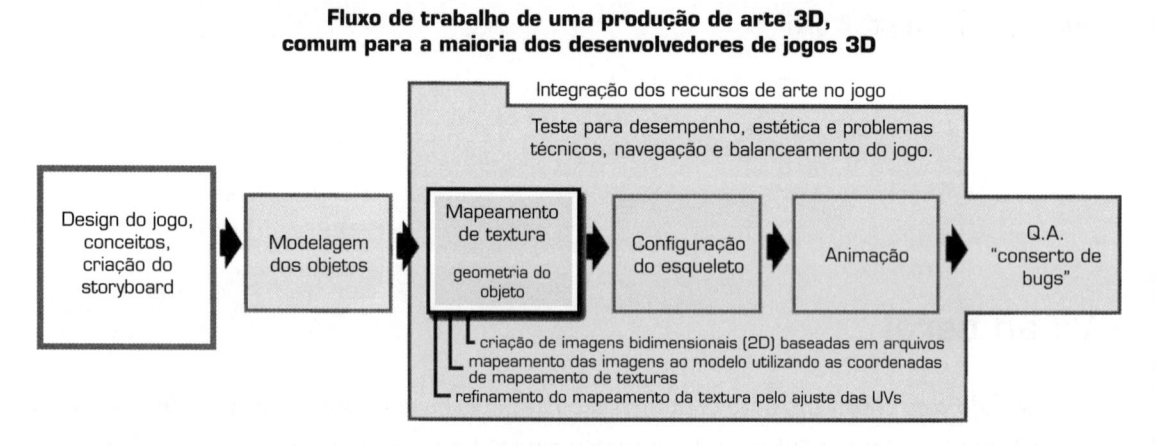

Figura 6.4.1 Mapeamento de textura é um componente intermediário de produção com várias etapas.

Depois de a etapa de mapeamento estar concluída, até mesmo uma textura temporariamente aplicada em um modelo pode ser modificada várias vezes para melhorá-lo esteticamente. As revisões podem ser atualizadas no modelo de forma rápida para avaliações em uma progressão continuada. Essa é a fase na qual a maioria dos artistas de textura preferem concentrar seu tempo – após a fase mais técnica e concentrando-se na parte mais criativa do trabalho para que o jogo tenha uma aparência ideal. Um rápido e comprovado método de mapeamento de textura de um modelo será demonstrado em detalhes no estudo de caso no final deste capítulo.

› Imagens 2D baseadas em arquivo para o mapeamento de textura

Embora muitos tipos de imagens 2D possam ser usadas para arte do jogo em tempo real, no fundo todos compartilham certos atributos físicos. Para ajudar o artista a ultrapassar alguns dos aspectos mais técnicos do processo, e para que a linguagem entre os membros da equipe seja entendida, apresentamos uma breve descrição desses atributos. Cada mapa de imagem ou textura consiste em uma matriz bidimensional de valores de cores chamada de *elementos de textura* ou *texels*. Estes são pixels no mapa de textura. Cada *texel* ocupa um local específico e tem um único endereço físico. Cada endereço no espaço de textura também é representado por uma coluna e o número da linha. Como mostra a Imagem Colorida 7c (no final do livro), a direção U representa os elementos de textura e seus valores ao longo dos eixos horizontais, enquanto a direção V representa os elementos de textura ao longo dos eixos verticais do espaço da textura.

Um artista vai usar muitos tipos de mapas de textura, e todos eles partilham dessa composição. Eles podem ser usados isoladamente ou em conjunto. Alguns são essenciais para todos os jogos 3D, e assim foram ilustrados na Imagem Colorida 6 (no final do livro) e serão descritos em detalhes nos parágrafos seguintes. Um artista de textura pode, em algum momento, fazer mapas de cores, mapas de transparência, mapas de bump, mapas normais, mapas de ambiente e mapas de luminosidade, para citar alguns. Cada um possui um efeito visual único no jogo. No entanto, até que esse mapa de textura seja atribuído a um modelo para lhe conferir mais caráter, cor e profundidade, ele terá uma "pele" perfeita de máquina genérica, como podemos ver na Imagem Colorida 8b (no final do livro).

Mapas de cores: O mapa de textura fornece a cor básica ou cor difusa a um modelo por meio de um mapa de textura baseado em arquivos. As cores *difusas* são aquelas que nos referimos quando um objeto é uniformemente iluminado, não saturado, muito brilhante ou na sombra. Em um programa 3D como 3DS max, este é atribuído por meio do canal *Diffuse color (cor difusa)* dentro do *Editor de Materiais*. Em outro programa, como o Maya, este seria o *Color channel*[1]. Essa imagem pode ser de qualquer cor sólida, combinação de cores, feita à mão, usando um pincel digital ou digitalizada a partir de uma pintura ou uma fotografia. Dependendo da aparência do jogo, qualquer fonte utilizada pode fornecer essa informação de cores para um modelo. Ao criar um mapa de cor/difuso a partir de uma fotografia, existem imagens ideais e não tão ideais ou ainda imagens mal iluminadas. Um artista deve evitar o uso de fotos que já mostram evidência de uma fonte de luz na cena, talvez do sol da tarde ou um estádio com luz na parte superior. Se a foto tem esses destaques, sombras direcionais acentuadas ou outras informações de iluminação capturadas, o artista deve tomar cuidado para as eliminar na imagem final. Às vezes, ele precisa primeiro equilibrar a iluminação de toda a imagem usando recursos de manipulação de imagens em um programa de pintura. A textura mostrada na Imagem Colorida 7a (no final do livro) tem iluminação com sombra suficiente para identificar que a superfície não é plana em sua totalidade.

Mapas de transparência: Eles são formados por uma imagem colorida ou de escala de cinza a partir de um arquivo, sendo usada em combinação com o mapa de cores para controlar a transparência

---

[1] N.R.T.: As organizações nos softwares de modelagem variam. *Diffuse color* tem a sua tradução como *cor difusa* e *color channel*, como *canal de cor.*

da superfície. Tais mapas também são referidos como *mapas de opacidade* ou apenas *mapas alfa*. Os tons de cinza irão controlar a quantidade de transparência, com o preto 100% transparente e o branco 100% opaco ou sem nenhuma transparência (veja a Imagem Colorida 6a no final do livro).

Um computador interpreta os valores de pixel não como cores, mas de uma forma que descreve a transparência da superfície em cada texel. Uma imagem de transparência projetada para uma árvore ou uma folhagem ornamental, por exemplo, terá um padrão aleatório de padrões brancos sólidos em formato de folha contra o preto, considerando que para uma cortina rendilhada transparente de janela terá uma gama mais ampla de tons de cinza com um tom mais claro de fundo para um padrão decorativo de design menos transparente (veja, no final do livro, a Imagem Colorida 6c).

Mapas de bump: Para aprimorar a aparência quase sempre achatada encontrada em jogos 3D, uma superfície com aspecto acidentado para objetos como muralhas de pedra de castelos e pele rugosa de alienígenas pode ser alcançada em um nível de superfície com esse tipo de mapa de textura. O uso de um *bump map*[2] produz resultados que simulam uma superfície rugosa, de relevo em 3D. A geometria do modelo não é alterada por isso e só parece ter mais detalhes na malha (veja, no final do livro, a Imagem Colorida 6b). Antes de considerar esse tipo de mapa de textura em seu design de jogo e produção de arte, ele deve ser encarado como um recurso do chip gráfico do sistema-alvo para o qual irá ser produzido o jogo.

A forma como um mapa de bump (*bump map*) funciona é semelhante em princípio aos *mapas alfa* em escala de cinza usados para produção de transparência (opacidade), exceto que as informações em escala de cinza são utilizadas atualmente para controlar a quantidade de "calombos" que aparecem na superfície do modelo. O que muitas vezes esse recurso revela é quando o mesmo perfil do modelo é visto. Ele vai parecer mais achatado do que os calombos, nódulos e buracos sugerem que deveria. Trata-se aqui de uma troca aceitável. Para um jogo em tempo real atingir um nível similar de detalhes em 3D com apenas pouca melhora no apelo visual custaria ao artista uma tonelada de tempo extra para modelar esses detalhes e, consequentemente, diminuiria o desempenho do jogo por causa dos polígonos acrescentados.

❯ O que você deve saber antes de criar um mapa de textura

No desenvolvimento dos jogos mais recentes, haverá provavelmente ainda limitações técnicas que um artista deve estar ciente, que irá determinar como ele abordará a construção de imagens. Essas limitações não afetarão a aparência final ou o estilo, mas o tamanho e a posição das imagens e a escala dos detalhes dentro do mapa de textura. Esse tipo de planejamento prévio vai economizar aos artistas muito tempo e frustração, uma vez que estão dentro do fluxo de trabalho. Aprender tanto quanto possível durante uma pré-produção sobre o design do jogo, os objetos específicos a terem texturas mapeadas e como eles devem ser usados no ambiente do jogo ajudará durante a produção.

---

[2] N.R.T.: *Bump map*, termo consagrado pela comunidade, pois é localizado na programação e nos menus de trabalho com os softwares de modelagem. Uma tradução de *bump map* poderia ser mapa de rugosidade. O termo também é referido na literatura como *mapa de bump*.

A seguir, abordamos várias questões que devem ser levantadas para o artista melhor se preparar para um trabalho de mapeamento de sucesso. Algumas das perguntas técnicas que um artista deve fazer de antemão ao seu diretor de arte, designer de jogo ou nível e programador são, por exemplo: Quanto espaço de arquivo no produto final será atribuído para todos os mapas de textura? Qual é o tamanho da resolução que os mapas de textura devem ter? Em um esforço para reduzir o número de imagens usadas pelo jogo em geral, ou por um determinado nível, texturas em formato retangular são aceitáveis? Por exemplo, um campo olímpico de grandes dimensões ou uma pista de avião podem ter grandes áreas repetidas de superfície de grama e asfalto, respectivamente. Uma *textura retangular*[3] é um mapa de textura inteligentemente concebido que proporciona uma repetição contínua de um mapa de textura única que abrange uma grande extensão da superfície do solo. Outra pergunta pode ser: As áreas de um modelo devem ter texturas intercambiáveis?[4] Um exemplo disso seria um recurso de design de um jogo de corrida que suporta decalques intercambiáveis em um carro de corrida que um jogador pode, então, especificar. E quanto à otimização de todas as texturas para reduzir o tamanho do arquivo? Para os jogos em tempo real, existe normalmente a necessidade de otimizar, reduzindo o tamanho e espaço de cores para serem compatíveis com a plataforma de jogo pretendida. Você pode esperar essa etapa em todos os estúdios de jogos.

O nível de importância de vários objetos em 3D e as suas superfícies no jogo são outra consideração importante que o artista de textura deve conhecer de antemão. Um exemplo seria um objeto de destaque colocado em um nível ou em uma personagem herói. Qual é a aparência do jogo? Antes de projetar e pintar uma ou mais imagens para um modelo, compreenda o design do jogo, o estilo e o público-alvo à que se destina. Por exemplo, é estilizado ou fotorrealista? Os jogadores em potencial são adolescentes ou mulheres de meia-idade? Os objetos devem parecer ter iluminação e sombras, ou seja, as texturas devem ser criadas com uma evidente fonte de luz implícita? Respostas para perguntas como essas podem afetar as decisões técnicas que você toma no caminho e o guiarão quanto a chamar a atenção para objetos e superfícies significativas enquanto subestima as menos importantes.

❯ Sistema de coordenadas do mapeamento de textura

Para aplicar texturas 2D em modelos 3D, o artista de texturas irá utilizar um *sistema de coordenadas do mapeamento de textura*. Isso ajudará a estabelecer uma correlação direta entre a imagem 2D e o *espaço de textura* do modelo 3D. Trata-se de como um conjunto de instruções que define quais áreas da imagem de textura são mapeadas para certas partes do modelo. O método básico

---

[3] N.R.T.: Grande parte dos motores de jogos dão preferência a mapas de texturas que tenham a proporção *por 2*, ou seja, que são retangulares, e ainda que sejam produzidas em dimensões fixadas de 512 × 512, 1024 × 1024, 2048 × 2048 e 4096 × 4096. O incremento da proporção da textura implica sempre um incremento de processamento correspondente. Mais recentemente alguns motores têm começado a aceitar padrões fora da proporção do *divisível por dois*. Entretanto, deve-se ter em mente que esse novo padrão implica um processamento a mais do que o retangular.

[4] N.R.T.: Outra possibilidade muito útil das *texturas intercambiáveis* refere-se também, por exemplo, a partes da personagem que podem ser trocadas para dar-lhe uma variação, como as texturas da face, roupas e cabelos, o que permite o uso de instanciação da personagem pela fábrica de objetos, conforme explicado no Volume 2, Capítulo *3.3 Fundamentos da programação*.

de mapeamento de textura é especificar as coordenadas de cada texel do mapa de textura (U, V) que mapeiam para um único ponto sobre a superfície do modelo. As coordenadas UV são especificadas nos vértices de polígonos e são interpoladas por meio da superfície de cada polígono pelo chip gráfico. Embora outros tipos de geometria de modelo podem ter coordenadas de textura, como modelos de spline, modelos baseados em *patches*[5] ou NURBS, modelos de polígonos são tipicamente o tipo de geometria exportada para a utilização em motores de jogos. Além disso, ao contrário das NURBS que têm um conjunto inerente de tais coordenadas de mapeamento de textura, modelos poligonais sempre precisam de coordenadas de textura aplicadas. Como mostra a Imagem Colorida 7c, no fim do livro, as coordenadas de textura estão na faixa de 0-1 nas direções U e V. No caso de texturas retangulares que são destinadas a serem repetidas mais de uma vez em toda a superfície de um modelo, espera-se ter as coordenadas de textura fora do intervalo 0-1.

Todo artista de textura deve saber que a realização perfeita de mapeamento UV no desenvolvimento de jogos é quase impossível. Eles devem, no entanto, trabalhar para o mapeamento UV ideal, estando conscientes de outros objetivos importantes durante esse processo. O mapeamento UV envolve escolhas que um artista aprende a aceitar e o equilíbrio na busca da eficiência e continuidade. Tais metas farão mais sentido após o estudo de caso no final desta seção. A Figura 6.4.2 compara dois cenários, demonstrando o mau e o ideal "empacotamentos" de geometria UV. As duas janelas do editor UV mostram os resultados de dois modelos orgânicos mapeados diferentes usados pela empresa WildTangent. Embora ambos tenham usado bem todas as áreas do espaço de textura, o exemplo b tem menos grupos de geometria mapeados continuamente e será mais fácil para pintar. Os clusters UV são agrupados e posicionados de forma lógica para facilitar o reconhecimento.

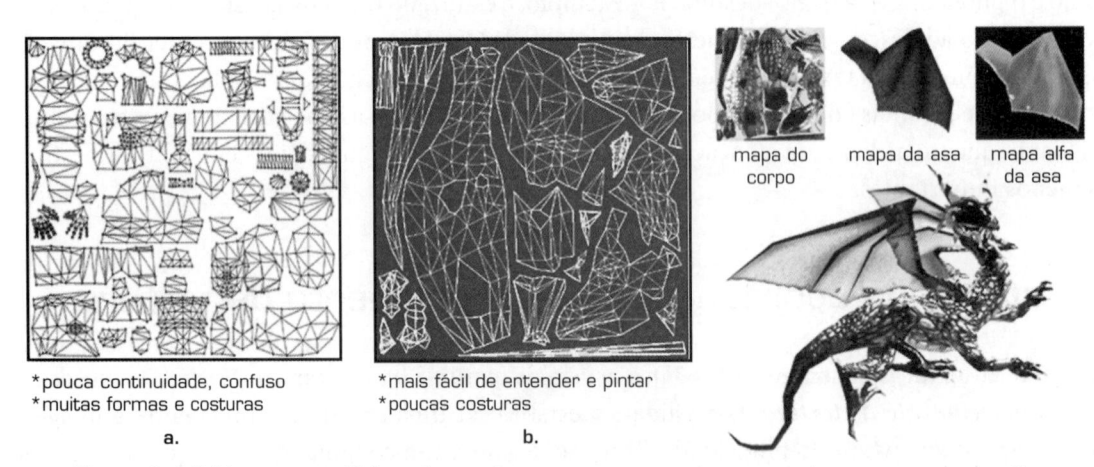

*pouca continuidade, confuso
*muitas formas e costuras
a.

*mais fácil de entender e pintar
*poucas costuras
b.

mapa do corpo   mapa da asa   mapa alfa da asa

Figura 6.4.2 Mapeamento UV resultante de uma personagem humana e de um corpo de dragão.

〉 Métodos para mapear coordenadas UV

Vários sistemas comuns para o mapeamento de coordenadas UV estão disponíveis em aplicações 3D. Cada um usa um dos dois métodos para inserir imagens em um modelo por meio de projeção

---

[5] N.R.T.: Conforme visto no Capítulo *6.2 Modelagem 3D*, o sistema dos *patches* consiste em um conjunto de instruções que armazenam coordenadas (as CVs das NURBs) na geração de uma malha tridimensional.

ou envolvê-los no modelo. *Mapeamento de projeção de imagem* é uma técnica em que uma imagem é projetada na geometria. Seria como ter um projetor de slides direcionado para o seu modelo, enquanto projeta uma imagem estática na superfície de alguns polígonos do modelo ou por todos eles. Um exemplo desse método é o *mapeamento de projeção planar*. Embora essa seja uma maneira fácil de obter rapidamente as coordenadas de mapeamento do modelo, é menos desejável para certas formas por causa dos problemas que cria, como listras nas laterais do modelo. Dependendo da forma do modelo, outros métodos são mais adequados e produzem melhores resultados. Como os nomes sugerem, outros métodos como *coordenadas de mapeamento esférico, coordenadas de mapeamento cilíndrico* e *coordenadas de mapeamento cúbico* também são utilizados. São como ferramentas, apropriadas para as formas da geometria que lembram o nome. Por exemplo, um método de mapeamento esférico é normalmente usado para as formas arredondadas como os planetas e os olhos, enquanto o mapeamento cúbico será utilizado quando o objeto for uma caixa, um trem retangular ou um prédio. A melhor maneira de aprender suas vantagens e desvantagens é experimentar cada um em vários modelos de diferentes formas. Com tempo e experiência, eles se tornarão familiares para o artista de textura. Como são ferramentas especializadas, saber quando e como usá-las irá poupar tempo e produzir resultados mais previsíveis.

Após os sistemas de mapeamento UV serem utilizados, alguns ajustes ainda são necessários para atenuar eventuais rugas. O trabalho torna-se mais difícil quando a forma do modelo é uma combinação de várias dessas formas mais simples. Por exemplo, como atribuir coordenadas de mapeamento para uma forma simples, como um cilindro ou uma esfera, caso o método usado seja diferente para mapear o braço de uma figura humana ligado a um tronco. Essa combinação de formas mais complexa é como ter um cilindro ligado a um outro cilindro, como na Figura 6.4.3c. Agora anexe uma cabeça em cima do braço e tronco e, em seguida, tente mapear tudo isso com um mapa de textura. O estudo de caso no final desta seção fornece um exemplo desse tipo.

Para ajudar a simplificar esse trabalho, os pacotes 3D de hoje oferecem formas de aplicar e controlar o posicionamento de coordenadas UV com feedback visual em tempo real, utilizando controles e *gizmos*[6] que mostram a aplicação no plano 3D das texturas. Felizmente, ao contrário dos objetos de mapeamento de textura para o cinema ou de produção de transmissão, a vantagem de criar conteúdo para jogos em tempo real é que um artista já tem uma boa ideia de como o mapeamento vai parecer dentro do aplicativo 3D. Na obra cinematográfica, para verificar os resultados efetivos das superfícies recém-mapeadas será preciso executar um teste de renderização no software. Na Imagem Colorida 7b (no final do livro), duas imagens mostram exemplos de ícones de ferramenta de posicionamento 3D para mapeamento esférico e outro para as ferramentas de mapeamento cúbico.

Pelo fato de o sistema de coordenadas ser como um conjunto de instruções que definem quais as áreas da textura são mapeadas para certas partes de polígonos do modelo, torna-se uma habilidade importante para qualquer artista de textura a maneira como alguém controla a atribuição desse mapeamento de coordenadas UV. A maneira como o artista manipula esses pontos UV (veja a Imagem Colorida 7c, no final do livro) é, em última análise, realizada nesse espaço de textura. No aplicativo 3D, isso é feito usando uma janela do editor UV que expõe os pontos de controle UV da malha no espaço de textura. Os pontos de controle (ou pontos UV) são os pontos de vértice da

---

[6] N.R.T.: Os *gizmos,* que controlam as transformações geométricas da textura, geralmente são representados por *cubos* ou *planos* alinhados de acordo com a tangente normal da textura.

malha, somente ajustados na forma de planos em uma área 2D representada em um espaço entre 0 e 1. Mover esses pontos de controle no espaço de textura ao longo da direção U ajusta os pixels de textura ao longo dos eixos horizontais, e, na direção V, ajusta-os ao longo dos eixos verticais da superfície do modelo.

Depois de atribuir um mapa de textura baseado em arquivo para um objeto com mapeamento UV, a passagem de refinamento final é testar e editar os pontos UV. Esse ajuste manual das UVs em uma configuração mais uniforme pode levar muito tempo e requerer prática. Uma imagem provisória ou *imagem de teste* que apresenta um padrão colorido ou algum ruído perceptivelmente visual, como mostra as Imagens Coloridas 8c e 8d (no final do livro), pode ser usada para o mapa de textura como uma ajuda visual. O padrão em xadrez[7] de um modelo 3D é um indicador visual de quão bem os UVs estão sendo ajustados. O estudo de caso a seguir descreve como usar uma imagem de teste e avaliar os resultados.

> Estudo de caso: mapeamento de textura de uma personagem

O estudo de caso a seguir é projetado para lhe dar uma melhor compreensão e apreciação dos conceitos e práticas discutidas nesta seção. Ele o guiará no processo de análise e preparação de um complexo modelo para mapeamento, atribuindo diversos sistemas de coordenadas de mapeamento diferentes, e ajustará manualmente e empacotará UVs no espaço de textura para a utilização de um mapa de textura. Embora essa abordagem flexível não seja a única disponível para um artista de textura, ela se baseia apenas nas ferramentas e recursos disponíveis em aplicações 3D usadas pela indústria de jogos. Devido à evolução dos métodos e ferramentas disponíveis nas mais recentes aplicações 3D, outras abordagens estão se tornando obsoletas. As técnicas demonstradas aqui também se concentram em fazer os artistas atravessarem os aspectos técnicos do processo de forma rápida e eficiente de modo que mais do seu tempo possa ser gasto com o processo criativo de refinamento e finalização da textura.

Se quiser acompanhar este estudo de caso, você pode carregar o modelo chamado "sister.max" para o 3DS max. Está disponível (em inglês) em www.cengage.com.br, na página do livro. É um modelo de polígono feminino completo de corpo inteiro de malha simples criado para um jogo da WildTangent. Devido à sua forma intrincada e formato curvilíneo, um modelo de personagem organicamente moldado representa um desafio maior para o mapa de textura. Além disso, por causa de os modelos de personagens serem muitas vezes vistos de 360 graus na maioria dos jogos, a dificuldade é ainda agravada pela necessidade de aplicar, de forma consistente, o mapeamento de coordenadas UV, sem esticar ou distorcer texels.

Durante este estudo de caso, procure trabalhar de forma interativa entre as aplicações 3D e um programa de pintura. No decorrer do processo de mapeamento de textura, quanto mais interativo ele for, mais rápido e intuitivo se tornará e maior controle sobre os resultados desejados o artista terá. Com tempo e prática, os artistas podem definir qual a melhor maneira de trabalhar. Para referência futura, vários produtos de software de terceiros também foram produzidos visando maximizar essa ideia de trabalhar de forma interativa, permitindo ao usuário importar e exportar

---

[7] N.R.T.: Em inglês, *checker pattern*.

6.4 TEXTURAS 2D E MAPEAMENTO DE TEXTURA 695

dados 2D e 3D entre programas 2D e 3D populares, enquanto se especializa no processo de atribuição de mapeamento UV de forma interativa e pintura em objetos 3D em tempo real.

As cinco etapas seguintes irão mapear a textura do modelo de personagem. Elas podem às vezes se sobrepor e serem revistas a qualquer momento durante a produção.

Etapa 1: Avaliar o design da malha e o posicionamento de arestas

Como o artista de mapa de textura no processo de criação e desenvolvimento de objetos 3D, alguém pode entregar-lhe um modelo, como mostrado no modelo de exemplo das Imagens Coloridas 8a e 8b (no final do livro). Nele temos uma única malha poligonal contínua, sem o mapeamento UV, uma vez que ele não é realizado automaticamente em superfícies de polígonos. A primeira coisa que um artista deve fazer é analisar a construção da malha e verificar se há áreas no design do modelo nas quais o mapeamento pode ser difícil. Neste exemplo, essas são as áreas onde os polígonos se encontram em ângulos agudos, como as axilas, a região da virilha e na parte superior do pescoço. Uma vez que um modelo de polígonos pode consolidar grandes áreas do modelo em um mapa de textura, e devido à necessidade de otimizar o espaço de textura e de geralmente manter uma baixa contagem total de texturas utilizadas, a textura para a personagem inteira será representada em um mapa único de textura, como mostra a Imagem Colorida 8e (no final do livro). Em antecipação à próxima etapa, o artista também vai avaliar o posicionamento das arestas do polígono que vai definir os grupos mais simples de formas poligonais, como mostra a Figura 6.4.3b.

Etapa 2: Excluir elementos duplicados e dissecar o que sobrou

Para poupar tempo reduzindo a quantidade de superfícies que você terá de mapear, a geometria idêntica deve ser identificada e eliminada. Como neste exemplo, um modelo de personagem muitas vezes tem um desenho simétrico em todo o corpo. Durante o processo de construção de um

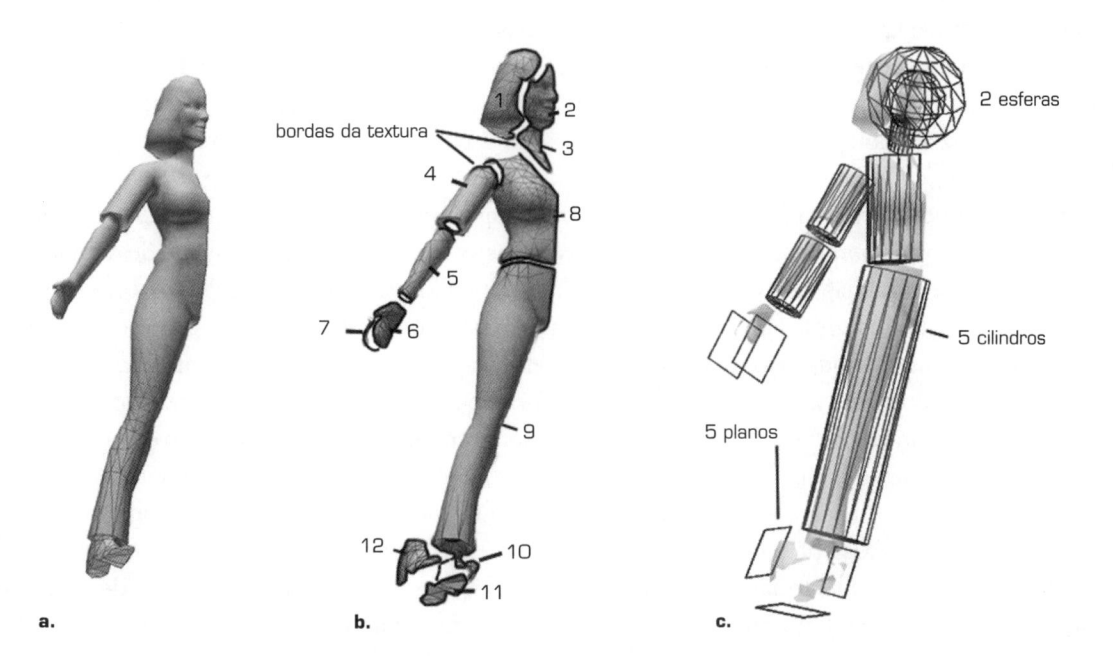

Figura 6.4.3 Partes duplicadas são evitadas ou até mesmo removidas e a geometria restante é dividida e agrupada, baseando-se na semelhança com formas mais simples e primitivas.

modelo desse tipo, é provável que o modelador tenha construído apenas metade do modelo final, em um esforço para economizar tempo. Por essa razão, muitas personagens são cravadas bem no meio. Uma aresta abaixo do centro é um bom lugar para dissecar e eliminar metade do corpo, como mostra a Figura 6.4.3a. A vantagem é que, após o mapeamento dos elementos duplicados ou partes do corpo, o artista de textura pode facilmente copiar, virar e movê-lo de volta para onde o original estava antes de ser excluído. Essa etapa irá eliminar a possibilidade de duplicar o trabalho de mapeamento UV que consome muito tempo, especialmente se a parte idêntica é uma forma complicada difícil de mapear. A consolidação da geometria também cuida da área valiosa do espaço de textura que as peças duplicadas teriam tomado desnecessariamente. Espaço de textura desperdiçado, não utilizado ou utilizado por peças idênticas é ineficiente para a produção e um desperdício de desempenho do produto e qualidade da imagem.

Novamente, as poucas peças de geometria que são deixadas para representar todo o modelo, as poucas superfícies existentes para mapear, e, portanto, a propriedade do espaço de textura mais real são os itens aos quais o artista pode se dedicar a mapear. No final, isso significa mais resolução em termos de pixels e melhor qualidade de imagem no jogo.

Em seguida, o artista vai dividir o modelo inteiro em grupos menores de formas mais primitivas, como objetos individualizados, mas não destacados. A separação da geometria mostrada na Figura 6.4.3b é uma etapa opcional acrescentada após a exclusão de partes simétricas. Foi feita aqui apenas para mostrar mais claramente os diferentes grupos de geometria. O artista pode deixar a malha intacta e fazer uma seleção abaixo do objeto na altura do rosto, quantas vezes forem necessárias, e aplicar coordenadas separadas de mapeamento para cada conjunto de seleção de polígonos. Essa etapa torna os passos que se seguem mais fáceis pela quebra do modelo em partes mais gerenciáveis. Coordenadas de mapeamento agora podem ser aplicadas de forma mais rápida e intuitiva, usando uma combinação de coordenadas planares, esféricas e cilíndricas de mapeamento. A forma estreita de cilindro dos braços e pernas pode ser mapeada separadamente do formato ainda maior de cilindro ou cápsula do tronco. O formato da cabeça na Figura 6.4.3c é semelhante a uma esfera. Isolar a cabeça na linha do pescoço do resto do modelo faz com que um método de mapeamento esférico possa ser usado para esse grupo de polígonos. Essa abordagem também reduz a quantidade de subdivisões necessárias para mapear seções extensas da personagem feminina.

Quando subdividirmos a geometria em grupos de mapeamento, como na Figura 6.4.3b, limites de arestas chamados de *bordas de textura* são criadas. Essas emendas são potencialmente desagradáveis no modelo de textura mapeado e são mais bem colocados em locais facilmente ocultados, bem como a parte interna de um par de calças. Como mencionado, separando a cabeça na linha do pescoço, existe uma melhor chance de que algo no design do modelo proporcione uma transição mais natural e esperada na linha do pescoço. Recursos como esses subestimam as costuras inevitavelmente criadas nas fronteiras de textura. Se o conceito de desenho da personagem foi apresentado, utilize-o como referência para ter uma melhor ideia do posicionamento da costura com base no design de roupas.

Além disso, durante essa etapa, pode haver momentos em que as arestas dos polígonos ou os pontos dos vértice existentes devem ser movidos para uma melhor localização no modelo para melhores resultados. Em todas as tentativas de aperfeiçoar a eficiência do processo de mapeamento de textura e resultado final, você deve ter cuidado para não mudar o projeto pretendido da forma do modelo. Fazer isso, por vezes, ofenderá o modelador ou irá alterar o projeto original do artista conceitual. Para evitar alterar a forma ou o perfil de um modelo, dividir ainda mais uma aresta ou face de polígono para melhor posicionamento da fronteira de textura é uma boa alternativa. Essa solução, naturalmente, irá aumentar a contagem de polígonos, com cada nova divisão, e potencialmente irá exceder o "orçamento de polígono[8]" especificado do modelo.

Etapa 3: Designar um mapa de textura e aplicar UVs

O artista de textura está finalmente em um bom lugar para atribuir um mapa de bits para o modelo. Isso poderia ter sido feito como um primeiro passo, mas seria menos útil, pois as etapas 1 e 2 exigem que seu trabalho seja feito no modo que permita a visualização da estrutura da malha, no modo *wireframe,* para poder ver as arestas e vértices dos polígonos. Para essa etapa, primeiro o artista cria um arquivo de imagem usando um nome que coincide também com o nome do modelo e coloca-o no diretório que ele deverá estar para o jogo. O artista, então, o atribui para o modelo dentro do programa 3D usando um simples método arrastar e soltar. O arquivo de imagem é normalmente um arquivo do tipo *.bmp*, *.jpg* ou *.png* que é de 512 pixels × 512 pixels de tamanho, ou menor, mas normalmente de um número que seja uma potência de 2. Na criação do mapa de textura, inicialmente, uma maior resolução possível é sempre recomendada. Isso pode ser reduzido ou reproduzido para uma imagem menor mais tarde, como uma dimensão de pixel de 256 × 256 ou 128 × 128. A maior resolução também permite que o artista de textura projete e avalie as texturas em seu nível mais ideal. O tamanho final da imagem irá depender da resolução das limitações impostas pelo sistema especificado ou os requisitos mínimos de otimização de arquivos.

Ao testar o modelo de coordenadas de textura, uma prática comum é criar e atribuir uma *imagem de teste* temporária que tenha um padrão consistente. Um padrão de verificador de pequenos quadrados em preto e branco (dispostos aleatoriamente), como na Imagem Colorida 8d, é satisfatório (conforme o visualizado na Figura 6.4.4). Isso permite que os UVs sejam visualizados e ajuda o artista por meio do processo de decisão de seleção de ferramentas de mapeamento e ajusta seus controles durante as próximas duas etapas. Outras imagens de teste podem ter números e quadrados coloridos. Mais do que um tipo de padrão pode ser usado sequencialmente para ajudar a expor as áreas problemáticas para as costuras, bem como para verificar o esticamento, a distorção e resolução inconsistentes ou a distribuição dos pixels. Algumas imagens de teste estão disponíveis em www.cengage.com.br, na página do livro.

Costura extra e distorção
a.

Esticamento
b.

Resolução de pixels diferentes
c.

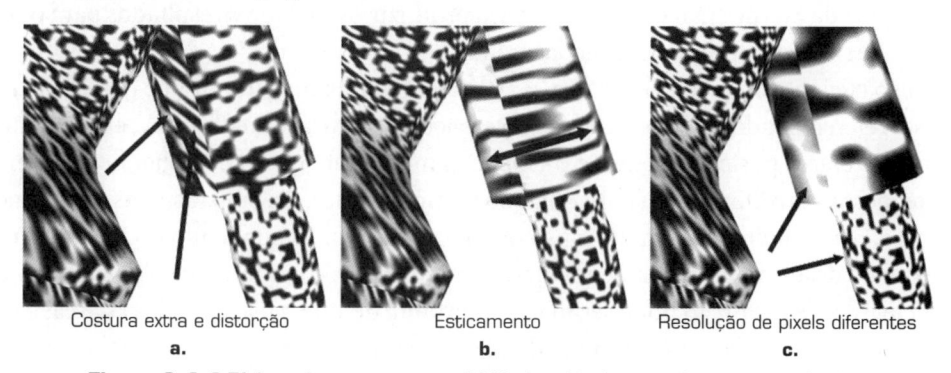

Figura 6.4.4 Efeitos de mapeamento UV indesejáveis, que devem ser evitados.

---

[8] N.R.T.: *Orçamento de polígono:* cálculo realizado para as personagens, os objetos e o ambiente que estima para cada um e, para o todo do nível, o número de polígonos desejável, inclusive viável para que o motor de jogo possa trabalhar com eles, processando-os em tempo real. Muitas vezes o valor em polígonos de cada elemento do jogo está especificado na planilha de controle do projeto.

Para visualizar o mapa de textura atribuído ou mapa de teste no modelo, as coordenadas UV devem ser aplicadas. Embora não seja ideal em todos os casos, um sistema de mapeamento planar pode ser usado por padrão apenas para fazer o mapa de textura recém-designado aparecer no modelo. Para aplicar o mapeamento UV inicial, selecione um grupo de faces para mapear de forma planar. Encontre e use a ferramenta de mapeamento planar em seu programa 3D. O perfeito posicionamento da imagem projetada não é importante, pois é apenas temporário. Mais tarde, mais tempo, experimentação e refinamento podem ser dedicados para melhorar o mapeamento UV final usando qualquer combinação de sistemas de mapeamento. A ideia é vermos os resultados em tempo real e ser capaz de trabalhar de forma interativa, enquanto visualizamos o efeito sobre o modelo. Para esse estudo de caso, mais de um tipo de coordenadas de mapeamento serão necessárias para a personagem. A Figura 6.4.3c deve orientar o artista na escolha do tipo de mapeamento e onde usá-lo. Para grande parte das personagens bípedes, a maioria dos mapeamentos cilíndricos, esféricos e planos são usados em combinação.

Etapa 4: Avaliar o espaço de textura e ajustar UVs

Nessa fase final e um pouco técnica do mapeamento de textura, o artista de textura estará refinando seu trabalho. Ao avaliar a aparência da imagem de teste no modelo, deve tentar evitar qualquer situação que se assemelhe ao problema mostrado na Figura 6.4.4. Por exemplo, enquanto examina a disposição dos quadriculados na superfície do modelo[9], o artista deve assegurar que haja consistência na resolução de pixel em toda a superfície do modelo. Se os quadrículos em algumas áreas parecerem maiores ou menores do que a maioria, o artista pode ajustar a escala dos pontos das UV individuais ou dos grupos de polígonos por meio do editor, até que as peças estejam mais parecidas com as outras na superfície. Como alternativa, se as áreas parecerem peças retangulares, em vez de quadradas, isso indicará que o alongamento está ocorrendo na direção do lado maior dos retângulos preto e branco. Para corrigir isso, o artista irá selecionar e mover os pontos que definem as faces ofensoras e movê-las vertical ou horizontalmente no editor. Novamente, isso é como a modificação da geometria de malha, mas em um plano 2D. Enquanto os pontos UV e polígonos são movimentados no editor, as alterações devem estar atualizando os resultados sobre a superfície do modelo 3D. O arranjo preferencial de peças por todo o modelo deverá assemelhar-se à Imagem Colorida 8d (no final do livro). Isso irá produzir os melhores resultados para o mapa de textura final que irá responder a esse mapeamento.

Para o uso eficiente do mapa de textura, o artista deve também garantir que cada área única do modelo está referenciando a uma única área do espaço de textura. No editor UV, existem inúmeras maneiras de alterar o posicionamento e o empacotamento de grupos de polígonos movendo, girando e até mesmo invertendo-os (horizontal ou verticalmente). Ao empacotar as formas no espaço de textura, não é muito importante o uso de todo o espaço. Dependendo do detalhe, contraste e complexidade desejado do mapa de textura, manter uma resolução de pixel coerente e detalhe de superfície livre de distorção pode ser mais importante do que o uso de todas as áreas possíveis. Com o tempo e experiência, um artista dedicado à textura terá melhor capacidade em decidir o que é mais importante para cada caso.

---

[9] N.R.T.: Pode-se usar tanto o mapa de referência, com números e quadrados coloridos, como o mapa de ruído que foi aplicado na Figura 6.4.4. No caso dos mapas com números e quadriculados coloridos, alguns softwares de modelagem e mapeamento UV possuem ferramentas próprias para produzir esse tipo de mapa que funciona como guia para ser usado com o editor de imagem.

Etapa 5: Deixar a diversão de verdade começar – criar o mapa de textura

Uma vez que uma textura nomeada corretamente já está atribuída ao modelo e as coordenadas de mapeamento estão devidamente aplicadas, o artista pode agora avançar e se concentrar apenas em aprimorar o mapa de textura. Se uma imagem de teste ainda está mostrando o modelo, o artista pode escolher pintar sobre ela ou atribuir um mapa de textura com nome diferente e ver isso no modelo. Com todo o mapeamento UV concluído, as áreas duplicadas restantes do modelo podem também ser recriadas e soldadas de volta para reconstruir o modelo de malha única original. Para esse modelo de exemplo, o mapa de textura final e mapeamento são mostrados na Figura 6.4.5

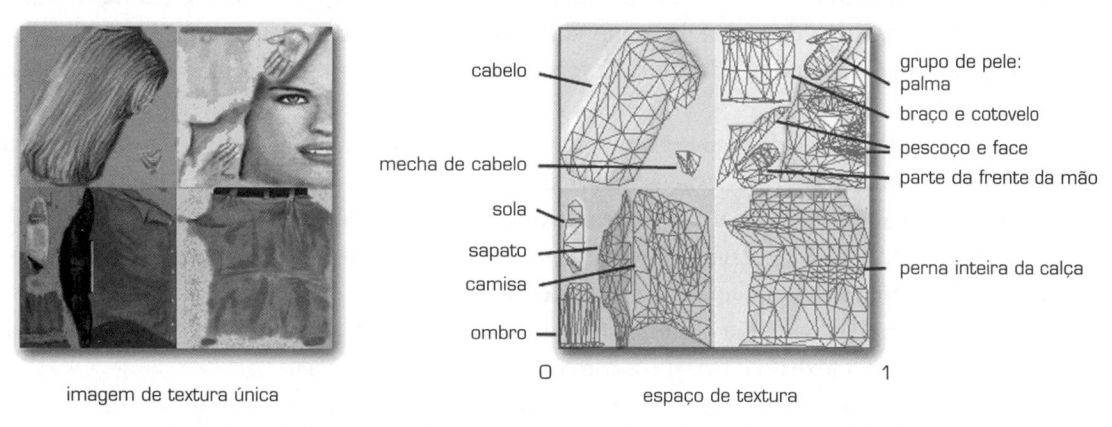

Figura 6.4.5 O mapa de textura final com várias partes do corpo rotuladas

Informações de referência adicionais para esse exemplo podem ser encontradas em www.titopagan.com[10]. Essas cinco etapas são tudo o que um artista de textura precisa saber para melhorar seu processo de mapeamento de textura e alcançar os profissionais. Ao eliminarem a maioria das conjecturas durante a fase de mapeamento, os artistas podem poupar a eles e a sua equipe tempo e frustração. Se um artista ou uma equipe de artistas entende claramente como executar cada uma das etapas, a arte final refletirá seus conhecimentos e técnicas de controle sobre seu ofício e permitirá que a ideia original do jogo brilhe.

Resumo

O resultado de qualquer recurso de arte 3D para um jogo em tempo real é o produto de todas as etapas necessárias para projetar, modelar, mapear a textura e animar objetos. Mesmo que a posição do artista não esteja definida como artista de textura, esse tipo de trabalho é uma tarefa fundamental em qualquer ambiente de produção de jogos. Os mapas de textura são o componente de cores dos modelos 3D, e texturas de mapeamento UV são uma parte intrínseca do jogo que pode tornar possível ou arruinar a visualização em close de um objeto em um jogo. Como as equipes são geralmente menores no setor de jogos do que em estúdios de produção de arte para outras in-

---

[10] N.R.T.: Mais detalhes do trabalho de Tito Pagan e o modelo *Happymom*, incluindo um vídeo com animação da personagem, podem ser encontrados em: http://www.titopagan.com/default.asp?pageID=happymom.

dústrias, mais tarefas têm de ser cumpridas por cada membro. Os tópicos abordados neste capítulo representam uma parcela grande e valiosa, compondo um conjunto de habilidades úteis de um artista 3D. Um artista de textura profissional irá aprender tudo o que puder sobre as ferramentas de mapeamento UV, o editor UV e os controles na janela do editor de seu programa de modelagem.

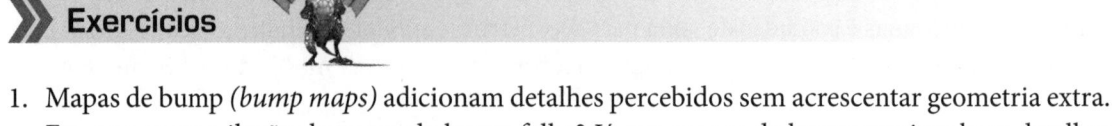

Exercícios

1. Mapas de bump *(bump maps)* adicionam detalhes percebidos sem acrescentar geometria extra. Em que casos a ilusão do mapa de bump falha? Já que mapas de bump recriam bem detalhes sutis, pense em cinco tipos de detalhes da superfície que poderiam ser simulados com os mapas de bump.
2. Nomeie quatro técnicas de mapeamento de projeção de imagem. Que técnica de mapeamento de imagem primária você poderia usar para o mapa UV de um hidrante? E de uma casa?
3. Por que alcançar o mapeamento UV perfeito em um jogo é quase impossível?
4. Recrie o planeta Júpiter. Encontre fotos de referência e pinte um mapa de textura para parecer com Júpiter e então faça o mapa UV da textura para a esfera.
5. Encontre um modelo de uma criatura simples (como um peixe), encontre fotos de referência na Internet e faça a textura da criatura com o material de referência.
6. Encontre um modelo 3D de única manha de uma cabeça do mesmo sexo que o seu, tire uma foto do seu rosto e faça o mapa de textura de seu próprio rosto para ser aplicado ao modelo por mapeamento UV.

Referências

[Ahearn06] Ahearn, Luke, *3D Game Textures: Create Professional Game Art Using Photoshop*, Focal Press, 2006.
[Capizzi02] Capizzi, Tom, *Inspired 3D Modeling and Texture Mapping*, Premier Press, 2002.
[Demers01] Demers, Owen, "Axel's Face: Texturing Polygons", [Digital] *Texturing and Painting*, New Riders, 2001.
[Pagan02] Pagan, Tito, "Efficient UV Mapping of Complex Models", *Game Developer Magazine* (August 2002): pp. 28–34.

6.5 Efeitos especiais

Neste capítulo

- Visão geral
- Terminologia
- Tipos de efeitos
- Elementos em um efeito
- Criando sistemas de partículas
- Crítica
- Shaders
- Física
- Desempenho e otimizações
- Requisitando novas características
- Dicas profissionais
- Exercícios
- Referências

〉 Visão geral

Explosões, energia mágica, prédios destruídos, água que respinga e impactos de armas. Estes são o prazer e a responsabilidade do artista de efeitos. São os efeitos que transformam uma cena muito bem trabalhada em algo extraordinário. Você dá vida a ambientes normalmente estáticos. Você é a ponte entre a jogabilidade, como é representada por planilhas e parâmetros, e o jogador, que vê monstros místicos convocados por um feitiço.

O papel de um artista de efeitos especiais é indiscutivelmente um dos trabalhos de arte mais difíceis nos jogos. Exige conhecimento técnico, uma sensação de animação e tempo, uma compreensão da física, uma profunda compreensão do motor de jogo, e a habilidade para pintar texturas de fenômenos naturais. Os efeitos também exigem uma compreensão geral de disciplinas com que você irá interagir, incluindo scripts, código, animações, suporte a modelagem e manipulação. O artista de efeitos pode acabar com um motor de jogo e a taxa de frames mais rapidamente do que qualquer outro profissional, simplesmente preenchendo a tela com a fumaça. A Figura 6.5.1 mostra um exemplo bem integrado de uma explosão criada por um artista de efeitos especiais.

Os efeitos especiais também podem ser um dos trabalhos de arte mais gratificantes. Trailers do jogo irão mostrar o seu trabalho, e críticas falarão das explosões e magias. E no escritório, quando você tirar alguém de seu normal, fazendo-o cantar em meio a tempestades de neve, distorções, explosões e ressurreições... seus colegas vão dizer o quão incrível tudo isso é.

Figura 6.5.1 Uma explosão do jogo *Call of Duty 4: Modern Warfare* da Infinity Ward por Robert Gaines. Imagem cortesia da Infinity Ward.

> Terminologia

Uma das realidades infelizes dos efeitos especiais dos jogos é a falta de uma terminologia uniforme. Para cada partícula, textura ou luz que será acordada em toda a indústria, você terá um *ribbon*, *runner* ou *Z-fade*, que será chamado de algo completamente diferente em vários estúdios ou motores. Vamos definir algumas terminologias em termos genéricos, para que, independentemente do motor de jogo ou estúdio, você tenha uma linguagem para descrever os elementos de efeitos especiais. Caberá a você combinar essas palavras no léxico usado em seu projeto.

Efeitos, sistemas de partículas, emissores e partículas

Todos esses são os blocos básicos de construção de seu trabalho como artista de efeitos. Eles estão listados dos maiores aos menores, com cada elemento sucessivo a ser contido pelo anterior, por exemplo, um efeito que irá conter um ou mais sistemas de partículas.

Cada sistema de partículas irá conter um emissor. E cada emissor vai criar uma série de partículas. Os nomes escolhidos para esses blocos de construção são propositadamente genéricos, de modo que enfatizem os elementos fundamentais de cada um. Infelizmente, essas denominações não são padronizadas e podem variar dependendo de estúdio. Por razões de clareza, vamos usar os nomes como apresentados para o restante do Capítulo.

Efeitos

O efeito é um feedback visual completo com vários elementos diferentes, como sistemas de partículas, luzes, som e às vezes vibração. Pense em uma explosão de foguete como um efeito. A explosão terá várias partes, incluindo um flash inicial, uma bola de fogo, algumas faíscas, uma luz dinâmica, um decalque, fumaça se movendo, alguma fumaça persistente, alguns pedaços de terra ou sujeira que voam para cima, alguma sujeira secundária que cai e alguns pedaços de detritos que são modelos 3D. Normalmente, todos esses elementos serão editados juntos em um único efeito.

Sistemas de partículas

Projetar sistemas de partículas vai ser o seu principal papel como um artista de efeitos. Um sistema de partículas é constituído de aparência, densidade, movimento e todos os outros parâmetros que entram em uma camada de um efeito. Por exemplo, se você quiser faíscas, comece com uma textura de uma centelha individual (ou algumas variações); informe seu editor que deseja 80 faíscas sendo explodidas, dando-lhes alguma gravidade. Quando atingirem o chão, você lhes dará uma porcentagem para ricochetear, e ao final uma porcentagem para gerar um novo sistema de partículas para simular a explosão da faísca. Esse conjunto completo de parâmetros define o comportamento do "sistema de partículas".

Emissor

Um emissor é o que gera a partícula. Ele apenas especifica de onde as partículas virão e em que configuração. O jogador nunca vai ver fisicamente o emissor, mas o artista de efeitos, às vezes, conseguirá uma representação dele na ferramenta de edição. Ao definir um emissor, você normalmente especifica sua forma (como ponto, esfera, cone, anel, volume do cubo ou ainda um 3D baseado em malha), tamanho, quantas partículas sairão dele, qual a direção que a partícula vai começar a seguir, se o fluxo de partículas irá jorrar dele com o tempo (como uma cachoeira), ou se aparecem todos de uma vez (como uma súbita explosão de uma bala batendo na parede). Pense no emissor como uma mangueira que espirra água, e você está definindo quão forte a água está jorrando e apontando a mangueira em determinada direção. Uma vez que as partículas de água saem da mangueira, elas têm seus próprios parâmetros que determinam o que acontece durante sua vida. O emissor está determinando o "estado inicial" das partículas quando nascem, principalmente sua posição e direção.

Partícula

Uma partícula é o elemento mais básico de um sistema de partículas. Continuando com o exemplo anterior, uma daquelas faíscas individuais é uma partícula. Os parâmetros comuns que você irá definir para uma partícula são: quanto tempo vai durar (a sua vida), a sua dimensão, qual a aparência (qual textura é aplicada para ela), sua velocidade e direção e se tem ou não física aplicada. Você também especifica o tipo de partícula, que pode ser um sprite 2D, um modelo 3D, um "ribbon" ou outra variante.

Tipos de partículas

Em motores de jogo, existem várias coisas diferentes que uma partícula pode representar. *Billboards*, *sprites*, *modelos* e *ribbons* são alguns tipos típicos de partículas, cada um com seu próprio conjunto de parâmetros e qualidades únicas.

Billboard

O tipo mais comum de partículas é o billboard. É o local onde a partícula é renderizada usando um polígono simples em um espaço 3D que está sempre voltada em sua normal para o jogador. Nuvens de fumaça de uma granada são um exemplo típico de uma partícula billboard. Algumas vezes esse tipo de partícula é chamado de *card*.

Sprites

Sprites são muito semelhantes às partículas billboard, mas a diferença é que não existem no espaço 3D. São elementos 2D desenhados na tela semelhantes aos elementos de interface do usuário. No entanto, são mais espertos do que um elemento da interface do usuário; uma vez que a partícula que estão representando existe no espaço 3D, a seleção, profundidade e tamanho podem ser trabalhados antes que a partícula seja desenhada. Uma única partícula de *pó mágico*[1] seria uma boa candidata para partículas de sprite.

Modelos

Os modelos são malhas 3D exportadas a partir de um pacote de modelagem como o 3DStudio Max ou Maya. As rochas que que são exibidas a partir de um foguete, ao atingir o chão, podem ser modelos 3D que possuem física e ricocheteiam.

Ribbons

Ribbons são um tipo de partícula que deixa um longo rastro atrás de um emissor. Imagine o esporte olímpico de ginástica rítmica com fitas, em que a dançarina vai mover uma vara no ar, e uma fita presa vai deixando uma forma longa para trás, demorando-se no ar. Em jogos, ribbons serão usados para rastros de foguetes, rastros de veículos e disparos de arma mostrados em câmara lenta. Eles também são referidos como *rastros* ou *georastros*.

Renderização de partícula Z-feather

Z-feather é uma técnica de renderização de partículas na qual se determina a linha de demarcação na qual uma partícula poderia atravessar por uma parede ou chão. Com Z-feather, você pode especificar uma distância a partir da qual a partícula irá desaparecer antes de encontrar qualquer outra malha na cena. É ótimo para neblina e fumaça, onde a linha de corte iria acabar com a ilusão de volume. Felizmente, esse artefato está rapidamente se tornando *coisa do passado*. Essa técnica é frequentemente referida como *depth fade* (*fade de profundidade*).

> Tipos de efeitos

Existem quatro tipos comuns de efeitos típicos em qualquer produção do jogo: *jogabilidade, ambiente, cinemática* e *destrutíveis*. Cada um deles implicará um fluxo de trabalho diferente.

---

[1] N.R.T.: *Pixie dust*, pó mágico, tornado popular pelos filmes da Disney que têm a personagem *Sininho* soltando ele quando voa e quando realiza uma mágica. No Brasil, ele também possui a sua versão nas histórias de Monteiro Lobato como o pó de *pirlimpimpim*.

Efeitos de jogabilidade são desencadeados pelo jogador. Os efeitos de armas e magias são as partes fundamentais dos efeitos presentes no jogar o jogo. Eles incluem flashes, explosões de foguetes ou granadas, efeitos de impacto (quando uma bala acerta um jogador ou parede), sangue, veículos, rastro de espadas cortando o ar e, em jogos de fantasia, feitiços de todos os tipos.

Efeitos de ambiente são colocados dentro dos níveis do jogo e estão em loop para fornecer alguma ambientação. A neblina passando por uma floresta, os ciscos de poeira de claraboias, incêndios, ondas de energia mágica correndo por meio de um edifício, hologramas de animação no espaço, insetos de latas de lixo, nuvens de fumaça no horizonte, bem como as nuvens pairando no céu, todos esses são exemplos de efeitos de ambiente.

Efeitos cinemáticos são em geral os únicos que acontecem em momentos específicos na história de um jogo – por exemplo, detonação de um edifício, naves espaciais voando em uma batalha espacial ou lorde demônio aniquilando um exército enorme. Estes são muitas vezes ligados a momentos em que o jogador perde o controle de sua personagem e assiste como o diálogo ou uma história é apresentada. Em momentos como esses, podemos explodir o orçamento de efeitos sem nos importar com os efeitos de jogo, a fim de tornarmos o momento tão espetacular quanto possível.

Destrutíveis são objetos que em toda a sua participação no jogo, podem ser destruídos. Variam de veículos explodindo, frascos sendo estilhaçados na parede, luzes apagando. Às vezes não há um efeito real de destruição, mas a física precisa ser configurada no objeto para que ele possa levar um tiro e ser arremessado aleatoriamente pela sala.

› Elementos em um efeito

Quando é atribuído um efeito para você, como uma explosão do foguete, quais são seus elementos de construção utilizados para criar o visual? Obviamente, os sistemas de partículas são importantes. Você também vai querer adicionar outros elementos, como uma luz 3D, um decalque de textura que marcará o solo e um som que é reproduzido. Se é um momento construído por meio de scripts em seu jogo, é possível também ter elementos colocados no ambiente que são arremessados pela explosão. Você pode querer criar uma sequência de destruição para o que é atingido. Prateleiras de metal podem ser trocadas para uma versão mutilada do modelo. Uma ponte pode entrar em colapso, e todos os inimigos podem vir a cair no buraco deixado pela sua destruição.

Quando você começa um efeito, pense nos elementos que vai querer incluir. Você precisará de outras áreas envolvidas, como o Departamento de Animação ou de Som? Dê-lhes um aviso. Que tal o projeto? Você quer vibrações ou trepidação de câmera acontecendo com base em quão próximo está do efeito? E os efeitos de tela? É possível momentaneamente termos um flash na tela ou radialmente embaçar a tela para enfatizar a onda de choque? Tente abstrair. Seu fluxo de trabalho principal será a criação de partículas, mas tente manter a mente aberta e incluir outros elementos mais viscerais em seu visual.

› Criando sistemas de partículas

Chega de desconstrução, agora vamos dar uma olhada em como exatamente um efeito é produzido. Você vai começar iniciando o seu motor de jogo e ferramentas de efeitos e, em seguida, iniciar o

Photoshop. Para este exemplo vamos usar o Unreal Editor 3, a ferramenta que vem com o *Unreal Tournament 3*. Embora o exemplo a seguir seja específico para o Unreal Editor 3, os conceitos fundamentais, durações e sequência de eventos são de aplicação geral e podem ser mais ou menos seguidos independentemente da ferramenta.

Vamos explicar uma explosão de foguete. Comece por decidir quais elementos vai precisar. Para dividir os elementos de uma explosão, vá em seu motor de busca favorito da internet e examine várias fotografias de explosões. Adicione um estouro brilhante, um brilho gigante, uma bola de fogo, um pouco de fumaça iluminada, alguma fumaça nebulosa, um pouco de terra jogada para o ar e alguns modelos de pedaços de detritos. A Figura 6.5.2 mostra texturas para vários elementos.

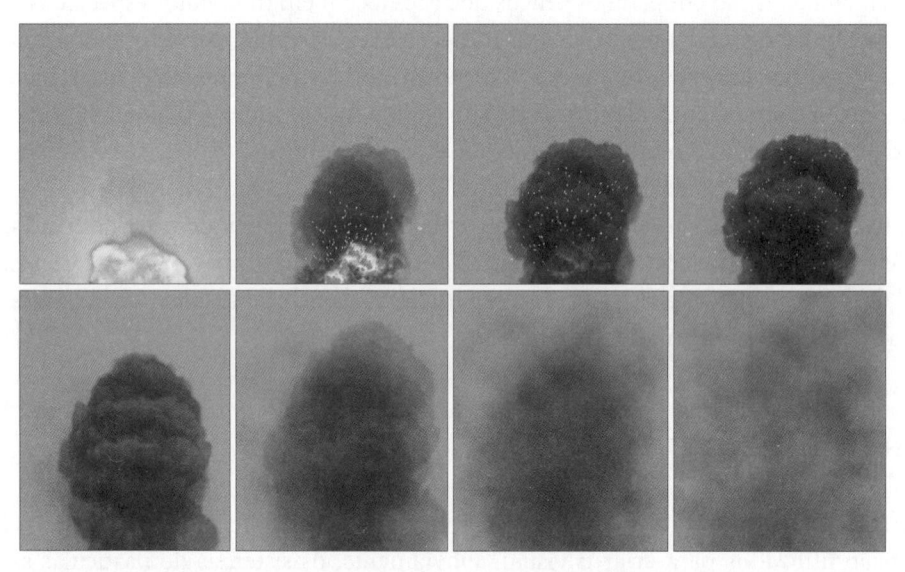

Figura 6.5.2 Texturas usadas para construir a amostra de explosão de foguete. Sujeira, brilho, explosão, fumaça nebulosa, fumaça iluminada e uma sequência de explosões.

Comece com uma explosão. Algumas pessoas usam texturas aditivas para o primeiro flash inicial, mas um alfa opaco agradável funciona bem já que a cor é mais controlável, independentemente da cena. Crie um sistema de partículas e aponte para a textura de explosão. Faça ele criar algumas partículas com tempos de vida muito curtos, variando de 0.08 a 0.15 segundos[2]. Você quer deixar uma impressão forte e rápida em apenas um frame ou dois e depois deixar a bola de fogo tomar conta. Dê-lhe uma faixa de tamanho de 100 a 150 unidades. Aplique um pouco de alcance para os locais de partida inicial das partículas, do positivo para o negativo, sendo o adequado em torno de 30. Isso vai trazer um pouco de assimetria para a forma (do *shape*), como o par de partículas aparece deslocado ao redor. Dê de 0 a 360 graus para a rotação inicial. Dê à partícula um pouco de dimensão ao longo do tempo. Faça-a crescer de 0.5 a 1.0 durante sua vida. Se a partícula tiver alguns frames de animação, você terá a sensação de que está expandindo. Aplique à partícula um pouco de opacidade, de desaparecimento ao longo da sua vida. Inicie com opacidade total e, em seguida, vá diminuindo até que se torne completamente transparente entre o tempo de 0.5 e

---

[2] N.R.T.: O autor utiliza o sistema norte-americano para o separador decimal, *por ponto*. Tal como no Volume 2, reproduzimos aqui o sistema original devido ao fato de que esse mesmo sistema é utilizado dentro do motor de jogo e na programação.

1.0 (em que 0 é o nascimento de uma partícula e 1 é a sua morte). Por fim, temos o início da explosão de um foguete!

Adicione um pouco de brilho. Duplique o sistema de partículas de explosão e renomeie o novo para "brilho". Atribua a textura aditiva de brilho para ele. Dê-lhe uma vida um pouco mais longa, de 0.12 a 0.16 segundo. Faça com que o tamanho seja muitas vezes maior, como mil unidades. Isso irá simular todas as partículas no ar, ficando iluminado pela explosão. Reduza a contagem de partículas para 1 partícula. Altere a escala ao longo do tempo para diminuir essa partícula de 1.0 a 0.5 durante sua vida.

Hora para uma explosão de fogo. Copie o sistema de partículas de explosão e renomeie-o para *bola de fogo*. Observe que a textura da bola de fogo tem muitos frames de animação, dispostos em seis linhas e colunas. No Unreal Editor 3, uma técnica chamada de *Particle SubUV* é usada para reproduzir através desses frames. Verifique a documentação para obter instruções sobre como fazer essa configuração. Use um nodo de índice de subimagem para reproduzir os primeiros 20 frames da animação. Defina as posições iniciais da bola de fogo de -30 para 30 em todos os eixos. Aumente a contagem de partículas entre 6 e 10. Como a sequência da animação resulta em frames de baixa resolução, use mais partículas menores, para definir os tamanhos de 65 a 75. Dê-lhes um pouco mais de tempo de vida para que a animação possa reproduzir (por exemplo, 0.3 segundo deve ser bom).

Agora, para a fumaça. Duplique o sistema de partículas da bola de fogo e renomeie-o para *fumaça iluminada*. Configure e aplique o material da fumaça iluminada. Nesse caso, em vez de reproduzir por meio de frames de animação, use a folha de textura para que cada partícula aleatoriamente selecione um dos quatro frames de fumaça para aleatoriedade. Aumente a vida útil das partículas para 7 segundos. Elimine as rotações aleatórias de modo que todas as partículas sejam orientadas para cima, para que a iluminação na textura de fumaça pareça correta. Dê um toque de rotação aleatória ao longo do tempo, -0.02 a 0.02 está bom. Faça com que o alcance do local de início das partículas seja de z-50 para z100, para criar uma coluna de fumaça disparando para o ar. Dê às partículas um pouco da velocidade inicial para cima de 10 a 40 em z e -10 a 10 em outros eixos. Aplique um pouco de aceleração negativa z para simular a gravidade assumindo e puxando a fumaça para baixo após sua ascensão inicial. Dê às partículas opacidade máxima de 0.85 e um desvanecimento gradual ao longo do tempo para que demorem um pouco para chegar a 0 de opacidade, realizando assim um desaparecimento menos abrupto.

O fading out da fumaça iluminada parece estranho, por isso misture com a fumaça nebulosa para dar a aparência de que as partículas iluminadas se dispersam antes de desaparecerem. Duplique a fumaça iluminada, renomeie-a para *fumaça nebulosa* e aplique o material adequado. Dê à fumaça nebulosa um tamanho maior, 200 a 250. Aumente sua vida para 12 segundos. Configure rotações aleatórias novamente para que possam começar aleatoriamente de 0 a 360 graus. Abaixe a aceleração de queda para que tenham mais tempo de suspensão do que a fumaça iluminada.

Aplique alguma sujeira que é jogada para o ar. Duplique, renomeie e atribua o material correto. Faça essas partículas serem muito menores, como 30 unidades. Altere as partículas de quadrado para o seu alinhamento e velocidade na tela, a fim de que possam ser esticadas. Dimensione as partículas no item vida a partir de x1', y3, z3 para x1; y1.5; z1.5 para dar à sujeira alguma explosão inicial que se estenda a um estado mais constante. Zere todas as posições de cima da partícula inicial. Abaixe toda a sua vida para estar entre 0.7 e 1.2. Aumente levemente a sua velocidade inicial existente e igualmente diminua a sua taxa de aceleração. Atrase suas emissões para que não apareçam até depois de a bola de fogo começar a desvanecer. Altere a indexação do material para fazer referência a dois frames de sujeira.

Agora adicione algumas faíscas para terminá-la. Duplique o sistema de partículas de sujeira. Aumente o número para 50 partículas. Altere o tamanho inicial para x2, y6 e z6. Livre-se do corante ao longo do tempo, e defina a cor inicial para 3 para exagerar na intensidade. Aumente a velocidade de 100 para 500 em z e -200 a 200 nos outros eixos. Eleve seus tempos de vida de 2 para 3.

Agora que temos todos os fundamentos da explosão do foguete, reorganize os sistemas para que tenha a seguinte ordem: luz de fumaça, fumaça iluminada, sujeira, faíscas, brilho, bola de fogo e explosão. *Voilà*! Uma explosão de foguete, como mostra a Figura 6.5.3.

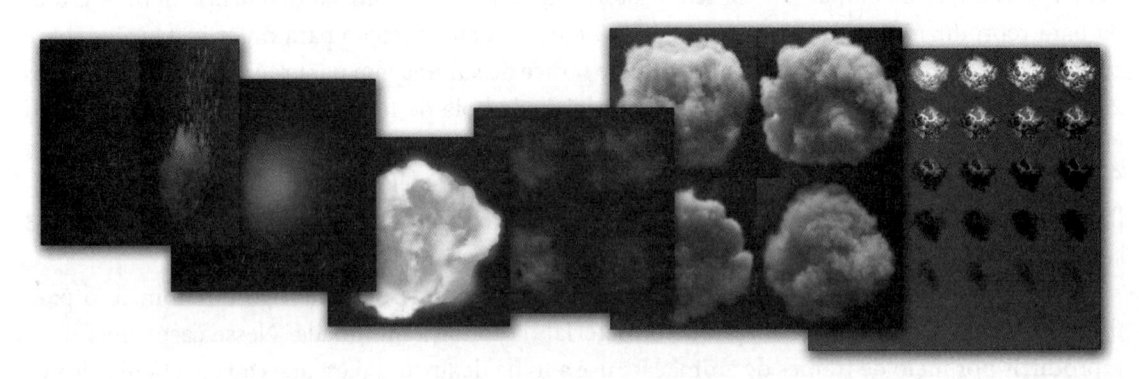

Figura 6.5.3 Sequência mostrando uma explosão animada de foguete.

〉 Crítica

Como acontece com qualquer trabalho de arte, você vai se reportar a um responsável ou diretor de arte. Precisará ser capaz de comunicar o seu trabalho de forma eficaz. Em pinturas, pode-se falar sobre composição, peso, simetria, cor, humor e tom para descrever o que se aprecia ou não sobre a peça. Que tal uma explosão? Como você recebe feedback sobre um feitiço que comunica o que no efeito é bom, eficiente e o que é ruim, fracassa, o que funciona e não funciona? A seguir apresentamos uma linguagem comumente usada para criticar e melhorar o seu trabalho.

Sincronização de tempo

Não se trata do quão rápido ou lento é o efeito, mas qual é a *ênfase*? Existe um acúmulo? Antecipação antes do ápice? Ou será que o efeito se inicia com um estrondo e tem uma grande prolongação? E os efeitos que são constantes, como fumaça no horizonte? Use a sincronização de tempo para enfatizar a dimensão e a distância. Se é uma criatura titânica, uma frota imperial ou implosão planetária, use sincronização lenta para enfatizar o tamanho. Objetos enormes demoram mais tempo. Uma nuvem de fumaça no horizonte distante vai se mover pouco. Objetos com muito impacto vão se mover muito rápido. Se um efeito for muito rápido, o jogador não terá tempo para ver. Para contornar esse problema, em geral temos um impacto inicial muito rápido e depois diminuímos a velocidade antes que o efeito desapareça completamente.

Impacto

Uma explosão de granada não deve ser leve e úmida. Ela deve enfatizar o abalo em sua cabeça se uma detonar perto de você. Deve ter impacto. Um ou dois flashes de frame e uma grande luz brilhante servirão de base para ela. Quais outros elementos você pode acrescentar para tornar o efeito mais impactante? Algumas manchas na tela? Trepidação de câmara? Distorção? Sons de explosão? Talvez um zumbido no ouvido? Quão barulhento seu efeito é?

Movimento secundário

Esse é um termo de animação fundamental, e é igualmente importante para os efeitos. Muitas vezes, os efeitos terão uma construção, um clímax e o prolongamento. Imagine um foguete, em que o movimento principal seja o foguete propriamente dito, sua chama e o rastro de fumaça. O movimento secundário é o que acontece com o rastro enquanto está suspenso no ar e se dissipando. Ele poderia estar se dobrando com a turbulência e se estabilizando.

Densidade

Quão espesso e complexo é algo? A sensação é muito esparsa? Deveria ser mais opaco? Deveria ter mais camadas de sujeira, detritos, *pó mágico*, brilho ou faíscas? É muito denso? A granada de fumaça está se consolidando muito, obscurecendo o campo de batalha? Há muita coisa acontecendo para que se torne um efeito claro e unificado?

Peso

Os elementos estão parecendo realistas? Qual a intensidade do salto quando atingem o solo ou outros objetos? Se é um elemento enorme, está caindo de forma suficientemente lenta? Como esmaga ou quebra quando atinge outros objetos? Muitas vezes, o peso em um objeto é uma questão de ajustar as definições para o seu motor de física e configurar boas velocidades iniciais.

Dispersão

Como ele vai de um estado completo, maduro para um estado completamente inexistente? Sua opacidade desaparece? A gama desaparece? Reduz-se a um ponto? Quanto tempo demora? O processo se prolonga por algum tempo em estado pouco visível, antes de desaparecer? A dispersão é dinâmica e tem um movimento secundário interessante ou é um esmaecimento para transparente? Você deverá dedicar muita atenção aos efeitos de dispersão da fumaça e do fogo.

Fundamento

O efeito parece bem fundamentado no universo do jogo? Esse é um grande problema com impactos de arma. Será que a superfície que está produzindo o efeito, como uma porta de madeira, estrada de terra, chão de concreto, parece estar realmente produzindo esse efeito? É a dimensão correta para a arma? O decalque deixado para trás, que representa os impactos, simula corretamente a quantidade de massa removida pelo efeito? Há algum lixo ou veículo explodido embaixo do fogo, para explicar o que está alimentando-o?

Visceral

O efeito tem aquele algo especial? As cores estão brilhantes e vibrantes? O sangue é gosmento e viscoso? A magia é fantástica e densa? Ou termina rápida e abruptamente? As texturas adicionam uma cor única, estourada e feia? A única textura que você está usando parece com um padrão repetido?

Frenético

Existe intensidade e energia? Os objetos estão tremendo e sendo o suficientemente arremessados para transmitir uma explosão do núcleo ou tempestade de raios? O tempo está rápido e aleatório o bastante?

Embora todos esses termos não estejam certamente padronizados em toda a indústria de jogos, é comum encontrar muitos deles utilizados em vários estúdios para comunicar o que é bom ou ruim acerca de um efeito. Não apenas ajudam a facilitar as discussões quando se está em busca de respostas, mas muitas vezes vale a pena usá-los mesmo durante o projeto para avaliar o que funciona e o que não funciona.

⟩ Shaders

Os shaders se referem a como um efeito será desenhado. A maioria dos shaders de efeitos hoje irá usar os dois tipos mais básicos, mesclagem ou adição. Existem shaders mais complicados que empregam animações UV personalizadas, construção de distorção ou ainda os procedurais. O desenvolvimento de um shader é parcialmente responsabilidade dos programadores e, parcialmente, responsabilidade do artista de efeitos.

Muitas vezes, o artista de efeitos irá definir qual é o novo shader que é necessário, por exemplo: "Quero fazer um núcleo de energia em evolução. Deve haver duas texturas, uma que rola para fora com coordenadas UV polares, que servem como referência de deslocamento para uma segunda textura de cores, que usa o padrão de alteração visual de 0 a 1 e, igualmente sendo distorcida pela primeira textura. Irei usar o canal vermelho para o deslocamento radial e o canal verde para a compensação externa". Essa é uma descrição técnica um pouco difícil de visualizar. Ajudará no processo utilizar-se uma ferramenta de edição, como o Adobe After Effects ou Render Monkey da ATI [ATI09] para testar que os resultados são eficazes antes de dedicarmos tempo de código para a atividade. Shaders offline de prototipagem também ajudam uma melhor comunicação entre as equipes de efeitos e as de código e servem como uma referência visual.

Um "modo de mesclagem" refere-se à forma como as partículas se combinam com a cena para produzir os resultados finais dos shaders. *Shaders de mesclagem*[3] consistem em uma textura de cores e um canal alfa. Fumaça ou sujeira são exemplos de shaders de mesclagem. *Shaders de adição*[4] só têm um componente de cor, e simplesmente usam o seu brilho para combinar com a cena. Faíscas, brilhos ou energia mágica são típicas de shaders de adição. Uma característica dos shaders de adição é que quando vários deles se sobrepõem, como acontece em incêndios, eles irão clarear um ao outro até chegarem a um branco puro. Esse resultado é chamado de *estourado*[5] e é geralmente evitado.

---

[3] N.R.T: Em inglês, *blend shaders*.
[4] N.R.T.: Em inglês, *ad shaders* ou ainda *additive shaders*.
[5] N.R.T.: Em inglês, *blown out*. O termo possui inúmeras referências e significações. Muitas vezes ele é referido como *esbranquiçamento*. Porções de uma imagem podem ficar saturadas com a luminosidade e, com isso, se aproximarem da cor branca (ideia utilizada em fotografia e iluminação de cenas e objetos 3D). Com isso se perde volume, precisão e expressão na área da imagem.

Alguns efeitos podem usar a mesma textura várias vezes, como acontece com as faíscas. Em geral, você só precisa pintar uma faísca, e o sistema de partículas inteiro vai usar a mesma textura. Às vezes, porém, isso não é suficiente, como ocorre com fumaça ou fogo. Você vai querer uma série de texturas aleatórias que cada partícula irá escolher aleatoriamente, ou uma sequência animada de texturas que proporcionam algum movimento dentro de cada partícula. Essa técnica é chamada *flipbooking*[6]. A textura é criada com todos os frames da animação em uma folha grande de textura. A animação UV é usada para informar as partículas para progredir por meio das linhas e colunas da folha de textura. Uma explosão é um exemplo perfeito de uma *textura flipbook*. Uma flipbook também pode ser referida como *atlas de textura* ou *folha de textura*.

Em shaders complexos, os UVs podem ser animados ao longo do tempo. Isso é comumente usado para fazer as texturas rolarem ao longo de toda a superfície do polígono. Cachoeiras e rios com diferentes texturas de água são exemplos de animação UV.

As coordenadas polares são uma representação matemática de UVs que mapeiam as partículas radialmente em vez de no espaço 0 a 1. A energia que sai de um ponto é muito bem representada por meio de coordenadas polares.

Shaders multitextura usam múltiplas texturas com UVs diferentes para criar um efeito com mais camadas. Pode-se começar com um mapa de cores básicas, adicionar uma outra camada para a textura que se desvanece nas bordas e adicionar ainda uma outra textura que rola sobre o mapa-base, criando um efeito complicado de camadas.

Texturas procedurais são geradas em tempo real com o código e não possuem mapas de texturas. Relâmpagos, água e energia são exemplos de shaders que podem ser criados com procedurais. Serão completamente definidos por parâmetros como cor, velocidade e turbulência.

Render Monkey[7] é uma ferramenta da ATI usada para desenvolver shaders. Abra e dê uma olhada em algumas das amostras de vários efeitos que se pode criar com os shaders. Você será capaz de definir parâmetros em exemplos de shaders processuais. Examine também o código do shader para ver toda a matemática envolvida no processo.

〉 Física

A física tem se tornado uma parte importante da carga de efeitos. Embora seja um assunto muito profundo para ser explorado em detalhes, vamos fornecer um panorama de algumas das formas que a física é utilizada nos efeitos do jogo.

Existem diferentes maneiras de lidar com os efeitos de física, mesmo em um motor de jogo. No nível mais alto, cada sistema de partículas vai ter parâmetros definidos por você, como velocidade,

---

[6] N.R.T.: O termo *flipbook* é um termo que vem do desenho de animação. Ele designa um pequeno bloco no qual se desenham os vários frames de uma animação e que pode ser animado ao folhear rapidamente com o polegar as páginas. Da mesma forma, uma textura *flipbook* pode ser uma página digital na qual os frames das texturas estejam organizados em quadros dispostos horizontal e verticalmente. Para saber mais sobre a história do *flipbook,* veja o site FLIPBOOK.info: <http://www.flipbook.info/historique.php>.

[7] N.R.T.: A página do *Render Monkey,* no site da ATI, apresenta opções para programadores e para artistas e uma seção de downloads e recursos (<http://developer.amd.com/archive/gpu/rendermonkey/pages/default.aspx>). Você ainda pode consultar o *Beginner Shader Programming with RenderMonkey* da ATI, um guia que lhe dará os primeiros passos na construção de shaders: <http://developer.amd.com/media/gpu_assets/Tatarchuk-GDC03-Beginner_Shader_Programming_with_Render-Monkey.pdf>.

rotações e gravidades. Embora esses termos soem como física, na verdade as partículas não estão usando o "motor de física" dos jogos para lidar com essas forças de base. Elas são inseridas como valores, como "o uso de 80% da gravidade", para fazer algo cair um pouco mais lento do que o esperado, e muitas vezes têm curvas para que se possa mudar quanto essas forças são aplicadas sobre a vida da partícula. Mas a principal diferença aqui entre o motor de física e as forças básicas que são aplicadas às partículas é que as forças básicas não possuem nenhum conhecimento acerca do seu ambiente. Elas vão para a direita por meio de uma parede. Nuvens de fumaça são um bom exemplo desse tipo de "falsa física".

O próximo nível são partículas que podem interagir com o ambiente. Podemos escolher um tipo de partícula de "colisão" ou marcar a opção "colidir" em seu quadro de configuração (se tiver ele) ou o recurso equivalente para a sua ferramenta de efeitos. Agora, nossas partículas, ao baterem em uma parede ou no chão, podem ter algum novo comportamento, como saltar, morrer ou gerar um novo efeito. Isso ainda se encaixa na categoria livre de "falsa física", porque a partícula é apenas um polígono. Imagine uma explosão de faíscas que podem saltar do chão.

O último nível é onde entramos no motor de física real. Nesse nível, teremos reais modelos 3D com malhas de baixa resolução de colisão que simulam cada um de seus frames. Muitos jogos usam os motores de física licenciados, como o Havok, e alguns motores usam seu próprio sistema de física. Um exemplo é uma caixa registradora em uma loja que pode receber um tiro a partir de fora do balcão, cair no chão e se acomodar nele de forma realista. Essa configuração requer um modelo 3D, uma malha de colisão em baixa resolução e os parâmetros como massa, fricção e quicar.

> Desempenho e otimizações

Um artista de efeitos deve estar especialmente preocupado com a taxa de frames. Os sistemas de partículas podem destruir a taxa de frames por ter a tela cheia de fumaça. Infelizmente, no final do projeto, quando a equipe precisa melhorar a taxa de frames, é relativamente fácil e eficaz começar a reduzir ou cortar os efeitos. Por isso, é fundamental que um artista de efeitos tenha um firme entendimento do porquê e onde o desempenho é impactado, de forma que, durante o ciclo normal de trabalho, os efeitos sejam projetados para que funcionem bem de acordo com as limitações. Manter-se dentro de seu planejamento e possibilidades do motor é a melhor maneira de garantir que seus efeitos permaneçam no jogo.

Limitações de tempo

A maioria dos jogos de console roda a 30 frames por segundo e há alguns que rodam a 60 fps, enquanto os jogos de PC funcionam geralmente acima de 100 fps. Há 1.000 milissegundos em um segundo, então, um único frame de um jogo de 30 fps tem 33.3[8] milissegundos para renderizar. Um jogo de 60 fps requer 16.6 milissegundos para renderizar.

Nessa pequena quantidade de tempo, toda IA deve ser atualizada, as personagens devem ser animadas, todo o processamento de física acontece, o tráfego de rede deve ser resolvido, sinais de entrada do controle processados, áudio ativado e reproduzido, cada partícula deve ser avançada no tempo, e uma vez que o novo estado de tudo seja trabalhado... a composição

---

[8] N.R.T.: O autor utiliza o sistema norte-americano para o separador decimal, *por ponto*.

começa. Os objetos são transformados em espaço de câmera, o *culling*[9] é processado, objetos, cores normais, especular, e como são vistos até nas texturas. Poucos buffers são desenhadas como a profundidade e o brilho, a iluminação é calculada, shaders determinam a cor de saída, alguns dos buffers ficam combinados e o frame final é desenhado. São muitos itens a aprontar em uma fração de segundos. Quanto tempo é necessário para que os efeitos iniciem? Cerca de 4 milésimos de segundo (4 milissegundos) parece ser típico; consideraremos essa duração para o restante dos exemplos desta seção.

Decomposição

Como um artista de efeitos pode saber quão eficiente são seus efeitos? Como pode saber se está dentro do orçamento[10]? Há algumas armadilhas que devem ser observadas e algumas ferramentas úteis para avaliar em que situação está em relação a seus orçamentos. Primeiro, vamos dar um exemplo de um conjunto fictício, mas típico, dos orçamentos de efeitos para um jogo. Estes fazem parte de orçamentos com os títulos *Shadowrun*, *Halo 3* e *Call of Duty: Modern Warfare 2*.

- 3.000 partículas de CPU
- 64 partículas de GPU, cada um pode conter 512 partículas
- 256 emissores totais disponíveis no momento
- 4 ms para compor tudo

Contagens de partículas

Para cada um desses critérios, você deve estar consciente de como seus efeitos são gastos. Os três primeiros são em geral muito simples de gerir. Durante o desenvolvimento, devemos depurar elementos do HUD[11] que mostram nossas contas para determinado frame, em comparação com os limites e, talvez, mostrem mensagens de erro quando excedemos nossos limites. Devemos ter uma ideia de como atribuir efeitos e partículas de elementos de jogo, como armas e magias, efeitos de ambiente, como névoa, incêndios, erros e efeitos de "Herói" reproduzidos em momentos de cinemática, em que podemos estourar uma parcela maior do orçamento para uma única cena.

É preciso ter uma noção de quantos efeitos o jogo irá precisar. Faça o cálculo para descobrir se todas as pessoas no nível dispararem suas armas ao mesmo tempo (o que provavelmente vai acontecer muitas vezes), e talvez uma ou duas granadas explodindo, quanto do orçamento (do processamento) será consumido? Quantos jogadores o nível pode ter ao mesmo tempo? Quantas partículas serão consumidas em um flash com impacto? Você pode maximizar um pouco mantendo a explosão inicial muito rápida (cinco frames ou menos) com muitas partículas (~ 20) e a

---

[9] N.R.T.: *Culling* pode ser traduzido como *recorte*. Entretanto trata-se de um termo usualmente utilizado em inglês. De modo geral, o conceito também é referido em situações como *backface culling*, *occlusion culling* ou ainda *viewing frustum culling*. Os nomes dependerão da linguagem e dos métodos utilizados pelo motor de jogo. Em suma, todos eles seguem a famosa regra: *dividir para conquistar*. Para mais informações, veja o Volume 2, *Programação: técnica, linguagem e arquitetura*, Capítulo 5.1 *Gráficos*.

[10] N.R.T.: O termo *orçamento*, utilizado pelo autor, refere-se ao cálculo das possibilidades de renderização e processamento do motor de jogo, em relação à plataforma de execução (PC, Mac ou Consoles). Trata-se, em suma, de um cálculo visando à relação economia *versus* maximização de recursos e expressão. Tais aspectos dizem respeito ao planejamento do jogo e também foram detalhadamente discutidos no Volume 2, *Programação: técnica, linguagem e arquitetura*.

[11] N.R.T.: HUD: Acrônimo para *heads-up display*, quer dizer a representação dos objetos do jogo, tais como vida, magia, mapas, armas, etc. Seus nomes e valor variam de acordo com o jogo.

fumaça, que permanece depois, tendo relativamente poucas partículas (cinco ou menos). Esteja atento também à duração dos efeitos, e não apenas ao número de jogadores que atiram ao mesmo tempo. Você deve se preocupar também com as armas automáticas, em que continuam atirando em todos os outros frames e fora da visão da câmera. Portanto, tente manter uma duração rápida para que os efeitos se dispersem limitando o número de disparos que podem ser acumulados ao mesmo tempo para uma única arma.

Com uma ideia de sua carga de efeitos do jogo, você pode alocar orçamento e ter um plano sólido a respeito de quanto será dirigido aos efeitos de ambiente. Um quinto até metade é uma opção usual para atribuir aos efeitos de ambiente.

Para cada efeito, preste atenção à contagem de partículas totais. Alguns números típicos são os seguintes: um efeito pesado pode ter 150 partículas, um efeito médio pode ter de 25 a 30 partículas e um efeito de luz terá menos de 10 partículas. Ao se acostumar a trabalhar com esses números, você será surpreendido com o quanto poderá fazer com tão pouco. Também é uma esperança às gerações futuras de hardware, em que os cálculos e orçamentos poderão ser estimados em dez vezes esse número.

Quatro milissegundos para acontecer

Esse é um número muito mais complicado de alcançar. As contagens de partículas são bastante previsíveis, por exemplo, tem-se uma ideia geral de quantos jogadores podem estar criando efeitos e de quantas partículas o ambiente está produzindo. No entanto, o tempo de consumo total é bastante sensível ao contexto e muitos outros fatores estão envolvidos na determinação disso. Os dois fatores principais são atualizações da CPU e o tempo de renderização.

Atualizações da CPU

Atualizações da CPU, como contagem de partículas, são previsíveis. Elas são fixas em relação a quantas partículas estão em cena. Isso abrange todas as posições, rotações, cor, transparência e assim por diante. Se um efeito é muito dipendioso quanto ao processamento, reduzir a contagem de partículas de determinada percentagem geralmente resulta na economia de CPU da mesma porcentagem. A única grande alternância além disso é a física. Partículas que não exigem colisões de física quase sempre têm custos substancialmente menores de atualização de CPU.

Overdraw

Outro fator importante é o tempo de renderização, que pode variar muito em função das circunstâncias. Se as partículas estão muito longe do jogador, levarão pouco tempo para se comporem. Se o jogador está de pé diretamente em três granadas de fumaça simultaneamente, as muitas partículas preenchendo a tela inteira irão demorar um tempo muito longo. Embora existam algumas sutilezas e diferenças, o custo aqui relacionado pode ser referido como *taxa de preenchimento* ou *overdraw*.

Pense em overdraw como: "Em quantas camadas estou compondo a renderização?". Se não há nenhum efeito transparente na tela e o ambiente é renderizado, considere isso como *overdraw* de 100%. Dependendo do motor, pode demorar cerca de 3 ms para desenhar apenas o básico. Agora, imagine que o jogador esteja parado perto de uma granada de fumaça e tenha começado a receber uma partícula de fumaça completamente sobreposta na tela inteira. Considere tal situação como um *overdraw* de 200%. Infelizmente, é improvável que apenas uma das partículas da granada de fumaça estejam sobrepondo a tela. Uma granada de fumaça, provavelmente, tem 12 ou mais partículas, algumas das quais irão preencher uma parte da tela, algumas a tela toda e talvez duas ou três estejam atrás do jogador. É provável que ficar de pé próximo a uma granada de fumaça resulte em um *overdraw* de 500%.

A boa notícia é que os shaders de partículas são em geral muito menos complicados do que os shaders de ambiente. Quando os ambientes têm uma textura de cor, mapa normal, máscara especular, força especular e iluminação para trabalhar, texturas de efeitos apenas arcam com as cores e a transparência. Apesar de um ambiente levar 3 ms para renderizar um frame inteiro, acrescentando uma partícula de efeito de tela cheia pode apenas adicionar 0.5 ms. Assim, no cenário anterior, aquele *overdraw* de 500% da granada de fumaça, provavelmente, resultou em mais 2.5 ms de tempo de renderização (0.5 ms vezes 500% = 0.25 ms).

Todos esses números provavelmente pareçam abstratos até que você comece a entender a estrutura e tenha uma ideia de como tudo é dispendioso. A conclusão é que você deve estar muito consciente do custo de processamento que terão os seus efeitos. Pode ser a parte chata e técnica de seu trabalho, mas no final ter uma taxa de frames sólida em seu jogo é extremamente importante para seus jogadores. Eles confiam em você para ter certeza de que você empunha esta arma de destruição de taxa de frames com cuidado.

Partículas de CPU *versus* partículas de GPU

Nos filmes de sucesso de hoje, podemos ver efeitos especiais gloriosos renderizados com milhões de partículas. A triste realidade dos efeitos do jogo é que os nossos orçamentos para partículas comumente estão na casa dos milhares. Aquilo que uma *Render farm*[12] dedicada à produção de filmes pode realizar em minutos, com centenas de computadores, temos de renderizar em uma única máquina em um trigésimo ou sexagésimo de segundo. Existem duas pipelines onde as partículas podem fazer todas as suas atualizações, na CPU e na GPU[13].

As partículas de CPU são a técnica mais comum e mais antiga para atualizar partículas. Cada frame, cada parâmetro de partícula é examinado, todas as forças são aplicadas às partículas, suas condições são atualizadas (nova posição, rotação, opacidade etc), e está pronta para ser composta. Fazer todo esse processamento para milhares de partículas em todo frame é flexível, mas demorado. A vantagem de partículas de CPU é que são muito configuráveis. Pode-se ligar e desligar os comportamentos como colisão ou rotação, decidir qual forma do emissor se deseja, dizer-lhes para gerar um novo efeito quando morrerem e assim por diante.

Partículas de GPU são tratadas de forma diferente e muito mais eficiente. Especificamente, uma GPU comanda as operações semelhantes em todas as partículas em paralelo, o que resulta em menos flexibilidade, mas comporta em um cálculo muito mais rápido. Desse modo, enquanto todo o orçamento do seu jogo para as partículas de CPU pode atingir, por exemplo, o valor de dois mil, as partículas de GPU podem permitir milhares de partículas em cada sistema. Infelizmente,

---

[12] N.R.T.: Uma *Render farm* é formada por um conjunto ou *cluster* de computadores que têm a função de realizar o trabalho de renderização paralela de imagens. A renderização de cada frame pode ser feita de modo independente dos demais, sendo necessário somente o compartilhamento dos modelos e texturas necessários e a captação das imagens finalizadas. As *render farms* se tornaram comuns hoje para a renderização de filmes e animações.

[13] N.R.T.: CPU: *unidade central de processamento*, hoje dizendo respeito ao(s) processador(es), e GPU: *unidade de processamento gráfico*, dizendo respeito à placa de vídeo. Veja o Volume 2, *Programação: técnica, linguagem e arquitetura*, para mais detalhes e informações de como trabalhar com elas.

os programadores devem criar rotinas específicas executadas na GPU, que são personalizadas para o efeito; então as partículas de GPU não são tão genericamente "direcionadas para ferramentas", ou tão flexíveis quanto as partículas de CPU. Por exemplo, um artista de efeitos poderia configurar um efeito de faíscas da GPU com um conjunto fixo de parâmetros com base no que os programadores definiram. Se o efeito precisar ser mudado de forma imprevista, como emitindo as faíscas de um plano, em vez de um ponto, pode exigir um esforço do programador para criar um novo tipo de partícula de GPU de "faíscas de plano".

> Requisitando novas características

Por um lado, seu trabalho é criar os efeitos mais diferentes e incríveis que nunca foram vistos antes e que muitas vezes exige um novo código. Por outro lado, em geral não se pode permitir que um programador desenvolva todas as ideias e caprichos que surgem em sua mente. Caberá a você encontrar o equilíbrio certo para o seu estúdio em termos de inovação *versus* "apenas lide com isso".

Parte do seu trabalho é fazer com que tudo seja realizado com o que você tem. Pode haver ideias geniais que não são possíveis em seu motor. Portanto, cabe a você chegar o mais próximo dessa visão com o que tem em mãos. No entanto, não queira que a inovação seja deixada no armário, para nunca mais ser vista. Manifeste-se quando tiver uma boa ideia, uma nova maneira de fazer as coisas e passe a ideia adiante.

No final, cada estúdio lida de maneira diferente quanto ao apoio que a equipe de efeitos terá para o código. Você não quer ser a nota dissonante que está causando dores de cabeça aos programadores com sua interminável lista de recursos. Mas tão importante é a sua responsabilidade para com o jogador, ou seja, poder dar-lhe o visual mais magnífico que pode ser alcançado. Perceba as limitações em seu estúdio e quanto você deve persistir e quanto recuar. Essa é uma área em que as habilidades sociais podem ser um grande trunfo. Se conseguir que um dos designers ou programadores se animem com sua ideia, por meio de um bom relacionamento em equipe e apresentando sua ideia de maneira emocionante e animada, essa pessoa provavelmente ficará até mais tarde no trabalho e o ajudará a dar vida ao efeito.

>> Dicas profissionais

1. Se seu editor não mostrar uma representação da forma do emissor, eleve a contagem de partículas e reduza (ou elimine) suas velocidades, de modo que possa ver as partículas representarem a forma do emissor temporariamente.
2. Use a física em apenas algumas partículas para vender a ilusão (sem o custo extra de simular tudo) e deixe que o cérebro preencha o resto. Por exemplo, quando as rochas são jogadas devido a uma explosão, apenas uma pequena proporção das rochas (talvez 5 de 20) pode ter colisões dispendiosas e ricocheteamento. Tal recurso causa impressão suficiente para que o jogador imagine mais realismo do que realmente existe. E ajuda a manter a verificação do desempenho para os dispendiosos cálculos de física.
3. Não represente a linha com pontos. Criar um rastro de míssil com nuvens circulares de fumaça iria inevitavelmente levar a uma "abominação de linhas pontilhadas". Existem primitivas de par-

tículas que seriam mais adequadas para isso, como os *ribbons*. Se o seu motor ainda não suporta *ribbons*, peça ao seu programador para inseri-lo no cronograma de código a ser construído.
4. Evite texturas aditivas de apenas um tom. Por exemplo, as faíscas não devem só ser laranjas. Use um pouco de amarelo ou branco para a área mais quente, laranja para a carne, e enquanto as cores desbotam para o preto, torne-as mais profundas, mais vermelho-escuras. Esse é um longo caminho a ser percorrido para evitar o estouro de cores que pode rapidamente ocorrer quando se sobrepõem várias partículas aditivas.

Exercícios

1. Crie uma explosão de granada. Inclua o flash inicial, uma luz, faíscas, fumaça iluminada e prolongada, sujeira sendo jogada para cima e algumas rochas. Adicione pontos extras para os efeitos de tela como *desfoque radial*[14] ou *bloom*[15] e, para a inclusão de objetos próximos à explosão que comecem a ser destruídos ou derrubados com física, um decalque destruindo o solo, e um multiplicador de pontos para essa configuração em um motor de jogo e reprodução do efeito de forma interativa.
2. Crie um item/veículo destrutível. Crie ou obtenha um modelo 3D de um carro, uma peça de mobília ou objeto quebrável. Remodele em pedaços. Em seguida, crie uma simulação de física ou use partículas para explodir o objeto em pedaços. Use partículas adicionais para simular partículas, poeira ou fumaça que seria produzida. Considere a criação de uma fonte de origem baseada em um efeito de feitiço mágico ou explosão que seja a razão para a destruição, a fim juntá-la ao universo do jogo.
3. Crie um efeito para um feitiço de ressurreição. Comece com duas personagens em uma cena, uma viva e uma morta. Anime a personagem viva lançando um feitiço e trazendo a personagem morta de volta à vida. Crie energia mágica e efeitos fantásticos para realmente dar a impressão de um evento místico.
4. Crie uma cachoeira. As cachoeiras são muitas vezes feitas com uma combinação de textura de rolagem em uma malha e partículas para preenchê-la. Shaders com bons mapas especulares normais realmente ajudam a dar credibilidade à parte da rolagem da textura no efeito especial.

Referências

[ATI09] Render Monkey, ATI, disponível on-line em http://developer.amd.com/gpu/rendermonkey/Pages/default.aspx.

---

[14] N.R.T.: O *desfoque radial*, em inglês, *radial blur*, faz parte dos efeitos de imagem, geralmente usados em jogos como efeitos (especiais) de pós-produção aplicados sobre a visualização da câmera. O *blur* implica um desfoque da imagem, geralmente produzido por um filtro, como o do tipo gaussiano, que é baseado em um algoritmo criado a partir da função de Gauss.
[15] N.R.T.: *Bloom* (algumas vezes referido como *bloom de luz*, incandescência ou *glow*) é um efeito de computação gráfica usado em jogos eletrônicos, com a finalidade de simular um elemento de incremento de luminosidade nas imagens gravadas por câmeras da vida real. O efeito produz franjas (ou penas) de luz em volta de objetos de alto brilho em uma imagem. Um dos primeiros jogos eletrônicos a usarem esse efeito foi Ico (PS2, agora disponível também para PS3).

6.6 Iluminação

Neste capítulo

- Visão geral
- Vendo dimensão em um mundo plano
- Modelos de luz
- Sombras: *shadows*
- Efeitos de lentes e atmosfera
- Texturas iluminadas
- Resumo
- Exercícios
- Referências

〉 Visão geral

Criando uma cena pré-renderizada, ou um nível de jogo de atirador em primeira pessoa ou recursos 3D pré-renderizados para um jogo com visualização de câmera isométrica[1], a iluminação irá desempenhar um papel crucial na definição do aspecto do jogo. Mais do que tornar os objetos visíveis, tem a capacidade de revelar ou ocultar detalhes da sua cena. Ela pode ser usada para fazer um objeto se destacar do fundo, definir a irregularidade de uma superfície ou, por meio da sombra, pode definir objetos que estão fora do frame ou obscurecidos por uma parede na cena. A luz pode definir o humor de uma cena ou, quando focada, pode até ser usada para direcionar a atenção do jogador.

Para usar a luz de forma eficaz, é importante entender como ela interage com as superfícies na sua cena e como essa interação afeta os demais componentes visuais da composição. Para entender a luz, é necessário que você observe as qualidades estéticas dela e os componentes técnicos que guiam seu uso no sistema RGB digital.

---

[1] N.R.T.: A *câmera isométrica*, também chamada muitas vezes de *câmera ¾*, é muito comum nos jogos digitais. Existem muitas variantes delas, muitas atualmente utilizadas em jogos 3D para a modalidade de jogo em terceira pessoa, como em *Resident Evil*. Outra forma de sua utilização é no retratamento de um espaço tridimensional em um plano bidimensional, como um pássaro veria o plano do solo e o seu entorno, com uma perspectiva do olho inclinada, em que a parte superior e a frontal de um objeto seriam vistas simultaneamente, com o eixo vertical indicando, ao mesmo tempo, a altura e a profundidade.

› Vendo dimensão em um mundo plano

O papel mais importante que a iluminação desempenha nos jogos, seja para animações, seja em um design de nível, é o de auxiliar na definição da forma tridimensional da cena no plano bidimensional da sua televisão ou monitor de computador. Esses meios bidimensionais fornecem importantes sugestões estereoscópicas que seus olhos são projetados para recolher e enviar para o cérebro. Como resultado, um artista deve contar com o uso de iluminação para realçar e destacar os aspectos tridimensionais do universo do jogo.

Luz e superfície

No mundo real, podemos ver apenas uma superfície quando a luz reflete (ou emana da) na superfície e encontra nossos olhos. O que vemos é um resultado das características da luz revelando as características da superfície. Com os nossos olhos, recolhemos as informações combinadas para serem interpretadas pelo cérebro, nos dando um entendimento sobre essa superfície. Os seres humanos são muito hábeis em distinguir diferenças infinitamente sutis de luz e como ela ilumina as superfícies. Por exemplo, o menor defeito ou qualquer imperfeição em um carro novo em folha é imediatamente reconhecível.

No mundo digital, uma superfície não tem qualidade visual até que você a defina. Dada a complexidade da visão do mundo real, não deve ser surpreendente que até recursos e atores gerados por computador em filme, criados e renderizados pelos melhores artistas com os computadores mais poderosos, muitas vezes, pareçam artificiais. Aqui entra em jogo o complexo jogo de luz sobre o mundo físico que é tão difícil de recriar, e isso nos mostra o quanto a luz e a superfície são indissociáveis.

Luminância

Um fator muitas vezes negligenciado na iluminação digital é que o brilho aparente de uma luz é realmente decorrente de seu contraste com os elementos ao redor da cena. No computador, o objeto mais brilhante em uma cena nunca terá mais do que o valor de RGB de R:255, G:255, B:255, que é RGB de branco puro. Uma vez que uma luz é tão brilhante como pode ser (sem que as texturas pareçam desbotadas), a única opção para fazer com que pareça mais brilhante é reduzir o brilho das áreas circundantes. Além disso, se uma fonte de luz é diretamente visível na cena, como uma lâmpada, ser branco puro não é suficiente para torná-la *real*. Nossa compreensão de como as luzes parecem é amplamente informada pela nossa experiência de filmes e vídeos. Assim, para que a luz tenha um visual cinematográfico, os efeitos como brilho devem ser artificialmente reproduzidos no jogo. Estão associados os efeitos de lente da câmera, os quais podem ser tão simples quanto adicionar uma textura a um polígono de brilho na frente do objeto de luz. Uma técnica comum é fazer um código girar o polígono de brilho para sempre ficar de frente para a câmera. Muitos desses efeitos são bem mais simples do que parecem na tela, mas eles são necessários para a verossimilhança da cena[2].

---

[2] N.R.T.: Muitos desses efeitos fazem parte dos procedimentos de pós-produção de imagem que são aplicados na câmera através de scripts e são executados em tempo real.

Ênfase na forma

Um dos efeitos de traduzir o espaço tridimensional em uma imagem bidimensional é a perda de sinais típicos de profundidade estereoscópica. Para ajudar a trazer novos objetos do fundo para o meio e para o plano da frente, as técnicas de iluminação podem tomar emprestado das indústrias de cinema e vídeo. O esquema de iluminação clássico para gravar um tema é a instalação de três pontos de luz. Essa configuração usa três luzes: a luz principal, a luz de preenchimento e uma luz de fundo. Com as três luzes, a maioria dos elementos de uma cena vão apresentar forma bem definida e continuar claramente definidos em seu ambiente.

Direcionando o foco com luz

No cinema, há uma técnica frequentemente utilizada na qual os olhos de um ator parecem estar brilhando como um feixe de luz (sem nenhuma origem aparente). A motivação para essa iluminação é simples: direcionar a atenção do público para os olhos do ator, situando-os assim dentro do estado emocional do ator. Embora o exemplo de usar a luz para chamar a atenção possa ser desajeitado por chamar a atenção para si, é uma importante ferramenta de composição para ajudar o público a entender uma cena. Por exemplo, se você quiser levar o jogador a uma parte diferente de um nível de jogo, acentue a passagem preferencial com a iluminação que ajuda a destacar os outros detalhes da cena. Jogadores ávidos vão olhar para essas pistas, mas até o jogador novato será inconscientemente atraído para o detalhe em destaque.

Definindo o clima

A iluminação pode ajudar a definir a textura de uma superfície, moldar grau de ênfase e dirigir a atenção, mas também é crucial para a definição do clima de uma cena. Uma cena brilhante, com sombras negras acentuadas, é uma reminiscência de um dia ensolarado e transmite uma sensação de alerta e alegria, muito parecida com o mundo do *Mario*, da Nintendo. Uma cena de noite escura, iluminada com um luar azul e tochas amarelas que lançam sombras vacilantes, é muito mais sinistra ou assustadora, e foi usada de forma bastante eficaz na série *Thief*. Em cada caso, a iluminação é fundamental para transmitir o clima do jogo e colocar o jogador tanto no mundo físico quanto emocional do jogo.

⟩ Modelos de luz

No mundo real, a luz pode emanar de uma ampla variedade de fontes. Uma cena pode ser iluminada pela luz do sol, do luar, de lâmpadas incandescentes, de luzes de néon vermelho, faróis de carros ou tochas. Além disso, no mundo real há muita luz indireta que rebate em várias superfícies, o que irá alterar a cor e a dispersão da luz original. No mundo digital, suas opções são limitadas a quatro modelos comuns de luz: ponto, foco, direcional e ambiente.

Cada modelo apresenta diversos parâmetros que podem ser ajustados, mas há um parâmetro em comum: a cor da luz. Normalmente, vemos a luz como branca ou amarela, mas uma fonte de luz no mundo real ou em um jogo pode ser de qualquer cor, do vermelho neon ao luar azul. Tenha isso em mente enquanto examina cada tipo de luz.

Luz de ponto: *point light*

Um *ponto de luz*, por vezes referido como uma *luz omni*, porque lança luzes em todas as direções, é útil para uma ampla variedade de situações de iluminação. Conforme indicado na Figura 6.6.1, o ponto de luz irradia uniformemente a partir de um único ponto. Essa luz costuma funcionar bem para iluminação de áreas onde uma fonte específica não é aparente. Existem certos tipos de fontes de luz, como tochas ou lâmpadas sem sombra, em que um ponto de luz é uma escolha óbvia, mas até mesmo algumas luzes sombreadas são mais fáceis de imitar com um ponto de luz. Enquanto você não pode focar um ponto de luz, ele pode projetar sombras, para que possa ser dirigido por obstrução da luz com objetos ao redor. Na maioria dos tipos de luz, é possível *atenuar* (ou reduzir a intensidade de) uma luz ajustando os seus parâmetros de queda. Dependendo da sofisticação do modelo de ponto de luz, pode-se até mesmo ajustar a atenuação próxima, um parâmetro que permite à luz desaparecer na medida em que ele viaja de sua fonte. Usados em conjunto, parâmetros de atenuação, próximo e distante, podem ser ajustados para controlar com precisão a área afetada pela luz[3].

Luz de foco: *Spotlights*

Luzes de foco[4] *(Spotlights)*, também chamadas de *luzes focais*, têm todos os parâmetros das luzes de ponto (posição e atenuação) com a adição de ser capaz de focalizar a luz como uma lanterna ou farol de carro. Na Figura 6.6.1, a luz de foco é diferenciada dos outros tipos de luz, pois lança um cone de luz, controlado pela mudança da largura do cone e a sua orientação (direção). Por existir uma natureza direcional para as luzes de foco, há duas maneiras pelas quais sua direção é frequentemente controlada de forma interativa. Uma delas é o de travar o foco em um objeto-alvo, e, constantemente, mudar sua direção para seguir o objeto[5]. A segunda maneira é um foco que emana de uma fonte que está se movendo ativamente na cena. Um excelente exemplo da segunda técnica é em *Doom 3*, um jogo em que a escuridão tem um papel importante tanto no clima quanto na jogabilidade. Em *Doom 3*, o jogador mantém um objeto, uma lanterna, que emana uma luz de foco em qualquer direção que o jogador esteja confrontando. A natureza interativa da fonte de luz é fundamental para o jogo e ajuda o jogador a se conectar e explorar o ambiente.

a) luz de ponto   b) luz de foco   c) luz direcional   d) luz de área

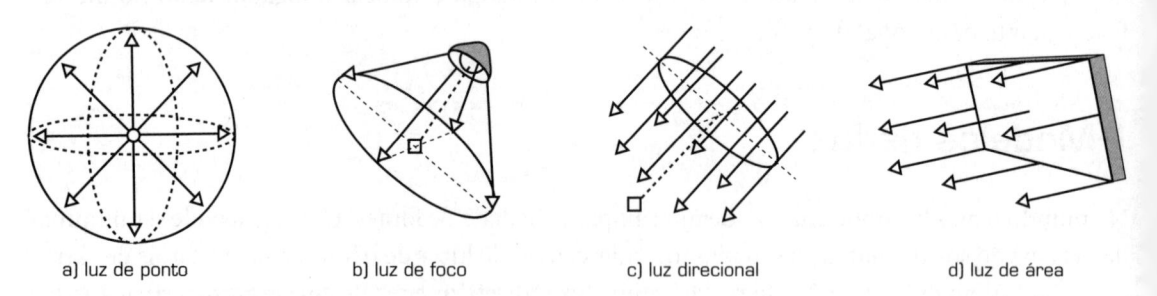

Figura 6.6.1 Modelos comuns de luz usados para iluminar ambientes tridimensionais.

---

[3] N.R.T.: Usualmente os parâmetros de atenuação considerados são: *próximo* (*near*) e *distante* (*far*). O primeiro regula o campo de incidência mais evidente e uniforme da iluminação, enquanto o segundo regula o limite de alcance e sua taxa de queda ou decréscimo.

[4] N.R.T.: A *luz focal (Spotlight)* também é traduzida, às vezes, por *holofote*. Entretanto, como este designa um aparelho, optou-se pela utilização do termo *luz focal*.

[5] N.R.T.: Alguns motores de jogos ainda permitem a configuração das opções de *alcance (range)* e *abertura (Spot Angle)* para uma luz focal.

Luz direcional: *directional light*

Ambas, as luzes de ponto e luz de foco, irradiam a partir de um único ponto no espaço 3D, assim, os raios de luz se espalham enquanto ficam mais distantes da fonte. Para emular a luz solar com uma luz de foco, a fonte de luz teria de ser infinitamente distante, o que não é prático. A natureza da luz do Sol é que os raios de luz são essencialmente paralelos, porque o Sol está bem longe da Terra. O conceito de uma *luz direcional*, com seus raios de luz em paralelo, foi criado para simular fontes de luz como o Sol. As luzes direcionais são mais simples de usar, uma vez que são especificadas por direção, intensidade e cor. Em alguns modelos de luzes direcionais, não há parâmetros para ajustar a área ou o intervalo afetado pela luz, mas esses parâmetros não são comumente aplicados em motores na maioria dos jogos. A luz direcional é em geral colocada no papel da luz fundamental ao iluminar um ambiente externo e, portanto, deve ser combinada com outras luzes para conseguir uma cena bem iluminada.

Luz de área: *area light*

A *luz de área* é uma luz especializada usada para simular a luz vindo de uma área de grande superfície. A iluminação típica de escritório, com as grandes divisórias, dá uma qualidade única de luz que pode ser emulada com uma luz de área. Recentes avanços em softwares de arte 3D podem até permitir que um objeto seja usado como uma fonte de luz. É importante entender que essas formas complexas de luz de área podem ter cálculo muito intensivo. Devido à complexidade do cálculo, luzes de área geralmente não são desenvolvidas em hardware gráfico para consoles ou PCs, porém, alguns softwares de arte 3D oferecem-nas para as cenas pré-renderizadas. Em motores de jogo em tempo real, as luzes de área podem ser simuladas através do uso de luzes de vários pontos ou focos.

Luz ambiente: *ambient light*

A *luz ambiente* representa a cor e a intensidade da luz que atinge toda a superfície de cada objeto em uma cena. Você pode pensar nisso como a luz que permite ver detalhes nas sombras onde a luz direta está sendo bloqueada. Infelizmente, a maneira como a luz ambiente digital funciona não tem uma equivalente no mundo real. No mundo real, a luz ambiente é criada por fontes indiretas de luz, como a luz solar que é refletida em objetos. Uma luz ambiente digital é um valor RGB único aplicado a tudo na cena[6].

É importante compreender que a aparência da luz refletida é substancialmente diferente do aumento até o valor de todos os pixels processados em uma cena. O equivalente digital, *radiosidade*, é uma forma de simular matematicamente o fenômeno, mas os cálculos o tornam impossível fazer em tempo real. No entanto, se as fontes de luz e modelos 3D não se movem em relação a cada um, os efeitos de radiosidade podem ser colocados nos vértices de um modelo 3D. Isso é feito por pré-cálculo do valor de luz de radiosidade para cada vértice do modelo (o reflexo da luz ambiente que atinge cada vértice) e usando esses valores durante a execução de cor (luz) do modelo dos vértices.

---

[6] N.R.T.: Mais recentemente, alguns motores de jogos têm introduzido o conceito de *luz de área* em seu conjunto de luzes, bem como os conceitos de iluminação global e radiosidade, antes somente encontrados em softwares de renderização 3D, como Cinema 4D, Max, Maya, Vue e Bryce, por exemplo. Alguns exemplos: o Unity 3D 3x introduziu a *area light* e a *difusão radial de* luz possuindo também um controle simples de *luz ambiental*; o C4 possui o conceito de *cubic light*; a *iluminação global* é tratada no Unreal com o sistema *Lightmass,* no Quest 3D com o sistema *Luminon* e o ShiVa possui o seu *Ambience Editor*.

Outra técnica é colocar os valores de radiosidade em camadas de material separado (textura) a serem renderizadas durante a execução. Com uma ou outra técnica, a radiosidade pode acrescentar iluminação ambiente muito sutil e precisa para qualquer modelo estático dentro de uma cena, como ambientes de rua ou arquitetura de interiores.

› Sombras: *shadows*

As sombras são essenciais para orientar espacialmente objetos e personagens em uma cena. Um objeto sem uma sombra parece flutuar acima do chão, por isso é crucial aterrá-los com sombras. Ao iluminar-se uma cena de filme ou vídeo, um dos aspectos mais problemáticos da iluminação de uma cena é controlar as sombras, porque toda luz projeta uma sombra. Na iluminação digital, essa tarefa é muito mais controlável, pois as sombras podem ser ativadas ou desativadas para cada luz. No entanto, a desvantagem de iluminação digital é que as sombras em tempo real não são baratas de calcular, por isso geralmente sempre se busca limitar quais sombras na cena são calculadas em tempo real. A arte de trabalhar com sombras em um ambiente em tempo real é encontrar um equilíbrio entre a adição de sombras nas camadas de textura dos objetos e usar uma quantidade limitada de projeção em tempo real.

A dispersão relativa das sombras será afetada pela dureza ou suavidade da luz[7]. Luzes duras projetam sombras nítidas que são bem definidas e têm um contraste afiado. Luzes suaves criam sombras difusas e suaves com contornos de superfície não enfatizados e contraste reduzido. Já que as sombras são o que une o objeto ao chão, é importante ter coerência entre todas as sombras colocadas nas texturas ou vértices e as projetadas em tempo real a partir das luzes na cena.

› Efeitos de lentes e atmosfera

A fluorescência ou brilho com os quais estamos familiarizados próximo a áreas muito brilhantes no cinema e vídeo é causada por uma variedade de fenômenos. Por exemplo, o reflexo de lente[8] é causado por reflexões dentro de uma lente, e o brilho de estrela em torno das luzes é decorrente de reflexões sobre as lâminas de uma abertura de câmera (a abertura de cinco lâminas vai criar cinco faixas de reflexo). A atmosfera pesada, como neblina, pode também criar brilhos ou feixes de luz visíveis. Se você estiver criando cenografias pré-renderizadas, todos os atuais pacotes 3D têm efeitos de renderização que podem ser adicionados à sua cena para conseguir uma grande variedade de lentes e efeitos atmosféricos. Em motores de jogo em tempo real, pode-se ainda alcançar muitos dos efeitos comuns simulando a aparência de halo com objetos especiais ou cones de luz. Estes podem ser processados normalmente com um efeito aditivo ou, ocasionalmente, alguns efeitos podem ser desenvolvidos de forma programática, quer para todo o frame, quer com base em brilho especial ou mapas de luz utilizados para os *shaders*[9].

---

[7] N.R.T.: Designadas em inglês como *Soft Light* e *Hard Light*.
[8] N.R.T.: Em inglês, *lens flare*.
[9] N.R.T.: Conforme nota 2, deste capítulo.

› Texturas iluminadas

Existe mais uma técnica de iluminação para acrescentar realismo à cena que, embora não seja realmente um modelo de luz, é fundamental para a precisão da representação dos elementos que estão projetando ou emanando luz. Por exemplo, muitas fontes de luz têm características físicas translúcidas, como tons de luz, vidro fosco ou texturizado, que estão brilhando ou emanando luz. A maneira mais direta para emular um material iluminado é adicionar iluminação própria a ele. Nesse caso, o cálculo de iluminação para a superfície leva em conta que ela está fornecendo luz, não apenas refletindo-a. É importante compreender que, no tipo mais comum de autoiluminação, o objetivo não é realmente tornar o material mais brilhante, e sim reduzir o efeito das luzes sobre a textura, trazendo os pixels que estão na sombra até a intensidade máxima da textura original. Ao adicionar autoiluminação com o uso de uma imagem em tons de cinza, você pode controlar seletivamente o brilho de cada pixel com um bitmap correspondente[10].

Resumo

Este capítulo apresenta os usos e técnicas de iluminação digital. A iluminação é fundamental para definir a textura da superfície e a forma de objetos 3D. É importante para transmitir um clima ou atmosfera e pode até mesmo ser usada para direcionar a atenção do jogador. Quanto à aplicação, há quatro tipos principais de luz usados em jogos em tempo real: ponto, foco, direcional e ambiente. As sombras são parte integrante do sistema de iluminação e cruciais para o aterramento de objetos em uma cena. No entanto, as sombras podem ser dispendiosas de calcular em tempo real, assim um jogo irá utilizar uma combinação de sombras posicionadas e sombras projetadas em tempo real.

À medida que se dedica a parte da iluminação de seus níveis de jogo ou cenas cinematográficas, certifique-se de fazer uma extensa pesquisa sobre o gênero. Analise como os filmes em gêneros similares usam a iluminação para contar uma história; observe o uso de iluminação em uma variedade de jogos para ver como a iluminação pode criar climas e aprimorar a experiência de jogo; observe a luz do mundo real e encontre maneiras de simular o efeito em seu design de nível tridimensional.

Exercícios

1. Encontre uma cena em um filme de animação digital que usou a luz como um forte elemento de comunicação visual. Divida o papel da iluminação na cena e descreva os seguintes aspectos: cores, brilho, contraste, sombras, iluminação atmosférica ou efeitos de lente. Faça esse exercício como se você estivesse escrevendo instruções para um artista responsável pela iluminação da cena.
2. Descreva como as luzes são usadas para definir o clima de uma cena.

---

[10] N.R.T.: Esse conceito é muitas vezes trabalhado nos *shaders* dos materiais por meio de *mapas de iluminação (lightmap)*. Nesse caso, uma textura do objeto é construída e utilizada, considerando as suas áreas de iluminação.

3. Crie um diagrama da posição de cada luz na cena, com qualidades de cada tipo de luz, cor, brilho, uso de sombras e qualquer outro tipo de qualidade única ou características técnicas.
4. Descreva como a iluminação se encaixa na estrutura da composição. Descreva a composição bidimensional da iluminação e como a iluminação ajuda na legibilidade do espaço tridimensional.

Referências

[Birn06] Birn, Jeremy, *[digital]Lighting & Rendering*, Second Edition, New Riders Publishing, 2006.

[Hill04] Hill, Steve, "Hardware Accelerating Art Production", *Gamasutra*, 2004, disponível on-line em www.gamasutra.com/features/20040318/hill_01.shtml.

[Jackman04] Jackman, John, *Lighting for Digital Video & Television*, CMP Books, 2004.

[James04] James, Greg, and O'Rorke, John, "Real-Time Glow", *Gamasutra*, 2004, disponível on-line em www.gamasutra.com/features/20040526/james_01.shtml.

[O'Rourke03] O'Rourke, Michael, *Principles of Three-Dimensional Computer Animation*, Third Edition, W. W. Norton & Company, Inc., 2003.

6.7 Animação

Neste capítulo

- Visão geral
- Responsabilidades e expectativas do animador
- Aprendendo a animar para reprodução em tempo real
- Fluxo de trabalho de produção de animação de personagem
- Animação facial
- Captura de movimento
- Animação de simulação
- Resumo
- Exercícios
- Referências

› Visão geral

Este capítulo aborda o processo de criação da arte animada em 3D para jogos em tempo real. A animação para esses jogos é a arte de capturar uma série de movimentos individuais em formato digital e, em seguida, colocá-los de volta em tempo real. Praticamente tudo em um jogo – da interface do usuário a efeitos atmosféricos, personagens e criaturas andantes – precisa ser animado. Mesmo a câmera pode precisar ser animada em um ambiente 3D de uma forma previsível e controlada. A animação estabelece o caráter e a personalidade de figuras humanoides e de seres reais e imaginários.

Tornar-se um animador da indústria de jogos tem sido uma das posições mais cobiçadas. Também está entre as tarefas mais complicadas que um artista digital pode empreender em um estúdio de produção. Devido à animação 3D tomar tempo, ter a liberdade para manipular artisticamente tanto tempo e espaço para expressar ações e estados de espírito é muito gratificante. Ao criar um movimento adequado para uma criatura nunca antes vista, um animador pode brincar de Deus e inventar – contanto que funcione e pareça crível no jogo. O retorno para esse trabalho artístico é a oportunidade de contribuir significativamente para o estilo bem diferente de um jogo e sentir-se único. Ser um animador competente, que ganha a vida criando trabalhos originais, pode parecer um bônus.

Basicamente, todos os objetos em movimento requerem pensamentos sobre como projetar seu movimento frame a frame ou pose a pose. Deve ser considerado como avaliar os resultados e como alimentar os dados para o sistema de animação do jogo. Devido à popularidade da animação baseada em personagens em jogos e à sobreposição com movimento para outros objetos 3D inanimados, este capítulo é intencionalmente focado na criação do movimento para personagens em tempo real.

❱ Responsabilidades e expectativas do animador

Um animador na indústria dos jogos é predominantemente um animador de personagens, já que personagens que andam e falam são necessários na maioria dos gêneros. A animação dos mais variados tipos de personagens é uma forma de arte que leva tempo e muita prática para aperfeiçoar, tornando assim a animação de personagens mais uma especialização. Como animador competente de jogo, é seu trabalho entender o significado por trás de uma expressão e como fazer com que o corpo seja colocado em movimento e com precisão ou como estilisticamente transmitir a ação para a reprodução em tempo real. Um animador também deve conhecer anatomia, já que a criação do movimento crível requer uma compreensão do mecanismo subjacente, como a rotação das articulações e músculos salientes. Trabalho de personagem é uma tarefa difícil e em geral requer animadores experientes. Além disso, como diz o ditado, consegue-se o que se paga quando uma empresa de jogos está em busca de talentos experientes.

Na prática, um erro comum nas empresas de jogos é não compreender claramente a diferença entre um animador treinado e um artista técnico experiente. Ambos são essenciais e necessários para um jogo em 3D de sucesso, mas não são a mesma pessoa. Um animador formado em animação tradicional entende os princípios fundamentais da animação e a boa sincronização e como usá-los em seu benefício. Com um pacote 3D na mão, essa pessoa pode aprender as ferramentas especializadas rapidamente que lhe permitirá criar e controlar desempenhos expressivos.

No entanto, um bom artista técnico ou "operador de ferramentas", que domina o software em primeiro lugar, não é necessariamente capaz de produzir animações convincentes que não são executadas de forma robótica ou mal sincronizadas. Os conceitos e princípios por trás do movimento fluido e convincente não estão ainda a um botão de distância.

Qualquer artista da indústria, dada uma chance, irá pelo menos tentar animar as personagens. O resultado de seu esforço, e falta de experiência, é mais óbvio do que qualquer membro de sua equipe é capaz de pensar. Em poucas palavras, o trabalho parecerá e terá um sentimento de correção ou não. Ninguém pergunta o que o animador fez para chegar onde ele está, ou quanto tempo realmente levou para completar uma animação de personagens. No entanto, quase ninguém é um bom crítico para o movimento de forma convincente e adequada. Considere o fato de que, em tenra idade, mesmo as crianças desenvolvem rapidamente a capacidade de ler a linguagem corporal ou postura e expressões faciais. Como resultado da observação diária dos outros, as pessoas entendem os princípios básicos do movimento humano e podem ser juízes do próprio trabalho. Eles podem não ser eficazes em descrever o problema com o movimento que veem, mas sabem intuitivamente que existe um problema. Um artista de computador embarcando em uma carreira como animador precisará estar aberto a ideias diferentes das suas. Aceitar críticas construtivas é outra característica essencial de um animador de sucesso.

O artístico e o técnico são duas disciplinas diferentes que, inevitavelmente, se reúnem na animação 3D. Necessitando da utilização de ambos os lados do cérebro, cada disciplina apela para habilidades e abordagens diferentes que requerem atenção especial e determinação constante por parte do animador ou artista de jogo "em todos os sentidos". Durante o casamento da arte e do código, produzir os resultados desejados para as personagens complexas do jogo é, sem dúvida, um desafio técnico. Felizmente, os recursos aprimorados e o fluxo de trabalho nas melhores aplicações 3D de hoje continuam a fazer o processo de aprendizagem de ferramentas de animação visual interativo e mais intuitivo, com cada nova versão do software. Para ficar bem informado de tais melhorias, existem literalmente centenas de tutoriais e exemplos na internet, que pode orientar um animador por meio dos passos de aprendizagem das novas e melhores ferramentas de cada aplicativo. Fóruns de grupos de usuários e sites patrocinados por produtos também são boas fontes para aprender os truques e técnicas utilizadas por desenvolvedores de jogos. Feiras do setor são eventos planejados, onde muitos animadores participam para aprimorar seu conhecimento especializado. Historicamente, no entanto, muitas empresas iniciais de jogos normalmente não reservam tempo ou dinheiro do orçamento para a formação contínua dos seus animadores.

Para criar animação à mão, a maioria das empresas de jogo vai esperar que um animador da indústria seja proficiente no uso de, pelo menos, um dos principais pacotes 3D. Estes são em geral os mesmos produtos de software 3D usados para todas as outras áreas de criação de objetos e personagens 3D, como a modelagem, a texturização e a exportação. As ferramentas para animação de personagens são comuns a todos os pacotes populares, e, embora seu fluxo de trabalho, nomes e aspecto visual possam ser ligeiramente diferentes, os conceitos são quase os mesmos.

〉 Aprendendo a animar para reprodução em tempo real

Aprender a arte da animação é simples e acessível para quem usa o tempo para observar as coisas ao seu redor se movendo, reagindo e se comportando. Para os animadores, o mundo é como um livro didático para o estudo da anatomia de todas as coisas vivas. Estuda como o corpo humano se move por conta própria ou em resposta a outros objetos e forças físicas, como o vento ou gravidade. Aprender a animar também exige saber quais elementos importantes observar e praticar muito e ter paciência para tentar simulá-los.

Dois elementos básicos e fundamentais de animação comum em todos os movimentos são *tempo* e *espaço*. Dar vida a um objeto estático ou a uma personagem como uma estátua é compreender o papel que o tempo e o espaço desempenham na ilusão de movimento. Um bom modo de demonstrar isso é estudar uma simples bola que quica. Se observarmos o movimento frame por frame, podemos ver quão diferente o espaçamento da bola é no topo do seu arco (ou parábola), comparado com o seu espaçamento durante a aceleração, tanto antes como depois de quicar. O momento é tal que a bola parece suspensa um pouco mais na parte superior do arco do que em qualquer outro lugar, enquanto se move em voo livre. Convenientemente, esse exemplo também ilustra outro efeito importante na sincronização: *ease-in* e *ease-out*[1].

---

[1] N.R.T.: Os termos *ease-in* e *ease-out* são termos técnicos de animação. Usualmente eles não são traduzidos e podem até figurar nos painéis dos softwares de animação, regulando a suavidade com que entramos ou saímos de uma curva de animação sincronizada. *Ease-in* e *ease-out* são geralmente designados como técnicas ou procedimentos de transição entre trechos diferentes de animações e são utilizados tanto em animação 2D como 3D.

Existem muitas técnicas comprovadas e princípios comuns para animação 2D que podem e devem ser consideradas para 3D. Infelizmente, trata-se de uma extensa área que deveria ser abordada em detalhes. Em função disso apresentaremos aqui alguns exemplos aos quais qualquer animador deve estar atento. Com um pouco de criatividade, esses princípios podem potencializar qualquer movimento. A Figura 6.7.1 mostra uma técnica de *squash and stretch*[2] que pode ser utilizada para criar uma animação mais baseada em desenhos para jogos de criança. Também pode ser usada para ajudar a dar credibilidade a uma expressão com *ênfase* e *exagero*. Outros exemplos são *antecipação, seguimento, reação* e *recepção, deslocamento de peso* e *sincronizção de tempo* para sugerir peso e força. Na Figura 6.7.2a, uma boa percepção de peso corporal é transmitida entre as duas versões da mesma personagem 3D simples (um esqueleto bípede). Tempo e espaço são bem utilizados para capturar a taxa de variação de movimento (ou caminho) da personagem mais sólido, uma vez que afeta a plataforma abaixo dela, comparado com a personagem mais leve que é transportada por uma força de elevação. Se fosse para animar uma personagem que pode voar ou saltar, o conceito de suspensão poderia também ajudar a dar credibilidade à animação.

Figura 6.7.1 Técnicas de *squash and stretch* aplicadas a uma personagem. Cortesia de George Henion. © George T. Henion. Reimpresso com permissão.

Pelo fato de as personagens de videogames geralmente não existirem em um mundo vazio e desprovido de objetos, a interação com móveis, portas e armas, por exemplo, pode ser esperada. A Figura 6.7.2b demonstra *antecipação*, no movimento sutil de pisar enquanto ela se prepara para levantar um objeto pesado. Pense no que deve estar presente no movimento para ajudar a tornar a animação crível. Não é suficiente apenas satisfazer o requisito de ter o movimento completo.

Pense em outros itens junto à personagem que devem ser transmitidos pelo movimento, enquanto interage com os objetos. A personagem é pesada ou pequena? A personagem é forte ou fraca, talvez? Ela está usando equipamentos especiais que melhoram ou impedem a sua movimentação? Está percorrendo um terreno plano, acidentado ou escorregadio? Está ferida e cuidando de determinado lado do seu corpo?

---

[2] N.R.T.: Na comunidade dos animadores brasileiros, via de regra, os conceitos-chave são utilizados em suas nomenclaturas originais e não são traduzidos. Ainda que a técnica pudesse ser traduzida por *amassar e alongar*, o uso comunitário, cioso com os seus usos, prefere referi-la como *squash and stretch*.

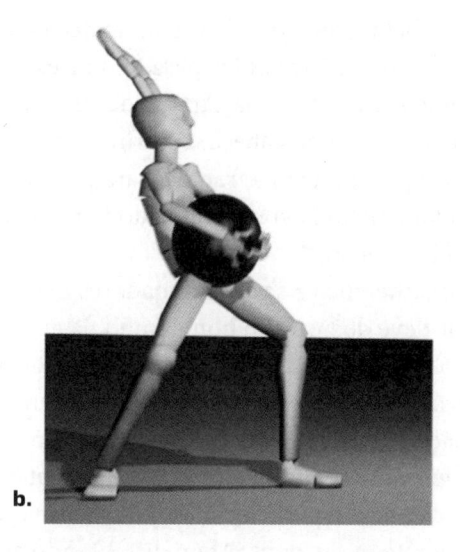

Figura 6.7.2 Animação de exemplo de peso e antecipação. Cortesia de Martin Bartsch.
Veja o arquivo heavyobject.mov, na página do livro no site da editora, em www.cengage.com.br.

Outra técnica chamada *ação de sobreposição*[3] é usada frequentemente por animadores tradicionais para adicionar vida a um projeto de uma simples personagem, de modo suave. Essa técnica pode tranformar um movimento comum e sem graça em algo mais interessante, quebrando a ação em diferentes partes. Por exemplo, o desenho na Figura 6.7.3 mostra o ioiô em uma mão movendo primeiro para a frente, com os dedos se arrastando para atrás e, depois, *seguindo o percurso* até a liberação do iôiô pela mão.

Figura 6.7.3 Ação de sobreposição.
Cortesia de George Henion. © George T. Henion. Reimpresso com permissão.

Em um retrato a óleo realista, a atenção ao menor detalhe está frequentemente presente. No caso do movimento, mais detalhes podem ser capturados por meio do estudo das nuances sutis que são menos aparentes em um relance casual. Capturar as sutilezas de uma animação traz mais vida e personalidade a uma personagem. A animação que parece dinâmica, natural, que transmite o peso e o movimento realista, muitas vezes, tem o que os animadores chamam de *ação secundária*. Esse é o movimento de pequenas partes ou detalhes de uma personagem, por exemplo, coisas

---

[3] N.R.T.: *Ação de sobreposição*, em inglês, *overlapping action*.

como cabelo, acessórios de vestuário, tecidos e uma cauda que continua a mover-se e persiste após o movimento principal ter parado. Por exemplo, uma mulher vestindo longos brincos vira rapidamente para a esquerda. Apesar de sua cabeça, seu rosto e seu cabelo curto pararem de se mover no final do giro da cabeça, os brincos pendurados continuam seu movimento além do giro da cabeça e passam para a frente e para trás como um pêndulo, durante um tempo. Veja a animação secondary_action.avi na página do livro, no site da editora em www.cengage.com.br, para ver um exemplo similar.

Para diferenciar-se dos animadores medíocres de personagens ou de talento mediano, um animador deve dedicar um bom tempo na aprendizagem dos fundamentos da animação e utilizá-los para o seu próprio trabalho. Um animador 3D profissional desenvolve métodos para incorporar técnicas comprovadamente tradicionais em um sistema 3D, com a diferença básica em relação à animação 2D, que ele opera por meio da manipulação de volumes e de movimentos tridimensionais genuínos. O animador consegue captar em 3D o que o seu antecessor em 2D realmente já havia alcançado para fornecer a ilusão do movimento a formas planas desenhadas mais simples, semelhantes a cartoons. Além disso, tendo aprendido a utilizar as ferramentas disponíveis em um pacote de software para animação 3D, deve desenvolver suas próprias abordagens para animar, ou seja, com menos técnica e mais artística. Em termos gerais, isso produz uma sensação menos mecânica em favor de um movimento mais natural e fluido. As experiências com tutoriais encontrados tanto on-line como em livros de CG e manuais irão expor outros métodos que podem ser mais rápidos e eficazes. Esse profissional deve tentar não contar com softwares e características que pretendem "animar automaticamente". Um animador experiente ou diretor de arte de estúdio ao contratar um animador levará em conta essa abordagem.

〉 Fluxo de trabalho de produção de animação de personagem

O processo de desenvolvimento da maioria dos jogos em tempo real requer os mesmos passos básicos. Do conceito inicial ao exportar para um motor de jogo, o pipeline para a criação desses atores virtuais segue o mesmo paradigma. Com a malha da personagem em mãos, devemos primeiro conectar a malha a uma estrutura que permitirá o artista de personagem ou animador deformá-la em várias poses. Essas poses são organizadas em *keyframes* em intervalos diferentes ao longo do tempo e gravadas para reprodução no jogo 3D em tempo real. Os vários frames que fazem a transição ou mesclam os movimentos entre as poses principais, referidos pelos animadores como intermediários, são gerados automaticamente pelo computador. A ordem estabelecida e a taxa de movimento são configuradas individualmente e controladas por meio de programação dentro do jogo. Em antecipação ao "controle do jogador" de uma personagem do jogo, as animações são projetadas tendo em mente as possíveis transições dentro do jogo. O exercício, no final deste capítulo, irá ajudar a esclarecer muitas das questões típicas que um animador deve abordar para preparar a animação para um motor de jogo. A seguir apresentamos as etapas que levam a uma preparação de animação. Isso é em geral seguido por um processo de exportação para obter o movimento do software de criação 3D para um formato de arquivo que o processo do código do jogo compreenda e suporte. Ele agora está pronto para testes no momento de execução dentro do jogo.

Para ajudar a demonstrar as etapas importantes de produção, vamos rever uma configuração típica de animação e fluxo de trabalho. A menção de ferramentas de software ou funcionalidades específicas para qualquer um dos pacotes 3D será omitida intencionalmente para evitar confundir quem não está familiarizado com as características do produto e a terminologia. O modelo de exemplo analisado é de um verdadeiro jogo no estilo RPG, criado e publicado pela WildTangent.

Planejando seu trabalho

Como com qualquer objeto inicialmente projetado em uma folha de papel em branco, a animação de objetos para jogos pode começar como algo abstrato, com muitas direções possíveis. Pode-se fazer alguns pressupostos básicos, é claro, sobre a proposta de um jogo. Por exemplo, uma animação pode ser projetada para servir ao propósito de dar a uma personagem o caráter de uma raposa, de uma personalidade aérea, inchada e que flutua, ou ainda tornar um objeto inanimado algo mais interessante. Antes de criar uma sequência única de animação, no entanto, é preciso pensar em como será a aparência, o sentimento e a sincronização que essa personagem construída deverá ter ao se mover. A visão criativa pode ter sido originalmente descrita no formulário redigido por um designer de jogos, ou ilustrada visualmente em um storyboard, ou finalmente, na forma de um modelo básico já construído. Com ao menos um modelo básico da personagem em mãos, além de contar com uma série de esboços de seu design de personagem apresentado a partir de vários ângulos, um animador pode vislumbrar alguma direção para começar a construir a animação. Esboços desenhados em detalhe podem mostrar explicitamente como uma personagem está, se é desengonçada, como expressa certos sentimentos ou atitudes, se é muito tensa ou hipócrita. Talvez a personagem pareça jogar os joelhos para fora quando caminha, andar encurvado, ou ainda caminhar sobre a ponta de seus dedos dos pés. Uma fotografia de perfil irá mostrar algo sobre as proporções e postura de uma personagem que o desenho de frente talvez não exiba. Pode transmitir seu tamanho em relação a outras personagens ou objetos de modo que você possa tentar capturar algo no movimento para ajudar a situar essa importante diferença. Quanto mais específica forem os esboços de um modelo, menos provável que um animador tenha problemas quando fizer a animação. Isso pode soar óbvio, mas podemos ter designs de personagens que contenham partes estranhas em seu corpo, o que torna difícil ou ainda impossível de serem animados. Por sua vez, pode tornar o trabalho mais difícil e menos agradável. E também pode significar que o resultado final seja morno e aborrecido. Planejar pode ajudar a prevenir o trabalho duro desnecessário e o resultado de uma animação de baixa qualidade.

Na construção de uma sequência de movimentos, bem como na construção de uma cerca articulada a partir de um *blueprint*[4] dimensionado e detalhado, ou ainda no ensaio de um número de coreografia de dança, o movimento precisa de uma forma para comunicar visualmente os detalhes do projeto para que possam ser realizados pelo animador. Para a animação de personagens, a pré-visualização de uma apresentação é feita do melhor modo fisicamente representando o movimento. A animação é uma arte performática, assim como a dança, o teatro, ou um *kata* de artes marciais. Antes de uma dançarina poder realizar uma sequência de dança solo fisicamente difícil, ela deve estar bem treinada na arte da dança. Ela precisará saber equilibrar seu peso, se mover no espaço, realizar um salto vertical e cair com grande facilidade e suavidade. Um ator mímico diante

---

[4] N.R.T.: O termo inglês *blueprint* se tornou um padrão na comunidade dos desenvolvedores de jogos. Em termos técnicos, um *blueprint* designa um desenho técnico parametrizado, uma espécie de diagrama do modelo em suas várias vistas (frontal, lateral, traseira e superior). Ele se diferencia do *model sheet*, pois este indica o modelo básico da personagem já realizado no software de modelagem. Para conhecer mais, você pode visitar um dos vários sites que oferecem *blueprints*, como: http://www.the-blueprints.com/.

de uma plateia saberá como movimentar seu corpo para transmitir emoção. Da mesma forma, um animador precisa saber como transmitir a expressão desejada ou clima antes que possa fazer uma personagem em CG fazer o mesmo. Um bom treinamento para emocionar e criar as poses certas que funcionam bem pode vir da experiência de aulas de teatro, estudar atores ou animais no cinema, assistir a atletas habilidosos executar manobras altamente treinadas ou assistir a mímicos de rua gravados em vídeo. Por exemplo, o site www.bbcmotiongallery.com apresenta uma rica biblioteca de imagens de movimento, que possui uma extensa coleção de vídeos de animais domésticos e selvagens, que podem ser baixados gratuitamente. Ficar parado em frente a um espelho, sem ninguém olhando, é claro, é uma excelente primeira experiência para visualizar um movimento. Qualquer que seja a fonte de inspiração, os animadores devem investir tempo em compreender o desempenho esperado antes que possam recriá-lo.

Como com qualquer outra forma de arte visual, quanto mais planejamento de pré-produção para a a animação antes de iniciar, mais simples será o trabalho posterior, com menos revisões depois de concluído. Além disso, assim como a construção de um cenário montado para um filme, quanto mais souber de antemão sobre o que a câmera pode visualizar durante um tiroteio e a partir de que ângulos, melhor serão as decisões para avaliarmos o tempo precioso que será exigido na fase de construção. Se a câmera girar para trás e para a frente, da esquerda para a direita em um jogo de computador ou videogame, e a personagem ou "ator" também se mover da esquerda para a direita, haverá menos motivos para se preocupar sobre como o peso da personagem mudará de seu lado esquerdo e direito, economizando assim para o animador algum tempo de produção. Em contraste, um jogo 3D que permite um maior controle de câmera permite a visualização da personagem de todos os ângulos possíveis.

Por fim, um animador também vai precisar saber qual abordagem será usada de acordo com o design e as capacidades da plataforma, e que recursos de software deve utilizar antes de criar o movimento. Também terá de pensar se deverá construir a sequência de movimento *de maneira linear*, como em uma *animação linear*[5], que é o processo de concepção de cada keyframe na ordem do primeiro ao último. Como todo o processo é bastante criativo e espontâneo, isso em geral produz uma ação com um olhar original e ligeiramente cômico. Uma abordagem alternativa pode ser a criação de *poses extremas* ou *principais*, ou criar o início e o final em primeiro lugar. Isso é seguido pela "interpolação" da personagem ou criar e colocar poses adicionais entre os extremos, para variar a sincronização e o espaçamento, e progressivamente preencher os detalhes. O animador também vai precisar saber se os movimentos são de natureza cíclica e se podem garantir uma transição tranquila para outras ações na *lista de movimentos*.

---

[5] N.R.T.: A *animação linear* consiste em uma sequência de movimentos organizados em um conjunto de frames. Ela tem origem no processo de animação do caminhar, no qual deslocamos a personagem em linha reta, realizando os movimentos do caminhar. Esse tipo de classificação se tornou restrito a movimentos isolados, pois mais recentemente, com o avanço dos softwares de animação, foi possível a organização de *animações não lineares*, nas quais cada sequência de movimento linear é organizada em uma dada camada, realizando a interpolação entre estas para a reprodução de uma sequência complexa formada por vários trechos previamente construídos. A maioria dos motores de jogos permite trabalharmos com uma combinação dos dois tipos de animação, geralmente controlados por scripts ou componentes de animação.

Modelagem e mapeamento de textura

Para a modelagem de modelos com baixos polígonos[6] que têm de se mover e se dobrar, apresentamos vários itens que um artista de personagem deve considerar:

- Evite bordas ou arestas da geometria ou passar por polígonos que podem aparecer quando o modelo se movimenta. Por exemplo, uma personagem com um manto com nenhuma geometria por baixo pode ter de ser animada para cair, expondo a área inferior do manto.
- Ao dispor a geometria próxima às articulações do corpo, o modelador ou *armador dos ossos*[7] deve se certificar de que os pontos de articulação estejam bem situados. Você deverá ter geometria subdividida suficiente em torno deles para que a malha possa se dobrar bem sem sofrer achatamento ou ainda produzir colapso no volume de malha. Se necessário, o animador pode precisar mover vértices ao redor ou adicionar mais arestas, como na Figura 6.7.4.
- Para reduzir a aparência de alongamento de superfície, o modelador deve tentar evitar muita granularidade de detalhes no mapa de textura em torno das áreas que irão experienciar uma quantidade considerável de alongamento quando animadas.
- É comum ter de voltar e refinar as áreas de uma textura mapeadas para peças que pareciam sem importância ou estavam escondidas quando o modelo foi originalmente criado.
- Quanto mais complicado o design de uma personagem, mais difícil e demorado será para se preparar a animação ou animá-la. Novatos na animação podem ter de simplificar seus designs de personagem e fazer sacrifícios para manter a personagem bastante simples de controlar e adequadamente animada.

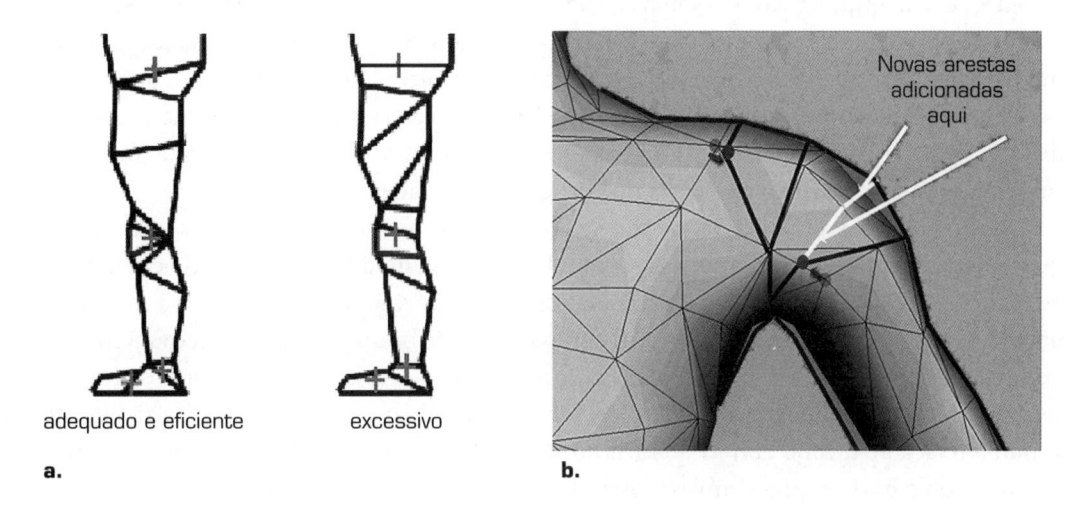

a. adequado e eficiente / excessivo
b. Novas arestas adicionadas aqui

Figura 6.7.4 Construindo modelos para animar de maneira satisfatória.

---

[6] N.R.T.: Em inglês, *low-polygon*.
[7] N.R.T.: A técnica da construção e organização dos ossos em uma hierarquia interconectada e estruturada é também chamada pelos termos, em inglês, de *skeleton* ou *rigging*. Nos falares da comunidade de língua portuguesa usa-se o anglicismo *rigar* para designar o processo de estabelecer um *rig* em uma personagem. Para uma relação mais detalhada da questão, inclusive com as suas relações com a programação, veja o Capítulo *5.2 Animação da personagem* de *Introdução ao Desenvolvimento de Games, Vol. 2 – Programação: técnica, linguagem e arquitetura*.

Na criação de animação de personagens em tempo real, um animador necessitará encontrar uma maneira de deformar a malha para que assuma as principais poses expressivas. Um método comumente usado para manipular a superfície de "revestimento superficial" utiliza um esqueleto ajustado que é capaz de simular a forma de como os seres vivos são capazes de se mover no mundo real. Um esqueleto ou armação composta de ossos dá ao animador meios para deformar a geometria de maneira mais intuitiva e previsível. O uso de um esqueleto é muito parecido com vestir um boneco com uma armação composta de fio flexível ou uma construção de haste e articulações dispostas em uma relação hierárquica. Tal como acontece com um boneco, esse equipamento virtual é, então, inserido no objeto de malha e movido para mudar sua forma.

Criando uma armação de esqueleto

Um animador na indústria de jogos será provavelmente o responsável pela manipulação de personagens em 3D. *Armação* (*Rigging*) é o processo de anexar ou vincular um objeto de malha a outros *objetos de controle* (como um *esqueleto*). Esses objetos de controle serão utilizados para deformar ou mover a malha. Um esqueleto animado é a estrutura subjacente que impulsiona o movimento das personagens criadas, bem como uma simples malha de um objeto, ou ainda um modelo segmentado.

A armação de um esqueleto[8] pode ser feita para caber em qualquer forma, formato ou personagem dimensionada. Pode ser construída com qualquer combinação de objetos criados parametricamente como objetos de osso, objetos auxiliares e objetos de malha. A aparência de um osso também pode variar consideravelmente entre os diferentes pacotes 3D ou até mesmo no mesmo pacote. Seja qual for usado, eles simplesmente fornecem uma ajuda visual para ajudar o animador a controlar e manipular sua personagem de forma mais intuitiva. Um osso pode ser uma forma simples, como uma caixa comprida e estreita, ou uma forma de losango alongado. Em contraste, um osso pode ser um objeto de malha personalizada projetado para se parecer com o osso humano ou animal que representa um osso do quadril, medula espinal ou crânio. Às vezes, um objeto de osso pode ter barbatanas extras ou partes especiais que se estendem para ajudar o animador a selecionar o osso de dentro da malha do corpo da personagem.

No exemplo da Figura 6.7.5a, o esqueleto é formado por ossos unidos, em uma configuração que lembra mais um ser humano. Esse conjunto de ossos vinha pré-configurado em um pacote 3D específico, e foi então ajustado para um tamanho e proporção adequados para a malha da personagem. A Figura 6.7.5b ilustra um outro equipamento de humanos, feitos inteiramente de objetos de malha segmentada. Para maior clareza, os segmentos nessa imagem foram deliberadamente separados com ainda mais espaço entre as várias partes do corpo. Novamente, estão ligados entre si numa relação pai-filho com o quadril no topo da hierarquia. Por último, uma combinação de ambos os objetos de malha simples e ossos é usada para a armação humana na Figura 6.7.5c.

Para a melhor animação possível, a maioria dos animadores de personagem sente que é importante ter um bom controle sobre a armação. Existem muitos dispositivos disponíveis em cada programa 3D que oferecem o controle dos ossos interconectados. Para melhores resultados, os controles precisam ser confortáveis, devem responder de forma rápida e previsível e serem fáceis de usar. Com personagens complexas, podem haver até 100 controles para um corpo inteiro. Estes podem ser *formas-alvo*[9] de animação facial (Figura 6.7.12a), controles para rotação do osso e

---

[8] N.R.T.: Em inglês, *skeletal rigs*.
[9] N.R.T.: Em inglês, *target shapes*.

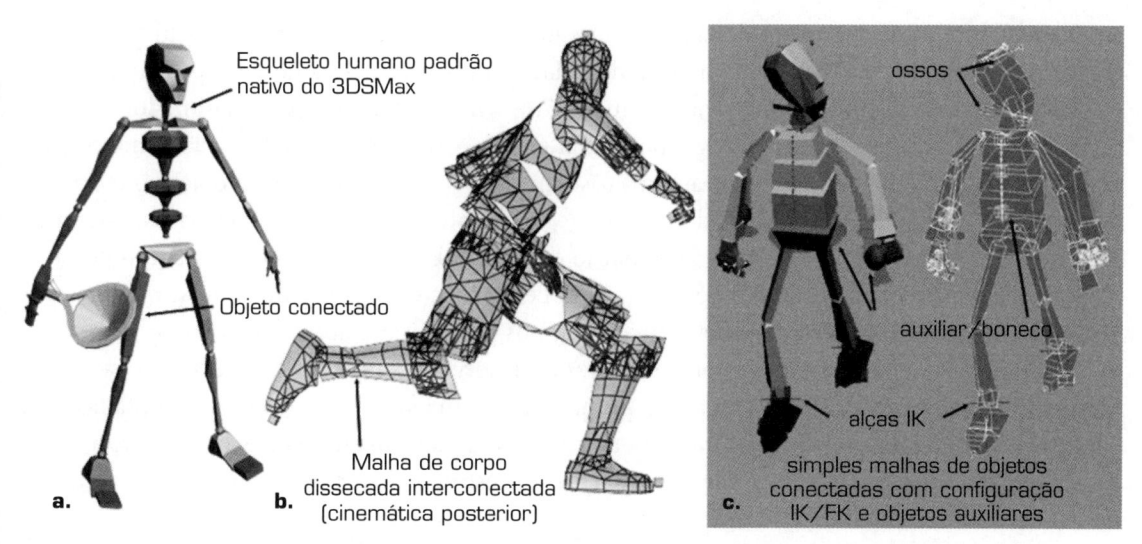

Figura 6.7.5 O design da armação humana pode ter várias formas com controles variados.
(Armação c. é cortesia de Nick Kondo).

valores XYZ de escala, o objetivo posicional IK com valores de ajuste em XYZ e limitações globais e particulares a cada osso. É uma boa prática simplificar os controles, sempre que possível. Ter de lutar com uma armação pode dificultar o processo criativo e muitas vezes força um animador frustrado a aceitar maus resultados.

Controles ideais implicam soluções de compromisso. Quanto mais controle para manipular uma armação complexa, mais experimentação o animador precisará realizar para a criação de expressões de corpo inteiro, com equilíbrio e deslocamento das partes do corpo a fim de que realizem uma adequada transição entre as poses. Uma armação mal projetada, que não oferece um bom controle de grandes áreas, pode significar mais trabalho e mais tempo despendido para estabelecer as várias poses, com mais partes para mover em geral. Um melhor controle global permite que o animador seja mais flexível e significa que não tem de se comprometer com nada pontualmente, podendo realizar alterações em uma grande área de forma rápida.

Por outro lado, uma configuração de armação altamente especializada é em geral menos intercambiável e mais difícil de ser redirecionada para seu uso com outros tipos de personagem. Para poupar tempo e muitas etapas para o animador, o profissional responsável pela construção da armação deve entender do que o animador vai precisar. Indiscutivelmente, encontrar o justo equilíbrio entre complexidade e controle é um apelo subjetivo que um animador deve ser autorizado a fazer. Isso pode levar mais tempo inicial para configurar, mas pode valer a pena no longo prazo[10].

---

[10] N.R.T.: A organização de uma *armação básica* para animação é uma questão que tem sido levada em conta, tanto no desenvolvimento dos softwares de animação e modelagem, como pelos motores de jogos. A partir do número de ossos estabelecidos, procura-se organizar um padrão de armação. Exemplos intercambiáveis podem ser encontradas nas soluções oferecidas na Web, como a MIXAMO (http://www.mixamo.com) e o ANIMEEPLE (http://www.animeeple.com) que oferecem um sistema automatizado e controlável da produção de armação, bem como a aplicação de animações a partir de bancos de animações para os caracteres. Tais ferramentas, se não resolvem o problema da animação, ajudam em seus aspectos gerais, fornecendo modelos de animações que podem ser ajustados, refinados e aplicados a conjuntos de personagens na produção de um jogo, principalmente considerando um principiante no campo da animação de personagens para jogos.

O adequado posicionamento de cada osso também é um fator importante para uma boa animação. Um modelo bem proporcionado e detalhado transmitirá claramente o posicionamento da estrutura subjacente do corpo (veja a Figura 6.7.6). Ao colocar os ossos, o animador deve ter o cuidado de compreender a topologia da malha e, com isso, expressar adequadamente onde a deformação da malha ocorrerá. Isso ajuda a visualizar por meio da malha do objeto o corpo da personagem, como na Figura 6.7.7, de modo que, enquanto posicionamos seus ossos, podemos determinar o próprio centro de cada articulação do corpo. Utilizar menos ossos quanto possível também é uma boa prática, pois exige menos processamento no jogo para suportar e manter a personagem. Uma boa regra para determinar quantos ossos usar é supor que quanto menor é a personagem na tela, em relação aos outros personagens, menos ossos serão necessários para articular claramente o corpo inteiro, uma vez que as nuances mais sutis não podem ser notadas. Em contrapartida, quanto mais importante a personagem e quanto maior ela é exibida na tela, mais complexa pode ser a armação, o que demandará um esforço maior, necessário para animar as nuances para lhe adicionar realismo.

Dependendo da necessidade do jogo de mais detalhes sutis, a mão é um exemplo de uma parte do corpo que pode ou não exigir múltiplos ossos. Para qualquer malha de objeto que possuir pequenas partes móveis independentes (como uma mão de três dedos e um polegar, com duas ou mais articulações cada uma), a estrutura do esqueleto dentro da mão deve ter ossos suficientes para controlar cada dedo separadamente. A complexidade para a construção da armação, bem como para animá-la, é então consideravelmente aumentada. A articulação (*joint*) aqui designa o ponto pivô do osso situado no final do comprimento de cada osso e estabelece o eixo a partir do qual eles rotacionam, isto ao longo de um ou mais eixos (Figura 6.7.7b). Compreender a anatomia de uma personagem é fundamental para determinar onde situar os pontos inicial e final de cada osso. Quando um osso na parte superior de uma corrente é girado em torno de seu ponto de articulação ou dinâmica, todos os ossos vinculados a ele, ou os ossos-filhos, também são afetados.

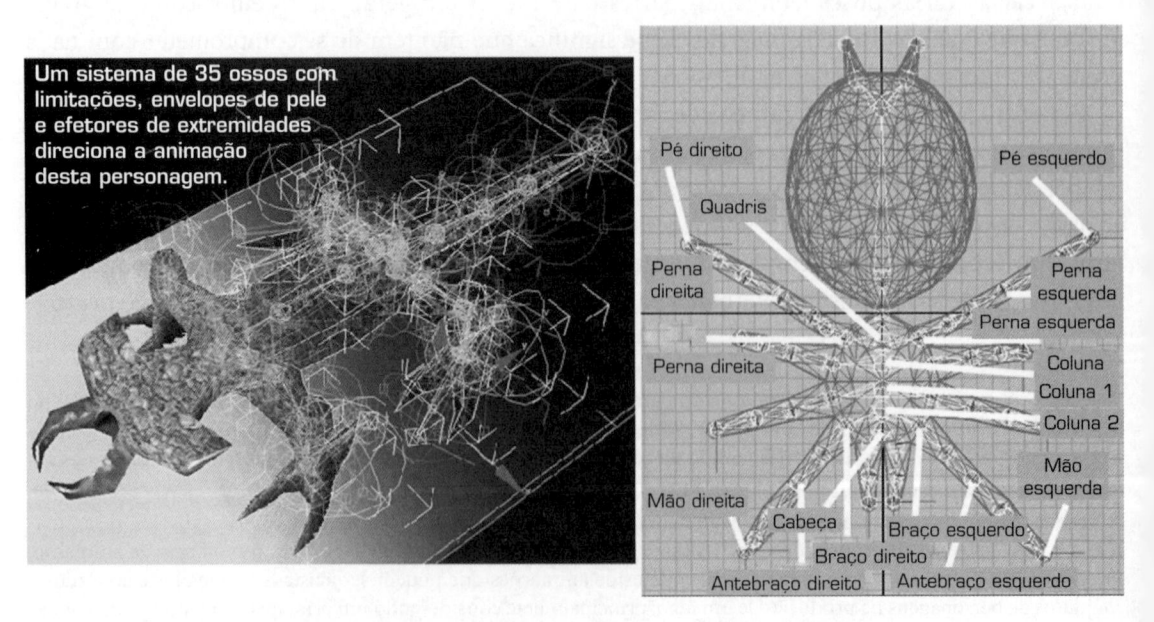

Figura 6.7.6 Rotule todas as partes para evitar confusão.

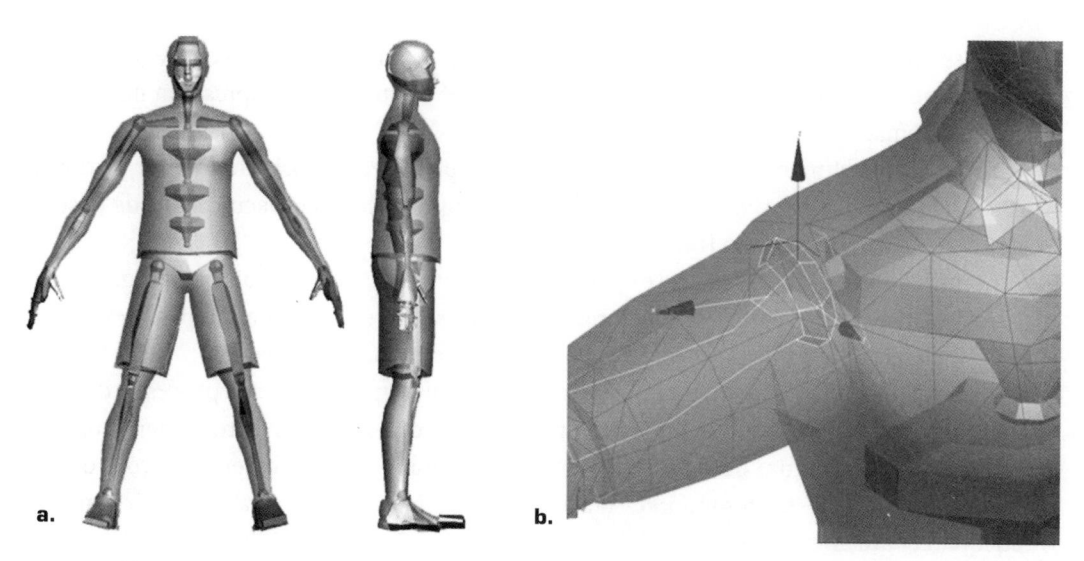

Figura 6.7.7 Uma pose de ligação ou da figura, com uma malha transparente para avaliar o posicionamento das articulações.

Várias armações podem ser construídas para atender a propósitos diferentes durante a produção de animações de uma única personagem. Armações diferentemente configuradas irão fornecer mais controles especializados para partes específicas do corpo da personagem. Por exemplo, para equipar uma personagem que anda e fala, uma configuração de armação para animação facial facilitará o desenvolvimento de expressões faciais e animação de fala, enquanto uma armação de corpo inteiro separada também pode se concentrar em fornecer um melhor controle sobre os membros do corpo e da coluna. A armação facial pode partir da linha do pescoço para a parte de cima da cabeça e tem ossos de ramificações que se estendem para fornecer controle sobre a superfície da face, como na Figura 6.7.12b.

Há muito a considerar ao se projetar uma armação:

- O melhor lugar para começar a construir um esqueleto é normalmente a base da coluna ou do quadril[11] (*root*).
- A distância entre os pontos pivô determinam diretamente o comprimento de cada osso. Posicione o início e o fim de cada osso no centro do ponto de rotação.
- Ao construir um esqueleto, visualize o modelo no modo *wireframe* ou no modo transparente (Figura 6.7.7a), observando o modelo a partir de vários ângulos ou janelas possíveis. Isso irá garantir o melhor posicionamento do corpo em relação ao ponto de articulação do osso e as arestas do polígono.

---

[11] N.R.T.: Quadril, em inglês, *hip*. Os animadores de língua portuguesa se acostumaram a utilizar a nomenclatura inglesa em animação. Veja nossa nota 5 do capítulo *6.2 Modelagem 3D*, para a consulta da lista completa dos ossos do esqueleto humano. Os aspectos e a importância da questão ultrapassam em muito o escopo pretendido pelos autores, mas podemos sugerir a continuação do estudo, inciando com o repositório *Open Source* do grupo *Make Human* (https://sites.google.com/site/makehumandocs/), dentro do qual, além de uma base de informação qualificada, também se tem acesso ao todo do projeto *Open Source* dos caracteres digitais.

- Um osso pode ter de passar por fora da malha entre as articulações para conseguir um bom posicionamento com as articulações do modelo. Isso é aceitável e não apresenta necessariamente um problema.
- Para o desenvolvimento de jogos em tempo real, pode ser importante manter a contagem de ossos a mais baixa possível. Verifique com um programador as especificações de desempenho do motor com o qual estão trabalhando.
- A nomeação adequada dos ossos e outras partes de uma armação vai ajudar a organizar a configuração do modelo. Isso também simplifica o processo de seleção quando procuramos os ossos na visualização de trilha do programa ou em um diagrama esquemático.
- Utilize controles interativos quando possível para ajudar a acelerar o processo de animação. Desenvolvê-los pode ser bastante complicado. Tudo que se mover naturalmente usando controles vai exigir a leitura do manual do software e a prática com as diversas opções de restrição. Um animador deve ter tempo para fazer isso antes de se aventurar a construir uma armação adequada para animação.
- Objetos de auxílio à animação, *dummies (com ponto nulos)* ou ossos finais são necessários no final de cada extremidade para terminar a corrente. Isso garante que uma conexão contínua entre os ossos durante a ligação alcançará o último filho na corrente.

Peso dos vértices – vinculando a malha ao esqueleto

A malha deverá ser aderida ao esqueleto usando um método de ligação (*binding*) para todos os ossos atribuídos. Em um nível de vértices, um ou mais ossos da animação irá controlar a quantidade de movimento de cada ponto do vértice em relação ao outro. O processo de atribuir e ajustar a quantidade de influência de que cada osso tem para cada vértice é chamado de *coeficiente* ou *ponderação de vértice* (*vertex weighting*). O ajuste dos *valores do peso do vértice* é importante para manter a boa forma e volume da malha, à medida que está sendo deformada pelos ossos em movimento. Devidamente ponderados os vértices farão a forma do modelo parecer ótima durante a maioria, se não todos, os frames de animação, e não apenas na pose utilizada no *binding* inicial. Para esse efeito, todos os pontos de vértice em um modelo com poucos polígonos devem ser avaliados durante a reprodução de cada animação para ver o efeito completo da influência de cada osso durante todas as sequências de animação. O processo de refinamento do peso do vértice pode e deve ser revisitado várias vezes durante o processo de animação. São em geral as sequências mais extremas que estressam a malha a um ponto que revela os valores de peso inferiores ao ideal em áreas problemáticas, como os ombros.

Para acelerar o processo de ponderação de vértice, o sistema de armação (*rigger*) pode usar o que são denominados *envelopes* para designar um grupo de vértices para cada osso. Conforme mostrado na Figura 6.7.8, cada osso que a malha é ligada possui seu próprio envelope ajustável em três dimensões para controlar a quantidade de influência sobre os vértices que o compõem. Temos um interior do envelope, com uma redução de tensão progressiva em direção para fora do envelope. Os controles para ajustar o tamanho e os efeitos da redução de tensão são similares àqueles usados para ajustar a área de esmaecimento da luz de um holofote – designado tecnicamente com o termo inglês *falloff*. Embora mais sutil e mais ajustes precisos dos valores de peso podem ser abordados em nível do vértice, o processo para tanto é muito mais tedioso e demorado. Para um fluxo de trabalho mais rápido, utilizar envelopes é uma boa opção para começar a definir a área de influência que cada osso tem sobre as muitas centenas de vértices. Apesar de um controle mais preciso para cada vértice estar disponível, envelopes, como um primeiro passo, deverão abranger cerca de 90% do trabalho com pouca complexidade. Depois de criar animações e movimentos a partir de sequências prévias existentes (como andar, etc), o sistema de armação pode testar ainda mais a ponderação de vértice. A marcação em mais valores ideais para qualquer ponto do vértice questionável pode começar. Para uma abordagem mais intuitiva e amigável aos artistas digitais quando ajustarem os valores de peso, observamos que atualmente muitos programas de modelagem e animação suportam a chamada "pintura em 3D" para o ajuste da influência de cada osso utilizando um pincel 3D. Por meio desse recurso, a quantidade da influência muitas vezes é representada por cores que permitem uma maior clareza visual do processo.

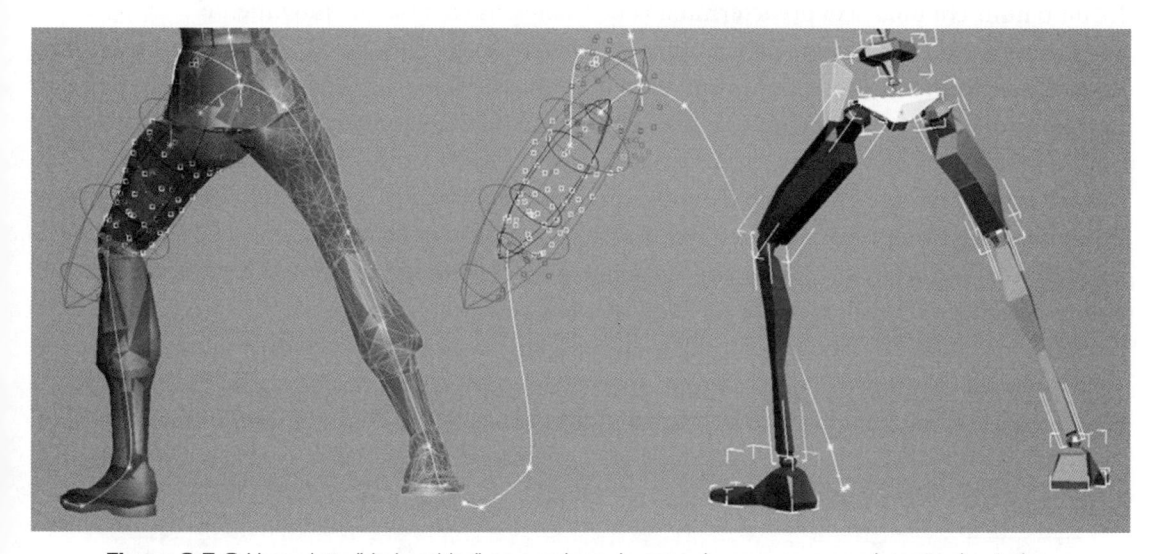

Figura 6.7.8 Uma visão "de bastidor" no envelope do osso da coxa para ponderação do vértice.

Animação – construindo os *keyframes* manualmente

Esse é o último passo no processo de fluxo de trabalho de produção de animação de personagens. Aprender a animar qualquer objeto 3D é verdadeiramente um exercício de tentativa e erro. Embora os conceitos e práticas sejam simples de compreender, o processo de controlar e predizer os resultados da animação pode parecer difícil no começo. A única maneira de superar isso é trabalhar com vários tutoriais que acompanham um estudante por meio do processo de animação de algo semelhante. Fazer isso é como seguir uma receita passo a passo em um livro de culinária. Todo grande programa 3D vem com uma série de tutoriais de "como fazer" e exemplos. Eles são escritos com a intenção de revelar importantes ferramentas de fluxo de trabalho e questões específicas para a tarefa de animar um objeto ou personagem em seu pacote 3D.

Este capítulo não fornece um tutorial sobre como animar. Em vez disso, é uma visão geral de conceitos, termos importantes e abordagens comuns que todos os animadores devem saber para construir. Recomendações de fluxo de trabalho e dicas são oferecidas para ajudar o novo animador a solucionar problemas comuns ao criar uma animação de personagem.

Uma abordagem comum para a criação de movimento para personagens de videogames e outros objetos do ambiente 3D é a animação designada como *hand-key* ou *construindo os keyframes manualmente*. Isso significa que o animador criou a animação manualmente usando *keyframes*, sem o auxílio de qualquer outro movimento de dados existentes ou animação com *plug-ins*. Um termo específico para a criação de movimentos importantes para personagens é a animação *pose a pose*. Para compreender melhor essa abordagem, utilize a arte de abertura que introduz os capítulos deste volume como uma referência visual. As várias imagens do terrier de Jack Russell lembram a animação *stop-motion*. Como na *animação de massinha* ou *flipbook*, as mudanças incrementais em objetos ou desenhos em conjunto criam o movimento ou a "vida", o conceito-chave da animação. Tradicionalmente, uma câmera de filmagem é iniciada e interrompida, um fotograma de cada vez. Enquanto a câmera estiver parada, um animador ajustará a figura ou objeto para a próxima pose. A câmera filmará um outro frame; esse processo continuará até que toda a animação seja filmada. Exibir o filme em uma taxa predeterminada de frames cria a ilusão de movimento.

Na abordagem pose a pose para animar uma personagem, o esqueleto do modelo é rotacionado e colocado em uma pose chave (ou "extrema", uma *key pose*), e depois em outra, ao longo de uma linha do tempo. Cada figura de pose é posicionada e estabelecida como chave ou posicionada no local salvando seus pontos chave, para cada osso nesse frame. Por exemplo, a Figura 6.7.9a mostra vários keyframes ao longo de uma animação de 70 frames. O intervalo de tempo entre as poses não é importante inicialmente. Apenas capturar a ação em uma sequência de poses estáticas é aqui o foco criativo inicial dessa abordagem. Uma vez feito isso, o animador pode reproduzir a animação em tempo real, visualizar e analisar a temporização entre os frames chave, enquanto o computador preenche o movimento de todos os frames entre eles. Quando comparamos ao desenho manual da animação de cada frame entre os modelos, encontramos a beleza e o poder da tecnologia dos computadores de hoje que economiza aos animadores tempo e dinheiro.

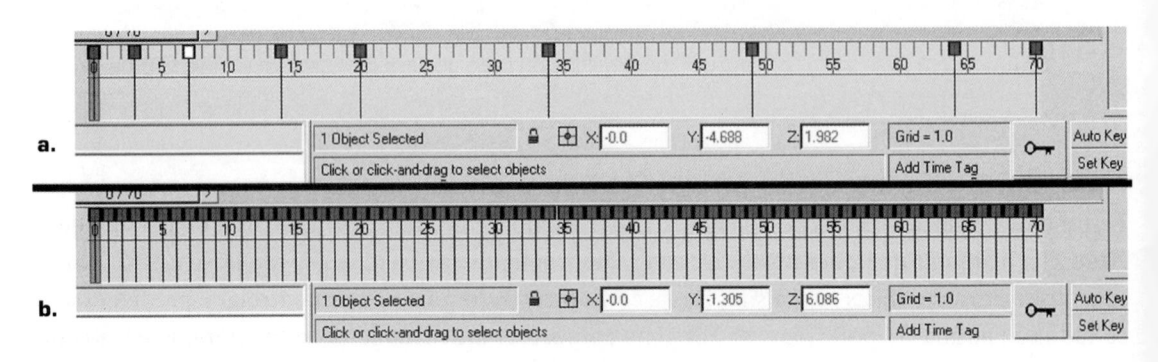

Figura 6.7.9 (a) *Keyframes* em uma linha de tempo (*timeline*) de 70 frames de uma animação manual *versus* (b) dados de captura de movimento.

A *Cinemática*, o estudo do movimento em sua forma mais básica, desempenha um papel em como o animador irá manipular uma armação e como a vinculação hierárquica dos ossos pai para os filhos vai ser criada para formar um sistema. Os sistemas de cinemática apresentam-se em duas variedades, a *cinemática posterior* (FK) e a *cinemática inversa* (IK). Ao usar a FK, a ordem dos ossos é importante. O melhor lugar para começar a animar é a raiz do esqueleto. FK, mais conhecida como *animação keyframe*, é a maneira mais precisa para animar e requer o mínimo de tempo para configurar. Isso a torna mais popular entre os novos animadores. No entanto, não é necessariamente a maneira mais rápida nem produz os resultados mais fluidos. O animador está essencialmente posicionando cada osso, a partir da raiz em diante por meio da cadeia, na posição exata desejada. Trabalhar com um sistema de FK é como animar um boneco articulado de madeira ou um boneco do *Comandos em Ação* com articulações ou uma boneca *Barbie*. A abordagem pose a pose funciona melhor com essa configuração. Como o osso raiz é o pai de todos os outros ossos, sua posição e o movimento devem ser estabelecidos antes de trabalharmos em qualquer outro osso que o pai vai afetar. Posteriormente, o animador pode criar o movimento de outros ossos raiz em direção à cabeça, mãos e pés. Se o animador trabalhar nos pés em primeiro lugar, o ajuste de como eles tocam o chão plano sem dúvida será afetado por quaisquer mudanças feitas para o raiz mais tarde, e vai acabar com a posição dos ossos filhos do raiz. Outra desvantagem desse sistema é a reconfiguração constante e demorada de keyframes de todos os ossos na cadeia.

Um sistema de cinemática menos demorado e fácil de usar é a IK (cinemática inversa). Esta é direcionada a objetos que operam com base na manipulação de um "objeto-guia" único para a posição de uma cadeia ou uma hierarquia de objeto. É o oposto do FK. Em vez de definir o movimento por meio da movimentação e orientação dos ossos para fora do raiz para as extremidades, a abordagem oposta é tomada. Por exemplo, a mão é colocada em uma pose, e o programa de animação irá tentar descobrir como os outros ossos e juntas devem se mover ou girar para chegar a essa pose. O IK pode produzir um movimento mais fluido, mas pode ser mais difícil de controlar com mais precisão.

Uma armação que está definida para IK leva muito mais tempo para configurar e testar. A economia significativa de tempo durante a animação mais do que compensa as etapas extras envolvidas na criação de um sistema de IK. Como o movimento resultante da IK mais se assemelha ao mundo real, animadores experientes vão usá-la muitas vezes e em combinação com FK para melhores resultados. Aprender quando usar IK sobre o FK no mesmo equipamento é muito mais um processo criativo que requer uma boa compreensão do movimento. O movimento direcionado a objetos-guias funciona bem com IK, enquanto o movimento impulsionado por uma "força interna" funciona bem com FK. Cada sistema é único e pode ser utilizado para beneficiar o animador, quando bem compreendido.

Os recursos do software disponíveis por *default* podem ajudar a acelerar o processo de animação consideravelmente. Na abordagem direta de animação mencionada anteriormente, o uso de uma configuração definida por meio de um botão de interface do usuário ou tecla de atalho é um bom exemplo de economia valiosa de tempo. Começando com o primeiro frame, ajuste a personagem para assumir a primeira posição da animação. Pressione uma tecla para chamar essa função, e todos os ossos serão imediatamente salvos naquele frame, definindo-o como um keyframe[12]. Em seguida, avance na linha de tempo (na estrutura da *timeline* do software de animação). Então você irá rotacionar, translacionar e orientar os ossos necessários para criar a segunda pose. Clique no botão para novamente assignar naquela posição novamente um keyframe. É importante estabelecer os aspectos principais dos movimentos amplos da pose em primeiro lugar, isto com as peças do núcleo central do corpo, uma vez que são os ossos na hierarquia que, inevitavelmente, afetarão todos os outros na cadeia. Mais tarde, uma vez que os movimentos amplos da animação

---

[12] N.R.T.: Linha de tempo, em inglês, *timeline*. É nela que os *keyframes*, também chamados de *quadros-chave*, em português, são configurados e salvos. O conceito de *keyframe* e *timeline* estão representados diretamente nos softwares de modelagem e animação, bem como dentro dos motores e na programação de componentes. Para mais informações, veja os capítulos *4.3 Física dos jogos em tempo real* e *5.2 Animação da personagem*, no Volume 2 deste livro.

estão configurados, as ações secundárias podem ser adicionadas para animar o movimento de elementos que estão junto à personagem, tais como o cabelo ou uma barba longa, realizando a sua configuração e ajuste após a rotação e o posicionamento da cabeça terem sido feitos. Às vezes, apenas configurar e compensar uma única keyframe pode adicionar muita personalidade a uma animação que de outra forma seria rígida.

Há vários detalhes que um animador deve considerar ao criar uma animação para qualquer tipo de personagem do jogo. Veja algumas recomendações úteis:

- Familiarize-se com com a estutura de gerenciamento da *timeline* e as funções de *keyframe* do seu software de animação. Estas são as bases para animar bem todos os objetos em um programa 3D.
- Pratique com uma personagem única e simples antes de trabalhar em cenas mais complexas e na configuração da personagem. O pacote do software de animação que vem com cada programa 3D pode conter alguns modelos para essa finalidade. A Internet também é uma boa fonte para os modelos.
- Os frames de início (*start*) e fim (*end*) de um movimento de *loop* devem muitas vezes ser o mesmo para as personagens do jogo. A função de copiar e colar podem estar disponíveis para o animador em seu programa de escolha. Para uma perfeita combinação, é melhor ver como a *curva de função* parece entrar e sair das keyframes, tanto no princípio como no fim de uma sequência. Conforme mostra a Figura 6.7.10, examine o *editor de curva de função* no seu programa. Aprenda a usar os controles para editar as curvas de função. A familiaridade com esse editor rapidamente traz rápidos benefícios para que o animador novato alcance um controle preciso, premitindo-lhe ajustá-las através de alças de controle e, assim, fornecendo um maior refinamento de sua animação.

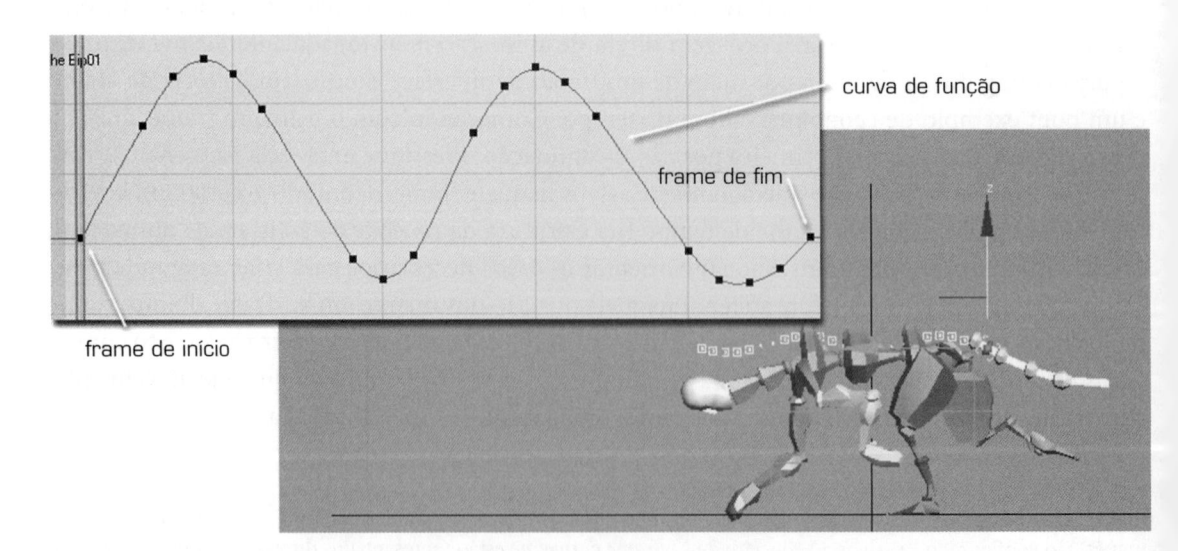

Figura 6.7.10 Uma curva de função é outra ajuda vital para a resolução de problemas e edição de modelos principais. Aqui, o movimento é expresso como uma curva de função em um gráfico.

- Com movimentos de alta frequência que se reproduzem muito rapidamente em tempo real para avaliar corretamente, ajuste a configuração de reprodução do programa, para que ele seja realizado na sequência em câmera lenta. Isso permitirá que o animador estude o caminho de movimento de cada osso para obter a fluidez desejada. Variar a velocidade de reprodução também fornece uma ideia melhor do que deveria ser o momento final do movimento antes de realmente ajustar as keyframes para afetar a sincronização do movimento.
- Alguns programas permitem salvar e carregar *clipes de animação*, até mesmo para uso em diferentes personagens. Posteriormente, você pode carregar esse clipe para substituir ou ser adicionado ao final de um clipe de animação existente. Esse tipo de arquivo é usado apenas para fundir e carregar animações e não pode ser aberto como um arquivo de cena. Ao copiar e colar modelos principais, é aconselhável ver o que está acontecendo em forma de gráfico, em uma faixa de movimento que mostra as curvas de função para os ossos animados.
- No método *pose a pose*, o movimento gerado entre as principais poses pode parecer mecânico ou truncado. Para suavizar o movimento, o animador pode adicionar *keyframes*, nos pontos em que se fizer necessário. Uma boa maneira de visualizar o caminho do movimento de cada osso é ativar a *trajetória*[13] em seu aplicativo 3D. Na Figura 6.7.11 temos a trajetória dos ossos do pescoço para o modelo do Dragão, o qual você poderá ter acesso consultando a página do livro em www.cengage.com.br.

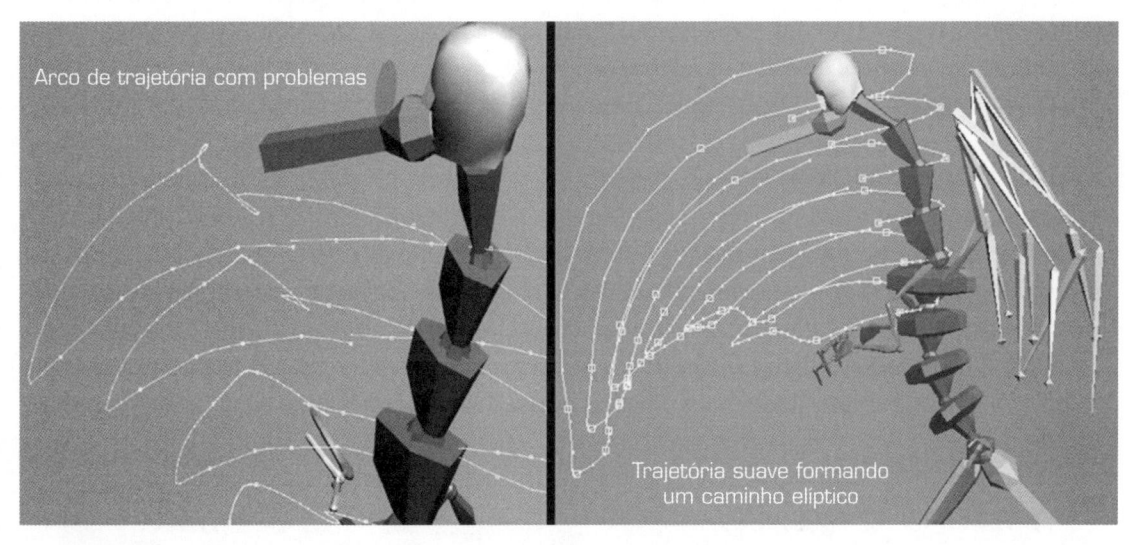

Figura 6.7.11 Exibir a trajetória de um osso mostra o padrão de movimento, bem como problemas no caminho de movimento. A imagem da esquerda mostra um acentuado movimento trucado do pescoço.

- Para uma animação mais fluida e com aparência natural, evite trajetórias de ossos que formam uma linha reta. Prefira os caminhos de movimento elíptico, como o mostrado na Figura 6.7.11b, usando o auxílio visual de trajetória.
- Evite estender muito as articulações.

---

[13] N.R.T.: As trajetórias são mostradas por caminhos (*paths*) que apresentam também as *keyframes*, como se pode observar na Figura 6.7.11.

- Evite ter pés que escorregam, se possível. Explore quaisquer características que o software pode fornecer para travar e liberar os pés e mãos em cada frame.

Nem todos os programas são similares quanto os recursos importantes que economizam tempo. Ao fazermos a seleção dos softwares de produção a serem usados para o trabalho e animação de personagem, existem certas abordagens padrão e expectativas comuns entre animadores profissionais de jogos. Por exemplo, ter a habilidade de facilmente remapear os dados de movimento de um esqueleto para outro com contagem de ossos igual ou diferente, assim como ter uma configuração diferente ou convenção de nomenclatura. O suporte para conteúdo reaproveitado pode economizar a uma equipe muito tempo e dinheiro. Salvar a pose de ligação (*bind pose*) e outra pose-chave de forma separada para uso posterior é uma outra característica importante. Animar tanto com IK quanto com FK alternadamente oferece mais liberdade de controle durante a animação. Ter um esqueleto fornecido pelo software parametricamente configurável pré-nomeado que pode assumir qualquer formato ou tamanho é um bônus. As ferramentas para travar os pés no plano do chão, anexar as mãos para adereços e objetos-metas é outro grande benefício e economia de tempo. Outros dispositivos para o movimento de ajuste dinâmico e controles de animação, como a criação de restrições articulares, vinculação de adereços, espelhamento do movimento, mudança de orientação e copiar/colar de poses, são todas características atrativas para um produtor de arte que use tecnologia ou para um artista de produção. Ao ajustarmos a sincronização de uma animação, ter acesso às curvas de função dentro de uma janela de visualização das trilhas é imperativo para um melhor controle de todas as keyframes.

› Animação facial

A animação facial de personagens no jogo é outra área de trabalho de responsabilidade do animador. Embora menos comum que o movimento do corpo, o uso de animações faciais para expressar emoções e fala com o diálogo de áudio está rapidamente se tornando um componente vital para cenas de narrativa, tanto passivas como ativas, de jogos recém-lançados. A animação facial é um trabalho meticuloso que exige muita atenção aos detalhes e uma dedicação de tempo considerável para criar e concluir. Mesmo assim, jogos ambiciosos para PC e console estão realizando um esforço extra-limites para desenvolver o melhor e o mais envolvente close-up de seus personagens principais.

Antes que um animador possa começar a criar uma personagem para animar as características faciais e expressões, ele deve primeiramente ter uma compreensão clara de como o movimento muscular pode afetar o tecido facial. O animador será capaz de simular a aparência de uma expressão desejada, se ele souber como os músculos se movem sobre o outro, qual a sua amplitude de movimento e como cada um afeta o tecido gorduroso da pele macia anexado a ele. O animador pode configurar sua estrutura subjacente de forma mais precisa, ter uma compreensão completa dos 11 principais músculos faciais que controlam as expressões faciais. Por exemplo, em um bocejo, a mandíbula abre de maneira exagerada, girando para baixo em relação ao resto da cabeça, e os músculos da face ao redor da boca aproximam os cantos da boca (nem para cima nem para baixo), com os olhos semicerrados ou fechados e sobrancelhas desenhadas. Na estruturação de uma pose situada em um *keyframe*, uma boa estrutura permitirá que o animador se concentre em mover as áreas do rosto que são essenciais para tornar essa expressão clara. O precioso tempo de experimentação não deve ser sacrificado, pois irá forçar ao animador lutar com uma estrutura abaixo da ideal. Configurar um modelo de face para a animação pode ser realizado por meio de um dos dois métodos comuns. Ambos têm suas limitações e inconvenientes técnicos na expressão da vasta gama de expressões faciais comumente necessárias para fazer uma malha de face básica parecer se emocionar. Às vezes, um animador pode contornar as limitações e até mesmo usá-las como parte do projeto.

O primeiro método é conhecido como *metamorfose (morphing)*, porque a malha básica de uma face se transforma ou a cabeça metamorfoseia em sua forma por meio da mescla entre estados ou outras *formas-alvo* (*target shapes*) do mesmo modelo. O animador deve criar uma biblioteca de poses principais ou *expressões faciais-alvo* para animar. Cada *malha-alvo* é como uma versão congelada de um estado extremo de cada expressão ou *fonema* para sincronização de lábios. O conjunto de alvos é usado pelo motor de jogo para deformar a malha básica. Em uma ordem predeterminada, ele recria a expressão facial detalhada ou aparência de voz em tempo real, por vezes em combinação com um arquivo de áudio e sons humanos. Um dos inconvenientes técnicos para a criação das malhas-alvo múltiplas é que o número e a ordem dos vértices devem ser cuidadosamente mantidos ao longo de várias versões, a fim de funcionar.

O segundo método se assemelha ao mesmo fluxo de trabalho para a criação de uma armação de corpo inteiro. O animador deve primeiro criar uma estrutura esquelética concebida para deformar a superfície do rosto, que lhe permita simular os músculos faciais subjacentes de características humanas. A Figura 6.7.12b, juntamente com a animação de exemplo *secondary_action.avi* (disponível em www.cengage.com.br, na página do livro), mostra como os gestos faciais e movimentos da boca foram criados com ossos de modelo. Para uma ampla gama de expressões, um elevado número de ossos pode ser necessário. Limitar o número de ossos que foram rotacionados, bem como os pontos do rosto que eles controlam, é uma forma de ajudar a simplificar essa tarefa assustadora.

Para usar uma armação (*rig*), para partes específicas de um rosto, como a testa, mover-se independentemente de outras partes da malha, os pontos de vértice terão de ser controlados com um único osso móvel ou um grupo de ossos. Essa técnica de deformação de malha irá mover pontos de vértices individuais ou em grupos associados a características faciais. Para fazer o rosto expressar um sorriso, uma face intrigada ou ainda um olhar de surpresa, a parte da testa da malha da face pode ser movida para criar tal expressão. Por exemplo, ao mover essas subdivisões, os ossos que controlam os pontos dos vértices acima do olho terão de ser manipulados e modelados. Para animação de jogo em tempo real, o sistema de animação utilizado para deformar a malha durante a execução do jogo compreende os ossos adicionais que são diferentes ou como adicionais ao conjunto da armação do corpo da personagem, tal como na Figura 6.7.12b

Outras considerações importantes para animação facial

- A relação entre a estrutura interna (ou seja, como está armada) e a superfície externa é um componente-chave na animação facial com ossos.
- Quando a animação facial é utilizada em um jogo, a personagem geralmente acaba sendo uma grande parte do que o público vê na tela, porque as linhas de diálogo que ouvimos são as que saem da boca da personagem, e também porque há uma vasta gama de comunicação não verbal que pode ser alcançada com expressões faciais.
- Ao blocarmos as animações para serem usadas no motor de jogo, é útil começar primeiro animando os olhos, para onde o público costuma olhar primeiro. Você pode usar um único ponto NULL para controlar o ponto de interesse e direção para onde os olhos apontam.

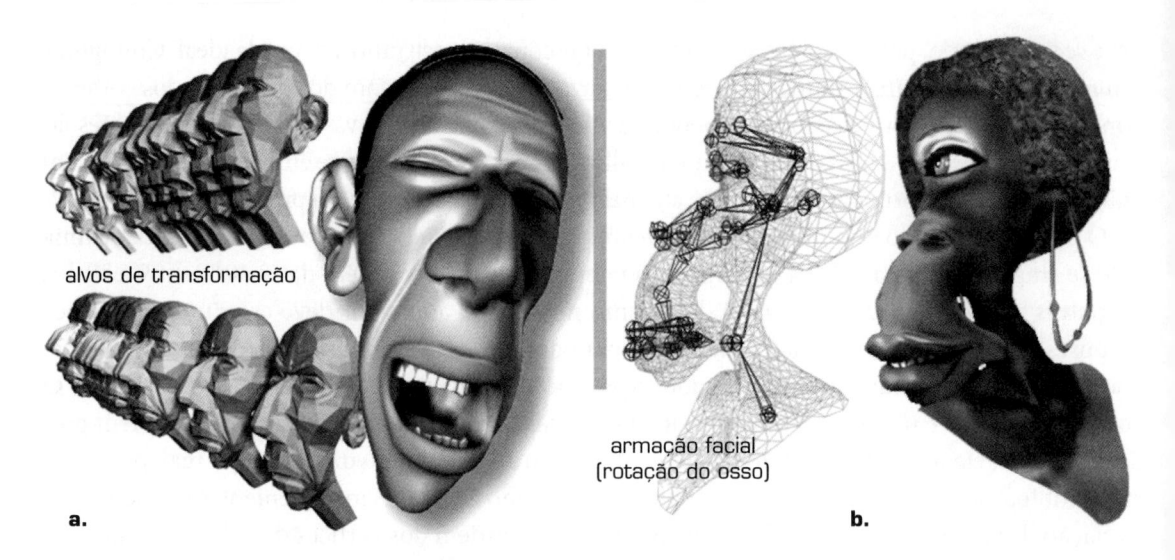

Figura 6.7.12 Dois métodos comumente usados para animar características e expressões faciais. Os modelos na imagem à esquerda são cortesia de Nick Kondo, uma animação criada por Martin Bartsch.

- Também é importante manter uma afinação diferente para cada um dos diferentes componentes principais de um rosto, como as sobrancelhas, os lábios e o nariz, as pálpebras piscando e a língua. Isso resulta frequentemente em gestos mais envolventes e em sobreposição de movimentos secundários. Além disso, animar coisas como o balançar de uma pele frouxa, separadamente, por exemplo, é uma boa maneira de transmitir o movimento secundário e uma sensação de massa.
- Ao sincronizarmos os lábios para o diálogo, é melhor nos concentrar em animar as entonações importantes, o que em geral dá melhores resultados do que animar em excesso as posições dos lábios. As posições de boca aberta e fechada são as formas mais importantes, porque são os extremos que mostram emoção.
- A animação facial é quase sempre utilizada para a personagem principal após o movimento primário do corpo ser blocado.

⟩ Captura de movimento

Outra maneira comum de proporcionar o movimento da personagem para um jogo é a utilização de dados de captura de movimento, ou *mocap*. Em contraste com a abordagem de animação manual, o *mocap* é o movimento realizado por um ator ao vivo e capturado por um sistema computacional que registra cada contração muscular, balanço e salto do performista, tudo em tempo real. Esses dados de movimento são então mapeados em um ator virtual, projetado para realizar o mesmo desempenho.

Um vídeo de uma sessão de captura de movimento está disponível em www.cengage.com.br, na página do livro, com o nome *mocapmotion.avi*. Essa abordagem para a animação muitas vezes é uma maneira rápida e precisa de começar o movimento realista em uma personagem de jogo que não seja estilo desenho animado. Tenha em mente que a expressão do movimento é apenas tão boa quanto a habilidade do artista para realizar o movimento desejado, conforme as instruções do diretor de criação. Portanto, muito pré-planejamento e boa direção são importantes para evitar a compra de arquivos de dados de movimento caros que podem exigir uma grande quantidade de retrabalho por parte de um animador da equipe de desenvolvimento, podendo até mesmo ser cortado do projeto.

Em poucos dias, a animação *mocap* pode ser gravada e preparada para uso imediato em um motor de jogo. Em contraste, pode levar uma ou mais semanas ou meses para animadores animarem manualmente uma grande quantidade de movimentos da personagem. O custo de captação desses dados pode parecer dispendioso inicialmente para um gerente de projeto consciente de custos ou um produtor desenvolvendo um jogo de baixo orçamento. No entanto, a economia no longo prazo torna-se evidente quando se compara o custo de criação de movimentos realistas e detalhados que em geral levam horas e horas para animar. A compensação no tempo economizado por esse caminho muitas vezes pode justificar o custo e o tempo de preparação. Além disso, se o projeto prevê animação que deve representar os movimentos característicos de pessoas reais ou os movimentos característicos de celebridades, como nos esportes, o *mocap* pode ser a única opção viável.

Uso apropriado e disponibilidade

Claro, o *mocap* não deve ser usado em um produto só porque é possível. Alguns gêneros de jogo podem não preferir movimentos realistas e poderão exigir uma abordagem de animação manual para melhorar o estilo de seus produtos. Por exemplo, em um jogo com um estilo de desenho animado cheio de diversão, comédia, personagens lúdicos, a animação manual dará a esses personagens capacidades que nem os humanos mais flexíveis ou atléticos possuem. No entanto, outros gêneros de jogo, inevitavelmente, precisam ter os serviços de captura de movimento, para torná-los rentáveis devido ao grande número de movimentos necessários e controle sobre o talento treinado. Um jogo orientado a esportes pode ter uma ampla gama de movimentos específicos, que exigem precisão para torná-los críveis para um público sofisticado. Um espetáculo de dança de alta frequência que apresenta grandes estilos e ritmos baseados no tempo também seria mais bem realizado por bailarinos adequadamente treinados, e não um ou mais animadores.

A maioria das empresas de jogos nos Estados Unidos não possui seu estúdio próprio de *mocap*. Consequentemente, muitos têm de enviar um líder de arte ou um diretor de arte para um estúdio de *mocap* por um a três dias para captar seus movimentos personalizados. Estúdios diferentes terão diferentes sistemas e equipamentos para capturar os dados de movimento. Há vantagens e desvantagens em cada sistema. Os líderes de desenvolvimento do jogo devem buscar e pesquisar o estúdio que melhor atenda às necessidades específicas do seu projeto e orçamento.

Existem diversos itens a se considerar ao preparar uma gravação de captura de movimentos. Apresentamos uma lista de verificação de pré-gravação, sem ordem em particular:

1. Antes de uma visita ao estúdio, prepare e envie um movimento ou lista de gravação bem planejada com uma convenção de nomeação e descrição, que pode ser facilmente compreendida pelos técnicos do estúdio. O estúdio geralmente gosta de ver isso o mais rápido possível para otimizar seu sistema para movimentos futuros. A lista de movimentos está intimamente ligada ao preço final. Quanto mais complicado é o movimento para capturar, mais tempo pode ser necessário para capturá-lo com sucesso e limpar os movimentos na pós-produção antes da entrega ao cliente.

2. Use um artista excepcional que é capaz de realizar os movimentos desejados e aberto a receber a direção (veja a Figura 6.7.13). Esses indivíduos podem cobrar mais do que o amigo ou o primo dispostos a fazer o trabalho. Não pagar o preço do profissional pode custar mais no longo prazo se os movimentos forem inferiores devido a uma execução insatisfatória.
3. Peça ao profissional que calce sapatos confortáveis e bem adequados. Os técnicos do estúdio podem colocar marcadores sobre eles, que podem potencialmente desfigurar os sapatos. Pergunte ao estúdio com antecedência.
4. Selecione um sistema de captura de movimentos e uma equipe que tenha experiência em resolução de problemas.
5. Esteja descansado para a gravação e pronto para tomar decisões rápidas e dar instruções.
6. O almoço deve ser planejado antecipadamente, para que tempo valioso não seja perdido durante o dia de gravação. Tenha certeza de que o profissional tenha muita água à sua disposição.
7. Tenha muitos adereços e objetos com os quais o profissional possa interagir durante a gravação. O peso e o tamanho adequados podem ser importantes para uma performance precisa.
8. Para movimentos muito físicos e acrobacias, peça ao estúdio para fornecer tatames e colchões. É aconselhável ter um coordenador de dublês e um paramédico de prontidão, se os movimentos puderem causar lesões corporais para o artista.
9. Antes da captura começar, seja claro sobre as instruções para o método e cronograma de apresentação dos movimentos aprovados. A pessoa que paga pelo movimento nunca sai do estúdio com os dados capturados prontos para usar. Conceda a equipe pelo menos alguns dias antes de esperar o primeiro lote de arquivos processados de movimento.

Figura 6.7.13 Ter um artista excepcional para o trabalho e escolher o sistema de *mocap* adequado são pontos importantes para produzir os resultados adequados.

⟩ Animação de simulação

Com aplicações 3D de hoje, outra maneira de criar animação realista com um artista 3D ou animador é criar simulações que realizam efeitos do mundo real e depois gravar a animação resultante dos objetos afetados. Esses sistemas podem criar o efeito de vento que sopra as partículas ao redor para criar fogo, fumaça ou cachoeiras. Um artista pode criar uma simulação de colisão com física que pode quebrar uma parede em partes menores por ter um objeto separado atirado contra ela. Mesmo pano ou cabelos em movimento podem ser simulados para reprodução em tempo real em um jogo. Uma pessoa caindo, uma bola quicando ou até mesmo um carro deslizante podem ser simulados usando um software bem desenvolvido e plug-ins que oferecem diferentes sistemas de simulação de física. Estes podem impor uma certa curva de aprendizado para dominar as muitas variações sutis em suas configurações. Como a captura de movimento, definitivamente vale a recompensa em credibilidade ao produzir resultados complexos e convincentes. Além disso, a suspensão da descrença é o que ajuda a vender uma experiência interativa 3D.

⟫ Resumo

O escopo do trabalho que se espera que um artista ou animador da indústria contribua em um projeto varia amplamente. Para o trabalho de personagens e animação especificamente, neste capítulo discutimos as muitas facetas da linha de produção. Ela envolve planejamento, modelagem, texturização, montagem com ponderação de vértice, animação do corpo e rosto com *keyframes*, captura de movimento ou simulação de física. A animação é uma tarefa difícil, não pense o contrário. Como o escopo do projeto e a complexidade dos ambientes continuam a aumentar para os jogos interativos, o volume e a variedade de habitantes virtuais também continuam a aumentar. Aprender os passos recomendados do fluxo de trabalho e as abordagens para a criação e a animação desse elenco crescente de atores digitais ajudará a garantir um trabalho mais gratificante para a equipe de arte e animação. Com isso, ferramentas mais recentes terão de ser aprendidas e dominadas para competir em todos os níveis.

    A paciência e a devoção de um animador experiente continuarão a ser desafiadas enquanto ele aprende o uso de ferramentas profissionais e métodos avançados para fazer os avatares do jogador e as personagens não jogáveis realizarem fantásticas performances. No entanto, tornar-se confortável com o software ainda é apenas uma parte menor da exigência de trabalho e a base de conhecimento que um animador de sucesso deve ter. Como uma profissão, ainda há muito a saber sobre animação artística para a criação de movimentos excepcionais que sejam adequados. Uma animação convincente e fluida é difícil de criar, exigindo uma compreensão de ambas as ferramentas à mão, bem como das artes da performance. Com tempo suficiente e determinação, o movimento convincente pode ser alcançado. Uma vez que o animador compreende os princípios para animar personagens verossímeis discutidos aqui, e com outras fontes, ele pode ser utilizado com o conhecimento adquirido para animar qualquer outro objeto.

Exercícios

Movimentos de personagem animados manualmente para um jogo em tempo real

A seguir está uma lista típica de especificações comuns para jogos em primeira e terceira pessoa. Começa com uma relação de movimentos que podem ser usados como um guia para a criação de um conjunto básico de movimentos da personagem para um PC interativo ou jogo de console. Uma personagem principal em um jogo pode facilmente ter requisitos que excedem esse número de movimentos. Outros personagens podem começar por aqui ou possuírem alguns movimentos especializados que justificam o seu único propósito em um jogo.

Um modelo de dragão completo com texturas está disponível na página do livro em www.cengage.com.br. Esse modelo está nos formatos de arquivo .dxf, .3ds, .max (versão 6). O arquivo *dragonMax6.max* também dispõe de um conjunto de movimentos. Os movimentos também podem ser visualizados no arquivo de filme *dragon.mov*. Com esse conjunto de movimentos de exemplo para orientar o animador, ele deve tentar criar um conjunto de sua autoria. Para o propósito de aprender a criar uma armação personalizada para esse modelo, os arquivos *dragon_mesh.3ds* e *dragon_mesh.dxf* não têm dados de keyframe.

Especificações técnicas

1. O artista responsável por montar uma personagem deve saber a escala desejada de cada personagem em particular em relação a outro com antecedência, de modo que a altura total do esqueleto possa ser estabelecida antes de ligar a malha a ele. O artista pode utilizar qualquer método disponível para ligar a malha ao esqueleto, mas deve tentar criar apenas vértices rígidos no processo e evitar usar ou criar o que são denominados "vértices deformáveis".
2. Deve-se estabelecer a orientação correta para todas as personagens antes de animar. O código do jogo irá exigir isso para todas as personagens de modo que estejam na direção certa no jogo.
3. Todas as personagens devem ter um conjunto de movimentos, como os apresentados na seguinte lista de movimentos:
   a. Um ciclo de *caminhada* em loop
   b. Um ciclo de *corrida* em loop
   c. Um ciclo de *ataque* ao oponente
   d. Um ciclo *idle (desocupado)* ou inquieto – para ser usado enquanto em pé no lugar e esperando
   e. Uma sequência de *morte* (morte não prolongada)
   f. Um ciclo de *insulto* parado no mesmo lugar

   Além desse conjunto de movimentos, variações diferentes de *ataque*, *idle* e/ou *morte* podem ser exigidas pela personagem. Veja as especificações do jogo.
4. As animações podem ser construídas e armazenadas dentro de um arquivo de cena única, ou podem ser criadas em arquivos de cena independentes. Se separadas independentemente em seus próprios arquivos individuais para exportação, cada animação deverá ter uma base comum no frame 0 para cada arquivo. Modelos principais de animação podem começar em qualquer frame depois.
5. Deve-se testar os valores de peso dos vértices de todas as animações em relação a todos os movimentos personalizados para a personagem antes de finalizá-las e as enviar. Movimentos

mantidos em arquivos separados não precisam ter a mesma versão final da personagem com os valores finais de peso dos vértices. Contudo, o arquivo com os pesos corretos dos vértices devem ser identificados para exportação da malha da personagem.

6. Deve-se criar todas as animações com uma configuração de reprodução de 30 frames por segundo.
7. Todos os movimentos cíclicos em *loop* devem reproduzir perfeitamente, sem solavancos aparentes (movimentos truncados) ou pausa rápida. Ciclos de caminhada devem ter uma taxa consistente de viagem em uma direção reta sem deslizar os pés plantados. Sugestão: crie a caminhada ou corrida com a translação para a frente para garantir o plantar adequado dos pés, e depois remova os keyframes do movimento de avanço da raiz (geralmente no eixo Z) antes de finalizá-la.
8. Nenhuma sequência de movimento deve ter a personagem atravessando o chão em qualquer direção, pois ela se moveu para longe de seu local original.
9. Todas as animações que implicam interação com outro oponente presumem que o oponente esteja imediatamente na frente da personagem.
10. Se estiver concebendo um movimento que envolve o uso de um adereço ou acessório[14] enquanto "interage" com um adversário – como uma espada para combate corpo a corpo ou um dispositivo que carrega a personagem como uma bicicleta ou carrinho de bebê –, tenha certeza de que tenha um adereço de exemplo para trabalhar antes de criar a animação. Pode ser um adereço de reserva que represente a escala e o volume final do objeto na pior das hipóteses para a personagem (como a maior espada). Com isso você irá assegurar a rotação adequada do braço e a orientação da arma em relação ao terreno plano. No que diz respeito a uma bicicleta, por exemplo, a posição vertical correta do plano pode ser estabelecida com o objeto no lugar.
11. Devido ao possível ângulo de 360 graus de visualização de todas as personagens, certifique-se de que nenhuma das partes do corpo ou dos adereços aparentemente penetrem em outras partes do corpo da personagem. Da mesma forma, evite que o pé penetre no terreno plano.

Referências

[Besen08] Besen, Ellen, and Hallett, Bryce, *Animation Unleashed: 100 Principles Every Animator, Comic Book Writers, Filmmakers, Video Artist, and Game Developer Should Know*, Michael Wiese Productions, 2008.

[Kalwick06] Fleming, Bill, *Animating Facial Features & Expressions, Second Edition*, Charles River Media, 2006.

[Pagan02] Pagan, Tito, "Rigging Beyond Bipeds", *Game Developer Magazine* (November 2001): p. 23–34.

[Williams02] Williams, Richard, *The Animator's Survival Kit*, Faber and Faber Limited, 2002.

---

[14] N.R.T.: Na linguagem da comunidade de trabalho 3D, todos esses elementos-objetos de uso das personagens são designados pelo termo inglês *prop*.

6.8 Cinematografia

Neste capítulo

- Visão geral
- Definindo cinemática para jogos
- Integrando cinemática nos jogos
- Considerações técnicas
- A linguagem cinemática
- Planejamento e pré-produção
- Práticas de produção
- Resumo
- Exercícios
- Referências

› Visão geral

Em 1983, um desenho animado interativo chamado *Dragon's Lair* apareceu nos fliperamas, oferecendo a primeira visão e inspiração para trazer a experiência cinematográfica para o mundo dos videogames. É apropriado que esse primeiro exemplo tenha tomado de empréstimo uma tecnologia não linear da indústria de cinema e vídeo, o laser disc, e tenha enxertado uma interface de videogame na tela para controlar a experiência. Passaria mais uma década até *Doom* aparecer e os jogadores verem as primeiras imagens que sugerem a possibilidade de criar uma experiência cinematográfica em tempo real.

Como a computação gráfica passou a dominar muitos aspectos da produção dos filmes, grande parte da tecnologia de suporte a computadores de alta potência para a indústria cinematográfica espalhou-se, propiciando a tecnologia relacionada à indústria de jogos de computador. Essa polinização da indústria cinematográfica vai além da tecnologia, incluindo influências culturais, e são essas influências culturais que têm impulsionado os desenvolvedores de jogos a tentar trazer a experiência cinematográfica para seu trabalho.

› Definindo cinemática para jogos

No início do processo de concepção do design do jogo, é importante decidir se e como a cinemática será utilizada. Se a cinemática não está integrada ao projeto como parte da jogabilidade (por exemplo, para fazer a história progredir), você deveria considerar seriamente sua eliminação ou, pelo menos, relegá-la a um pequeno papel fora da jogabilidade. Seu documento de design deve ser tão específico sobre a motivação para cada cinemática ou *cut-scene*[1] como ele é para cada nível ou elemento de jogo. Isso vai ajudar o desenvolvimento do design do jogo e auxiliará o time a manter o escopo do projeto desde o início.

A linguagem do cinema

Se após você organizar a sequência de imagens e ações em um conjunto de uma sequência cinemática, você introduzir um conjunto adicional de elementos visuais, que eventualmente não sejam habilmente construídos, perceba que eles terão o poder de confundir o espectador e, assim, interromper o fluxo da experiência de jogo. Felizmente, para aqueles que possuem a tarefa de criar sequências cinemáticas para jogos, a história do cinema traz consigo uma riqueza de conhecimentos sobre a linguagem e as regras de fazer filmes.

Em 1895, quando Auguste e Louis Lumière projetaram pela primeira vez o *Arrival of a Train at La Ciotat Station*[2] (filme de um trem chegando a uma estação em direção à câmera), a história registra que o público pulou de medo do trem vindo em sua direção na tela. A primeira impressão sugeria o poder emocional do novo meio.

Não demorou muito para que a narrativa entrasse no meio com o filme de 1902, *Le Voyage dans la Lune*[3] (Viagem à Lua), de Georges Méliès. O Filme de Méliès até mesmo usava efeitos especiais para completar a imagem do mundo ficcional, e ele é considerado um pioneiro dos efeitos especiais. No entanto, o avanço real no cinema surgiu com os filmes de D.W. Griffith. Foi Griffith quem primeiro expandiu a linguagem cinematográfica por meio do uso de sofisticadas técnicas de edição. A linguagem cinematográfica que emergiu da era do cinema mudo era totalmente dependente da imagem visual. Para o artista, a concepção e construção de cenas para jogos, a capacidade de entregar a mensagem sem muito diálogo, irá liberar seus recursos e reduzir ou eliminar algumas das maiores dores de cabeça na produção de animações.

---

[1] N.R.T.: O termo cinemática relaciona-se diretamente aos outros dois termos utilizados no capítulo: *cut-scene* e *maquinima*. *Cut-scene* é o correspondente ao *plano* ou *cena* na linguagem do cinema, na tradução para o português. Nos jogos, a *cut-scene* designa uma dada sequência animada em um jogo sobre a qual o jogador tem nenhum ou pouco controle, às vezes interrompendo a jogabilidade e sendo muitas vezes empregada para os momentos de troca de fase ou preparação dramática. *Cut-scene* tem a finalidade de fazer a história progredir em direção aos seus pontos-chaves, reforçar o desenvolvimento da personagem principal, introduzir outras personagens contextualizando-as, providenciar informações de fundo, atmosfera, diálogo, ou pistas. Quando sequências de cenas são animadas utilizando-se o próprio motor de jogo para controlar seus movimentos, elas são definidas como puros *maquinimas*; quando são renderizadas e gravadas em vídeos que são usados durante o jogo, elas são pensadas simplesmente como *cut-scenes*. Já o termo *maquinima* tem sido pensado mais atualmente em duas vertentes que o diferencia mais ainda do de *cut-scene*. Em primeiro lugar, e de modo mais central e técnico, o conceito de maquinima faz parte da ideia central da cinemática em jogos como explica o autor mais adiante, que consiste em usar o motor de jogo para animar sequências de cinemática. Em segundo lugar, e de forma muito instrutiva e comunicacional, a ideia de maquinima também aparece nos vídeos de jogabilidade gravados pela comunidade de fãs e postados em sites, como o YouTube e nas sequências que são animadas dentro dos motores de jogos e renderizadas em vídeos para a divulgação dos jogos, tais como os apresentados nos sites de divulgação www.machinima.com e, no Brasil, no www.machinimasbrasil.com.

[2] N.R.T.: Você pode ver esse filme disponibilizado hoje publicamente no YouTube: http://www.youtube.com/watch?v=1dgLEDdFddk.

[3] N.R.T.: Esse clássico de Méliès foi produzido e vendido em duas versões, uma em preto e branco e outra colorizada. Uma versão completa dele pode ser visualizada no YouTube pelo link: http://www.youtube.com/watch?v=vZV-t3KzTpw.

Entregando emoção

O diretor de cinema Samuel Fuller comentou certa vez que a indústria cinematográfica não vende roupas ou carros ou madeira, mas sim, "emoção". O comentário de Fuller aponta para o propósito fundamental do cinema, que se traduz igualmente aos jogos. Mesmo uma simples sequência de vitória, mostrada após concluir com sucesso um nível em um puzzle, proporciona uma narrativa emocional, reforçando a realização e aumentando a excitação. Ao longo deste capítulo, a arte da criação de cinemáticas para jogos vai recorrer à linguagem do cinema, mas há uma diferença--chave entre usar a sequência cinematográfica em um jogo e no meio da narrativa fílmica. Nos jogos, as sequências cinemáticas são, em primeiro lugar, elementos do jogo, e a jogabilidade tem seu próprio conjunto de regras totalmente independente das que regem a narrativa linear fílmica.

> Integrando cinemática nos jogos

Entender que o propósito artístico da cinemática no jogo é guiar ou aprimorar o estado emocional do jogador permite-lhe explorar as funções específicas que essas sequências têm nos jogos. Quase todo jogo apresenta algum tipo de sequência cinemática não interativa. Estas podem variar desde o mais básico brilho de fogos de artifício, anunciando sua conclusão com êxito de um nível em um puzzle, como em *Peggle*, até as sequências elaboradas cheias de ação e drama dos filmes encontrados nos jogos como *Metal Gear Solid 4*, em que a cinemática é totalmente integrada à experiência de jogo.

Oferecendo uma recompensa: a cena original

O tipo mais básico de cinemática é a sequência clássica de vitória. Isso pode ser inclusive uma apresentação gráfica chamativa, dado que ela pode ser tão simples como as peças remanescentes de um puzzle dançando na parte inferior da tela, seguindo em direção ao próximo nível e, configurando-se diante dos seus olhos. Obviamente, o exemplo simples do puzzle não requer muita arte extra ou esforço. Muitas vezes, essas sequências podem ser tratadas por meio de programação ou simples *scripts* escritos dentro do design de nível do motor do jogo. Para a maior parte, essas sequências usam o motor de jogo para mostrar recursos no jogo em uma sequência criada especificamente como um "ponto de exclamação" climático no final de uma seção de jogo.

No entanto, esses tipos de sequência podem ser muito mais elaborados. Por exemplo, se há um personagem associado com o jogador, você pode querer mostrar aquele personagem expressando satisfação. Os segmentos entre os níveis podem exibir novos poderes adquiridos ou novos perigos que estão à frente. O outro lado do segmento de vitória é a animação de derrota. Essas animações de derrota podem mostrar uma simples mensagem de "tente novamente" ou serem ilustrações mais elaboradas de poderes perdidos ou consequências do fracasso.

Ritmo

O ritmo desempenha um papel muito importante nas *cut-scenes*. Por exemplo, você pode usar a cena para preparar o jogador para um jogo com um ritmo mais acelerado ao sinalizar que uma situação perigosa irrompeu logo à frente. Por outro lado, as cenas podem fornecer aos jogadores uma pausa entre os níveis, enquanto eles se preparam para o próximo ataque. As simples *cut-scenes* de jogos de puzzle, já citadas anteriormente como recompensas, também são usadas para permitir que os jogadores reestruturem o seu foco e energia para o próximo desafio. Todo jogador aprecia um momento para dar um descanso ao seu polegar e ao dedo indicador.

Avançando na trama: introduções, finais e história de fundo

Desde os primórdios das sequências de introdução de quatro minutos, os designers de jogos tornaram-se cada vez mais hábeis em igualar a introdução e as *cut-scenes*, transformando-as em segmentos digeríveis que não interferem muito na jogabilidade. Se existe um lugar onde a cinemática pode parar um jogo é quando utilizada na criação de uma história de fundo ou para direcionar a trama. Utilizada de forma eficaz para esse fim, tem o potencial de dar ao seu universo de jogo um impulso na credibilidade, mas esses tipos de animações podem ser dispendiosos e trabalhosos de produzir. Mais importante, colocam os jogadores em um papel passivo com o qual podem se tornar impacientes. Ao contrário de ir ao cinema em que o espectador escolhe exercer um papel passivo, uma pessoa que opta por um jogo irá querer jogar de forma interativa. Não há regras rígidas sobre qual pode ser o tamanho dessas sequências antes de começar a interatividade, mas é melhor errar em geral no lado mais curto. Além disso, se você tem um projeto flexível, faça ajustes e testes que poderão revelar problemas de fluxo de jogo.

Dicas, pistas e instrução

Sequências cinemáticas são uma ótima maneira de ensinar ao jogador os elementos importantes ou sutis do jogo. Como em toda a cinemática, é importante que fluam bem, conjuntamente com a jogabilidade. Portanto, planeje suas dicas com o ritmo do jogo em mente, criando um clima ou avançando a trama. Usando essa técnica, é fundamental que informações importantes não sejam enterradas no meio de uma longa sequência de adereços. Muitos jogadores frustram-se com sequências cinemáticas frequentes ou longas, então planeje as *cut-scenes* com o ritmo do jogo em mente.

> Considerações técnicas

Uma vez que o papel e o escopo de qualquer sequência cinemática foram claramente definidos, o designer de cinemática deve, então, determinar como a integração do jogo será realizada. Existem várias questões técnicas essenciais a considerar antes de fazer qualquer trabalho sobre a concepção das suas *cut-scenes*.

Pré-renderizado *versus* em jogo

A questão logística mais importante é como as sequências de cenas serão executadas. Todos os aspectos da produção de cinemática, do roteiro até a embalagem final do produto, serão afetados pela decisão fundamental de saber se você vai criar essas sequências para executá-las de forma independente do motor de jogo, ou criá-las como sequências de tempo de execução a serem renderizadas " em tempo real" pelo motor de jogo.

Pré-renderizando cinemáticas

No início de 1990, quando o primeiro software de animação 3D de baixo custo foi lançado, os motores de jogo 3D somente podiam renderizar para a tela algo muito mais primitivo do que era capaz ser mostrado em um arquivo de animação pré-renderizada. Mesmo hoje, com um conjunto completo das mais recentes ferramentas de animação 3D e pós-produção, a abordagem pré-renderizada ainda tem uma vantagem, mas a diferença está diminuindo rapidamente. Grandes avanços têm sido feitos com a última geração de placas gráficas e motores 3D de jogos. As justificativas para a cinemática visual pré-renderizada estão desaparecendo rapidamente.

No entanto, outras vantagens da abordagem pré-renderizada não estão diretamente relacionadas com o aspecto final. Com gráficos pré-renderizados, a produção cinemática pode começar imediatamente, pois oferece maior flexibilidade na programação e pode ajudar a garantir que as cinemáticas não comprometam os marcos críticos perto do final do projeto. Além disso, alguns tipos de jogos, como o jogos com visão a partir de uma *câmera isométrica*[4] ou jogos de *side-scrolling*[5], não funcionam bem com cinemáticas dentro do jogo. Embora esses jogos possam utilizar arte 3D na geração de recursos finais, a arte em geral não é configurada para ser vista de perto. Pode ser possível utilizar alguns dos elementos 3D criados para esses jogos, mas com toda a probabilidade, esses objetos vão precisar de algum trabalho de detalhe adicional para serem usados em uma sequência cinemática pré-renderizada.

Infelizmente, a cinemática pré-renderizada vem com seu próprio conjunto de desvantagens. É muito comum que os recursos utilizados para essas cinemáticas tenham de ser criados especificamente para esse fim. Pode ser possível partilhar alguns dos modelos e animações com o motor de jogo, a fim de diminuir a carga de trabalho, mas provavelmente precisaremos ter uma equipe de criação de elementos únicos para essas produções. Outra desvantagem é o tempo de acesso ao reproduzir uma cinemática de uma mídia em disco ou disco rígido. Por esse motivo, é comum colocar as cinemáticas mais envolvidas nas transições entre os níveis onde o acesso ao dispositivo já está ocorrendo e, portanto, a pausa será menos prejudicial para o jogo.

Maquinima

Usar um motor de jogo para renderizar as sequências cinemáticas, método chamado *mechinima* (também referido como *machinima*)[6], em português, *maquinima*, devido à sua dependência no motor de jogo, é realmente a técnica original de cinemática utilizada em jogos. Uma forma rudimentar de *maquinima* é muitas vezes vista no "modo de demonstração" que a maioria dos jogos exibe quando são deixados em execução na tela de título ou nos quiosques da loja. Muitas cinemáticas antigas não eram nada mais do que sequências não interativas construídas a partir de elementos de jogo preexistentes e roteirizados para serem executados dentro do motor de jogo.

Uma forma popular de *maquinima* é o replay[7], muito visto em jogos de esportes e corrida. A beleza das animações do replay é que o jogador faz o roteiro de seu próprio vídeo, com o motor de jogo adicionando o trabalho de câmera elaborado com base em um conjunto de regras e princípios

---

[4] N.R.T.: A *câmera isométrica*, também chamada muitas vezes de *câmera ¾*. Vide nota 1, do Capítulo 6.6 *Iluminação*, no presente volume.

[5] N.R.T.: O termo *side-scrollers* também é traduzido e referido como *rolagem lateral da tela*. Vide nota 1, do Capítulo 6.3 *Ambientes 3D*, no presente volume.

[6] N.R.T.: O termo *machinima* ou *mechinima* é geralmente usado pela comunidade de língua portuguesa como *machinima*. Trata-se de um neologismo que se baseia em uma metáfora que condensa os significados de *máquina (machine)* e *animação (animation)*. Como ambas as raízes derivam do grego, a sua versão para o português é óbvia e pode ser empregada como *maquinima*. Veja a nota 1, do presente capítulo, que se foca na desambiguação do termo.

[7] N.R.T.: O termo *replay* possui dois sentidos, o de *tocar novamente* e o de *reproduzir pelo motor o ocorrido na jogabilidade imediata*. É esse o sentido ao qual o autor nos remete aqui: uma *reprise* do vivido no jogo pelo jogador. Ambos os termos foram dicionarizados pelo Houaiss (2007-2010) e, em linhas gerais, dizem o mesmo.

cinemáticos. Uma vez que o jogador normalmente não controla o replay, animações ou efeitos especiais podem ser criados especificamente para melhorar essas sequências. Um bom exemplo é o jogo de corrida da Microsoft, *RalliSport Challenge*, em que o replay no curso do Saara poderia mostrar uma manada de zebras correndo perto da pista como se tivessem se assustado com o carro, um detalhe que não está presente durante a corrida. Este e outros *toques* cinemáticos[8] ajudam a criar o visual de um replay de canal de esportes familiar para quem já assistiu a eventos semelhantes na televisão[9].

Ferramentas

Uma parte importante de toda a produção é ter as ferramentas corretas. Para a *cinemática pré-renderizada*, as ferramentas são as mesmas que um pequeno estúdio de vídeo ou uma empresa de pós-produção podem ter para a criação de animação 3D. Os instrumentos principais são um pacote de arte 2D, como o Adobe Photoshop, um pacote de animação 3D, como o Autodesk 3ds Max ou Autodesk Maya, e uma ferramenta de composição, como o Autodesk Combustion e Adobe After Effects. Por último, será necessária a adição de um sistema de edição não linear para a edição final e juntar a imagem e o som.

Para cinemáticas de maquinima, as ferramentas necessárias podem não existir no início do projeto. É crítico que se determine esse aspecto no início do projeto para que as ferramentas possam então ser construídas. Idealmente, a um programador pode ser atribuída a tarefa de trabalhar com o artista de cinemática para chegar a um método para roteirizar a ação, a criação de enquadramento de câmera e movimentos, e mesmo edição de *script* entre múltiplas câmeras. Para exportar níveis diretamente de um programa de animação 3D de terceiros (como os citados acima), a abordagem mais simples é adicionar o reconhecimento pelo motor da funcionalidade da câmera e edição de marca de seu exportador (o código de plug-in personalizado que converte a informação de ferramenta nativa em informações específicas para o motor do jogo). Muitos desses programas permitem que as notas sejam inscritas em frames específicos de animação (como apontamentos ou marcas). Essas notas podem ser usadas para adicionar uma grande variedade de marcas de informação específicas do frame que o motor de jogo poderá utilizar para a reprodução.

Cronograma

Mesmo se você determinar a abordagem ideal para a integração de cinemáticas de jogo, as produções cinemáticas estão repletas de surpresas técnicas. As considerações de cronograma mais importantes são puramente comparações de custo/benefício nas quais pesam o custo do tempo em relação ao valor estético à cinemática e jogo. A seguir, apresentamos algumas variáveis que devem ser levadas em conta:

Animação difícil: Muitos tipos de animação são difíceis de serem obtidas corretamente e devem ser evitadas. Se você precisar usar uma animação complexa, projete as sequências usando

---

[8] N.R.T.: Aqui seríamos tentados a dizer *cinematográficos*, mas se trata de puro processamento dentro do motor de jogo e dentro de uma ideia de cinemática como a abordada pelo autor.
[9] N.R.T: Em função de uma cultura televisiva, com os jogos transmitidos, e fílmica, com o extinto Canal 100, o uso do termo *replay* já pressupõe o uso do *slowmotion* (a *câmera lenta*).

trechos correspondentes de animações que fazem parte da interatividade do jogo. Tal procedimento pode ser muito adequado para alavancar os recursos alocados para a jogabilidade.

Animação completa de personagem: Se você puder realizar uma animação de caminhada ou corrida com um enquadramento médio que não mostre a parte inferior do corpo, você poderá ter o ponto de vista desejado na cena utilizando apenas metade da animação[10]. A animação da parte inferior do corpo, particularmente quando se tenta manter o contato entre o pé e o chão, pode ser tediosa e demorada.

Enquadramentos de close: Quanto mais próxima a câmera chegar dos objetos na cena, maior o nível de detalhe que será necessário aplicar aos modelos, texturas e animação. Quaisquer elementos que só aparecem por um tempo breve na tela provavelmente deverão ser construídos tendo o cuidado de evitar a necessidade de detalhes excessivos.

Detalhe não essencial: Determinar que detalhes são essenciais pode ser tão simples como a eliminação do couro do sapato; essas ações não essenciais, como ir de um lugar para outro, quando ou como você chega lá, não são importantes. No entanto, decisões subjetivas podem ser mais difíceis, por exemplo, determinar quais detalhes não são suficientemente importantes para serem mantidos e conduzidos ao longo do jogo.

⟩ A linguagem cinemática

Uma vez que as sequências cinemáticas foram integradas no design geral do jogo e determinou-se o uso de uma abordagem pré-renderizada ou em tempo real, é hora de avançar para o estágio de pré-produção e compreender alguns dos fundamentos da linguagem cinemática[11]. No entanto, não se esqueça de que a criação de sequências claras e compreensíveis de cinemática envolve um conjunto complexo de habilidades de comunicação visual, além dos fundamentos da composição e forma familiares ao artista visual.

Enquadramento

Os fundamentos da composição ainda são válidos dentro da ideia de enquadramento cinemático, mas a adição de movimento como elemento de composição traz consigo o potencial para arranjos, de longe, muito mais complexos. Com a criação de estruturas de composição que evoluem, podemos ilustrar as ideias que só podem ser expressas por meio do movimento e mudança[12].

Um estudo detalhado da composição cinemática exigiria um livro inteiro, e já existem várias boas obras disponíveis sobre o assunto [AFI92, VanSijll05]. O importante aqui é estabelecer uma linguagem comum para expressar seus projetos cinemáticos usando uma terminologia universal.

---

[10] N.R.T.: Ou seja, animando somente os ossos que estão acima da cintura da personagem. Alguns motores usam esse procedimento por regra padrão de renderização de ossos e animações, em que somente renderizam o que estiver dentro do campo do simples recorte do volume de visão da câmera.

[11] N.R.T.: É importante observar que o autor usa o termo *cinematic*, em vez de *cinematographic*. Entretanto, é igualmente importante observar que a *linguagem* e os conceitos aos quais ele se refere foram produzidos, pensados e repensados por mais de uma centena de anos de experiência fílmica. A diferença aqui decorre do fato de que esse processo como um todo se dá em um novo meio, com outros recursos acrescidos aos anteriores e uma forma de pensar e fazer que se difere daquela consagrada pelo cinema.

[12] N.R.T.: Enquanto no cinema nós narramos com o corte, no jogo, por outro lado, parte do processo do narrar se dá pelo *movimento* e *transformação*.

A partir do *primeiríssimo plano* ao plano geral[13], cada variação na elaboração acarreta um impacto emocional diferente e um conjunto diferente de ações que podem ser capturadas adequadamente. Em um filme, todos os enquadramentos são considerados ao projetarmos a sequência final. No entanto, nas cinemáticas de jogo, cada mudança no enquadramento abre a possibilidade de o enquadramento revelar detalhes que ainda não existem nos modelos das personagens, bem como texturas, iluminação ou outros elementos do ambiente. O *primeiríssimo plano*, por exemplo, é usado no cinema para criar uma intimidade com a personagem, ao passo que o mesmo enquadramento de uma personagem do jogo pode revelar a simplicidade e pobreza do modelo ou textura, mostrando suas falhas, e não a emoção que estamos tentando transmitir.

Movimento: ação e direção dentro de um frame

Compreender como usar o movimento e a ação para contar uma história cinematicamente é um ofício que requer um estudo aprofundado e prática. Na tela, o movimento pode, por vezes, transmitir um significado, como assistir a uma personagem executar uma ação significativa ou reagir a um evento significativo, mas em um nível puramente visual também se torna parte da estrutura composicional. Para controlarmos a emoção e o significado dentro de uma cena cinemática, precisamos ter controle sobre como a nossa personagem no jogo se move e interage com o ambiente e outras personagens em cena[14].

É importante estarmos ciente de que o movimento trabalha tanto em um nível bidimensional como tridimensional. No nível mais básico, estamos sempre trabalhando em um meio bidimensional. Como criador de cinemática, sua compreensão da cena pode ser facilmente reproduzida em desenhos devido a seu detalhado conhecimento do layout 3D. Ao realizar um storyboard da sua cena você irá ajudar a criar composições bidimensionais dinâmicas que irão lhe forçar a pensar em duas dimensões antes de ter uma cena para colocar uma câmera 3D dentro. À medida em que você fica mais experiente, irá aprender a ver em duas dimensões por meio da lente da câmera tridimensional, mas essa é uma habilidade que é surpreendentemente difícil de ser alcançada sem treinamento.

Como ponto de um estudo mais aprofundado sobre o que pode ser alcançado em termos de composição, é útil observar os filmes de Akira Kurosawa. Kurosawa é um diretor que levou à utilização de foco profundo, uma técnica de filme em que tudo, desde o primeiro plano até o fundo, está em foco, ao mesmo tempo. A maestria de Kurosawa sobre a composição usando essa técnica apresenta alguns dos exemplos mais dinâmicos de composições sofisticadas do cinema.

Edição: criando uma experiência perfeita

No nascimento do cinema como uma forma de expressão, os primeiros filmes eram tomadas de várias ações ou indivíduos. De acordo com os registros da época, os cineastas iniciais pensaram que o público ficaria totalmente perdido se o filme cortasse para a mesma cena a partir de um ângulo

---

[13] N.R.T.: Em uma versão temos: *primeiríssimo plano, extreme close-up; primeiro plano, close-up* e *plano geral, long shot*. Uma forma de se entender essa questão da linguagem, tanto nos jogos como no cinema, se dá pela organização dos planos em *planos poéticos e planos dramáticos*. Enquanto os *planos poéticos* trabalham o ambiente e o *sentimento de estar no mundo*, os *planos dramáticos* se focam na expressividade, geralmente colocada na personagem.

[14] N.R.T.: Trata-se aqui de um conceito-chave que, em uma linguagem fílmica, se expressaria pelo controle inter do ritmo da cena.

diferente[15]. Não demorou muito para que diretores como D.W. Griffith fossem rapidamente ultrapassando os limites da edição freneticamente, para além de seus predecessores. Muitos dos principais diretores de hoje ainda creditam Griffith por ter lançado os alicerces para o cinema moderno.

O elemento principal para a criação de cortes ou transições entre as cenas é manter a continuidade espacial. Uma regra comum envolve o que é chamado de *eixo*[16]. Ele, o *eixo*, é o ponto de referência mais importante para ajudar a honrar as relações espaciais de suas personagens ou temas. Ele se refere a uma linha imaginária que corre entre o quadro à esquerda e o quadro à direita do tema em desenvolvimento. Por exemplo, em uma cena de duas câmeras com dois personagens sentados em uma mesa, o eixo da cena passa de uma personagem para outra. Você não gostaria de cortar entre câmeras colocadas em lados opostos do eixo – escolha apenas um lado do eixo para colocar as câmeras. Se você quebrar o eixo, com seus cortes de câmera, a personagem vai parecer pular para o lado oposto do quadro da cena. Se a regra for seguida, visualmente as duas personagens vão sempre manter suas posições relativas na tela e o público não confundirá as personagens. Assim, cortando entre duas câmeras posicionadas no mesmo lado do eixo, a ação será suave, e o foco permanecerá na ação, não no corte.

Essa construção simples pode ser extrapolada para trabalhar com problemas muito complexos, como a realização de ação de sobreposição, a ação de deslocamento, ou qualquer sequência coreografada que você pode criar. É altamente recomendável ler um bom livro sobre direção de cinema que aborde a realização desses cenários complexos. Além disso, fazer engenharia reversa de uma cena de um de seus filmes favoritos também pode ensinar muito sobre a arte de encenar cenas complexas.

> Planejamento e pré-produção

Se você tiver decidido pré-renderizar as cinemáticas ou adotar a abordagem em tempo real, algumas técnicas básicas de planejamento de pré-produção são essenciais. Embora cada abordagem tenha requisitos de programação original, a pré-produção deve ter início logo que a equipe possa ser montada. O desenvolvimento do roteiro é um tema distinto, que não será discutido aqui a não ser para observar que escrever o diálogo de forma natural para as personagens não vem facilmente para a maioria das pessoas sem treino. É uma arte aparentemente complexa para ser bem realizada e muitas vezes é deficiente em muitos jogos baseados em histórias.

Pesquisa

Pesquisar seu tema de jogo é uma das tarefas de pré-produção que mais resultados traz. A coleta de material de referência que define a aparência visual exata e a sensação de cada aspecto de seu tema de jogo vai economizar horas de debates intermináveis acerca da aparência que o jogo

---

[15] N.R.T.: As primeiras peças fílmicas, com Edison e os irmãos Lumière, por exemplo, se caracterizavam por serem registros do real como tal – o invento era pensado como uma novidade passageira. Com Méliès, por exemplo, temos a introdução da simples colagem de ponta com ponta de rolos de filme e, do ponto de vista da linguagem, a transposição dos esquemas conceituais do teatro e da ópera para o novo meio. Foi com a escola inglesa, de Brighton, entre 1897 e 1898, com o conceito de *enquadramento* e *corte*, que iniciam os primeiros passos na construção da linguagem cinematográfica que será posteriormente desenvolvida e consolidada por Porter e Griffth nos Estados Unidos.

[16] N.R.T.: O termo *line of action*, no vocabulário cinematográfico brasileiro, é traduzido por *eixo*.

deve ter. Leia qualquer um dos livros disponíveis ou assista às cenas extras de algum DVD sobre a pré-produção do material gerado para qualquer filme de animação. Embora todos os filmes se dediquem a essa pesquisa e design, os desenhos animados como os trabalhos da Pixar, Disney ou DreamWorks oferecem uma relação mais próxima com a indústria de jogos. Esperamos que, agora que alguns orçamentos de produção de jogos estão começando a se parecer mais com o orçamento de um filme, o processo de pré-produção será integrado ao início do processo de design como acontece na indústria cinematográfica.

À medida que você faz sua pesquisa, é essencial manter o material de referência organizado. O processo de organização mais importante é conseguir que seu material seja digitalizado e fazer o backup com o resto dos recursos de arte. Esses materiais devem ser facilmente acessíveis a todos os membros da equipe e atualizados conforme as mudanças ocorrem. Mantenha todos os documentos que você cria para detalhar as direções de design armazenados com os materiais relacionados.

Ilustração de produção e storyboards

O storyboard é uma parte essencial de qualquer produção. Storyboards são uma forma de visualização utilizadas para ilustrar aspectos da história que podem ser descritas visualmente. Você provavelmente já viu exemplos de *storyboards editoriais*, sequências de quadros parecidos com tira de quadrinho mostrando como a história vai se desdobrar, quadro a quadro. Mas essa é apenas uma forma de ilustração de produção utilizada na pré-produção. A seguir estão algumas das várias formas de produção de ilustrações úteis para assegurar que as cinemáticas e o jogo em geral estejam alinhados com a visão geral para o jogo.

Storyboards editoriais: Esses storyboards são um layout completo da sequência cinemática com todos os cortes e transições descritos com notas sobre o diálogo, o movimento de câmera, enquadramento e tempo. Storyboards editoriais não necessitam ser ilustrados elaboradamente, mas antes devem primar por indicar os conteúdos importantes, enquadramento e a ação.

Storyboards de cenas-chave: Esses quadros se concentram em momentos principais únicos na história ou ação, em vez da cobertura de cena a cena do storyboard editorial. Adicione detalhes suficientes de quadros das cenas-chave para ajudar a descrever como essas cenas principais devem ser, bem como representando nas ilustrações o seu enquadramento cinemático. Onde os storyboards editoriais descrevem o fluxo da cinemática como um todo, os quadros das cenas-chave são utilizados para transmitir visual dos momentos principais a partir dos storyboards.

Desenhos conceituais: Esses quadros são usados para descrever os detalhes do ambiente, como aparelhos, adereços, cores e outros itens de estilo. O detalhe descrito nessas ilustrações é utilizado para desenvolver elementos do design para vender e/ou divulgar o projeto e dar uma orientação visual detalhada à equipe de produção.

As ilustrações não são partes finalizadas, mas sim muitas vezes uma combinação de linhas esboçadas com áreas de alta renderização detalhada que o modelador ou designer de nível pode extrapolar para o resto da cena.

Layout: Ilustrações de layout são essencialmente *blueprints*[17] para os níveis, conjunto de peças, posicionamento de câmera, caminhos de ação e todos os sentidos visuais que irão ajudar a equipe de cinemática na execução do projeto. Estes podem ser plantas de níveis/edifícios ou

---

[17] N.R.T.: Veja a definição de *blueprint* na nota 4 do capítulo 6.7 *Animação*, do presente volume.

ilustrações de cima para baixo mostrando a posição dos adereços ou acessórios[18], personagens e câmeras. É um exercício útil criar esses diagramas do cenário para indicar como personagens e câmeras vão se movimentar durante determinada cena.

Quanto mais detalhes forem colocados nos storyboards e ilustrações de produção, mais preciso o cronograma poderá ser. Se o nível de detalhe é escasso em alguns lugares, providencie mais tempo para refinar essa atividade de *layout* dentro de seu cronograma, pois certamente haverá mais revisões enquanto os detalhes são trabalhados durante a produção.

> Práticas de produção

Com storyboards em mãos, um cronograma detalhado e uma equipe alocada ao projeto, é hora de começar a desenvolver sua visão. Até agora, você terá notado muitas áreas potenciais de problemas e realizado alguns testes técnicos iniciais para eliminar surpresas indesejáveis antes que a produção comece. No entanto, sua única certeza é a incerteza! Então esteja preparado para fazer ajustes. Algumas das áreas potenciais de problemas já serão conhecidas, mas há problemas mais gerais que não estão necessariamente relacionados com a quantidade de detalhe que você colocou em sua pré-produção. Uma equipe de produção experiente entende que o design do jogo é apenas um mapa e que a experiência do território pode ser bastante diferente. Uma vez que as primeiras peças se juntem e o mapa de diversão e entretenimento é colocado à prova, haverá certamente aspectos do jogo que não acabam funcionando como esperado.

Dependências de arte em jogo é uma outra área para ter cuidado. Isso é de particular interesse para aqueles que estão planejando usar a abordagem de maquinimas, já que as cinemáticas são totalmente dependentes de recursos do jogo. Procure maneiras de trabalhar com recursos parciais. É mais fácil fazer os ajustes menores de câmera se os recursos forem movidos[19], em vez de fazer o motor trabalhar em novos carregamentos de recursos, já que o processo de carregamento dos recursos já foi realizado. Por último, realizar as finalizações e acabamentos, polindo as cenas da sequência, demandará mais tempo do que se imagina. Em vez de tentar adivinhar quando você precisa passar para a próxima cena ou cinemática, tente manter todas as animações em um estágio similar ao da finalização, como se diz, *bem polidas*. Use uma abordagem iterativa, priorizando as questões e trabalhando com níveis de prioridade semelhante em todo o projeto como um todo.

>> Resumo

Está claro que as questões complexas inerentes à criação de animações de qualidade profissional trazem consigo a necessidade de uma comunicação visual que não são necessariamente requeridas

---

[18] N.R.T.: São os chamados *props*. Vide a nota 14 do capítulo *6.7 Animação*, do presente volume.
[19] N.R.T.: O autor se refere aos recursos (*assets*) que podem ser movidos ou removidos dentro de um nível. Mudar a posição da câmera em uns poucos graus em um maquinima pode evitar a necessidade de carregar dinamicamente algum objeto que foi destruído porque estava fora do volume de visão da câmera. Para mais detalhes técnicos dessa importante dificuldade a ser enfrentada, veja no Capítulo *3.4 Arquitetura do jogo* do volume 2, o tópico, *Instanciação de nível*.

nos trechos interativos em tempo real do jogo. Um artista experiente nos princípios da linguagem cinemática, muitas vezes, trará qualidade fílmica ao ambiente do jogo, que o público irá imediatamente achar familiar. Infelizmente, um modelador experiente, animador de jogo ou um designer de nível não traz inerentemente um conjunto comparável de competências para a concepção de sequências cinemáticas.

Para expandir sua capacidade de produção de jogos para a criação de cinemáticas, é imperativo que o profissional esteja inteirado com o vocabulário ímpar da linguagem cinematográfica e dedique algum tempo ao estudo e à prática dessa forma de comunicação. Se você possui um amor pelo cinema, seu processo de aprendizagem se tornará uma paixão e aumentará muito o prazer de ir ao cinema. É bem provável que você já esteja fascinado pelos incríveis avanços em computação gráfica, proeminentes em muitos filmes novos, e pode até estar direcionando seu interesse pela indústria de jogos com a sua capacidade cada vez maior para criar mundos fantásticos. Se deseja se tornar um designer de cinemática eficaz, precisará expandir seu estudo sobre cinema e animação. O volume de material educativo sobre o tema é extenso. Com a School of Cinema and Television da University of Southern California celebrando seu 80º aniversário recentemente, já deve ter ficado claro que esse é um campo muito maduro de estudo.

Exercícios

1. Escolha um filme que contém uma cena que você acha particularmente memorável. Para tirar mais proveito do exercício, escolha uma cena de um filme que envolva um assunto ou gênero comumente encontrado em jogos populares. Alugue, compre ou peça emprestado uma cópia do filme, de preferência em formato DVD; você poderá facilmente ir direto para a cena e percorrer a sequência. Vá até a cena, passe frame a frame e faça engenharia reversa na sequência, criando os materiais de pré-produção a seguir:
   a. **Storyboard editorial.** Faça um storyboard da cena que você escolheu, dividindo a sequência filmada cena por cena. Inclua o diálogo, a descrição da ação (verbal e com pistas visuais como setas direcionais) e a descrição dos movimentos de câmera (com o tipo de transições entre as cenas, como cortes ou dissolução). No site da editora em www.cengage.com.br, na página deste volume, você encontrará uma planilha do Excel (com conteúdo em inglês) chamada *storyboard.xls*, que pode ser impressa para este exercício. Você pode ajustar as larguras da coluna para coincidir com a relação de aspecto do filme, ou desenhar as linhas de quadro superior e inferior para indicar o formato de saída do filme, como o tipo *letterbox*.
   b. **Um diagrama de layout da planta baixa do jogo ou um ambiente para a cena.** Descubra onde todas as câmeras estão na cena e rotule-as pelo seu enquadramento. Certifique-se de indicar quaisquer movimentos de câmera, mostrando a posição de início e fim e um indicador de direção para o caminho que a câmera segue. Atores e seus movimentos dentro do frame devem também ser indicados.
   c. **Uma ilustração que mostre a composição da tonalidade.** Escolha alguns quadros-chave característicos do jogo que mostrem os seus aspectos de claro e escuro de suas cenas. Não use linhas para delinear o detalhe, mas, sim, técnicas de sombreamento para indicar o quanto o escuro e o claro quebram o espaço bidimensional dentro do quadro da cena.

2. Usando a mesma cena escolhida para o Exercício 1, analise-a quanto a adaptá-la para uma sequência de uma cinemática para um jogo baseado na mesma história e nas mesmas personagens.
   a. Crie uma lista de recursos que divida a cena em modelos que possibilitem animações ou efeitos.
   b. Crie uma lista de alterações e otimizações para simplificar os recursos que seriam necessários para recriar a cena, sem alterar substancialmente a essência do significado transmitido por ela. Os tipos de alterações a serem consideradas são: simplificar o diálogo, reduzir o número de ângulos de câmera, ou mudar os ângulos para eliminar animações complexas. Por fim, ajuste o foco da cena para uma única ideia principal.

Referências

[AFI90] *Hollywood Mavericks*, American Film Institute, 1990.

[AFI92] *Visions of Light: The Art of Cinematography*, American Film Institute, 1992.

[Barwood00] Barwood, Hal, "Cutting to the Chase: Cinematic Construction for Gamers", *Gamasutra*, 2000, disponível on-line em www.gamasutra.com/features/20000518/barwood_01.htm.

[Begleiter01] Begleiter, Marcie, *From Word to Image: Storyboarding and the Filmmaking Process*, Michael Wiese Productions, 2001.

[Hancock00] Hancock, Hugh, "Machinima Cutscene Creation, Part One", *Gamasutra*, 2000, disponível on-line em www.gamasutra.com/features/20000930/hancock_01.htm.

[Hancock00] Hancock, Hugh, "Machinima Cutscene Creation, Part Two", *Gamasutra*, 2000, disponível on-line em www.gamasutra.com/features/20001006/hancock_01.htm.

[Hancock02] Hancock, Hugh, "Better Game Design Through Cutscenes", *Gamasutra*, 2002, disponível on-line em www.gamasutra.com/features/20020401/hancock_01.htm.

[Katz91] Katz, Steven, D., *Film Directing Shot By Shot: Visualizing From Concept to Screen*, Michael Wiese Productions, 1991.

[Newman08] Newman, Rich, *Cinematic Game Secrets for Creative Directors and Producers: Inspired Techniques from Industry Legends*, Focal Press, 2008.

[Schnitzer03] Schnitzer, Adam, "GDC 2003: How to Build a Better Cutscene", *Gamasutra*, 2003, disponível on-line em www.gamasutra.com/features/20030306/schnitzer_01.htm.

[VanSijll05] Van Sijll, Jennifer, *Cinematic Storytelling: The 100 Most Powerful Film Conventions Every Filmmaker Must Know*, Michael Wiese Productions, 2005.

6.9 Design de áudio e produção

Neste capítulo

- Visão geral
- Equipe de áudio
- Fundamentos do design de áudio
- Desenvolvimento de áudio
- Design de som
- Música
- Produção de dublagem
- Áudio espacializado
- Estúdio experiente
- O negócio
- Resumo
- Exercícios
- Referências

› Visão geral

Apesar do áudio em jogos existir desde o primeiro ruído do *Pong*, houve uma evolução dramática dos últimos 30 anos em relação à sua produção. De volta "aos velhos tempos" (os anos 1980), os programadores ajustavam o que podiam dos chips de áudio para um tipo de melodia mais simples possível para a música. A maioria dos sons FX consistiam em algum tipo de *bip* ou *bloop* eletrônico, enquanto a música não era nada mais do que três ou quatro vozes de melodias curtas, repetindo, melodias alegres.

Como a indústria estendeu suas asas em meados da década de 1990, o CD-ROM tornou-se um dispositivo de armazenamento viável no qual a música "real" podia ser armazenada. Isso trouxe uma nova onda de músicos talentosos que já não precisavam saber linguagem C++ ou assembly para a criação de áudio. Doravante, para design de som, mais canais de áudio e armazenamento se tornaram disponíveis para as amostras (.wav), de modo que agora, quando você dispara uma arma ou testemunha uma explosão, um efeito sonoro como os de filmes é executado no lugar do amado *bleep* ou *bloop*.

Maior armazenamento de som também permitiu que dublagens e diálogos estejam presentes nos jogos. Narradores e atores podem agora ser usados para ajudar a transmitir a emoção e história, ao contrário do jogador que acabou de ler o diálogo colocado na forma de texto fora do ambiente no qual se desenvolve o jogo na tela. Enquanto o novo milênio entrava em cena, os orçamentos cresceram a um ponto em que orquestras, coros, atores profissionais, mixadores, engenheiros, músicos ao vivo, engenheiros de masterização, e canais surround[1] poderam ser usados para criar experiências realistas que iriam rivalizar com o melhor da indústria do cinema. Os DVDs, podiam conter gigabytes de dados, horas de música, milhares de efeitos sonoros e dezenas de milhares de linhas de dublagens. O som surround 5.1 interativo pode ser alcançado e efeitos como *reverb* em tempo real e oclusão podem agora ser ouvidos.

Múltiplos *streams de dados de áudio* podem ser passados através dos processadores, o que permitiu recursos sem limites, como músicas, ambientes e diálogo em streaming[2]. Podemos até dizer que, devido à interatividade, à alta taxa de transmissão, ao surround 5.1 em tempo real e assim por diante, os jogos já *ultrapassaram* o cinema e a televisão em relação à produção geral.

O áudio de jogo teve de passar por alguns momentos muito difíceis e alterações, tal como a metamorfose que se processou na década de 1990. Nos dias iniciais, o áudio de jogo sempre foi considerado pós-produção, provavelmente porque a maioria do áudio de cinema e televisão é exatamente isso. No entanto, os jogos são muito diferentes devido a um fator importante: a tecnologia. No cinema e na televisão, uma cena tem de ser completamente terminada antes de um engenheiro de áudio ou compositor poder começar a por suas mãos sobre ela. Nos jogos, isso não é o caso. Por causa da tecnologia envolvida, cada jogo em cada sistema poderia ser (e geralmente é) tratado de maneira diferente, dependendo da natureza do jogo e do motor que o gerencia. Por exemplo, um programador pode trabalhar em um jogo de direção e usar carregamento *streaming* de recursos para carregar a pista, o nível e as suas estruturas gráficas. Isso deixa menos largura de banda disponível para o áudio. Por causa da tecnologia dependente do jogo e as diversas maneiras de incorporar áudio de jogo, o diretor de áudio, o compositor, o designer de som e assim por diante precisam estar envolvidos com o projeto *desde o início*, para ajudar a traçar um plano de ação em relação ao som.

Hoje, os orçamentos para produção de áudio em jogos são altos. A tecnologia envolvida é parte da mais avançada e emocionante no que diz respeito ao áudio em geral. Os produtores de jogos estão ganhando mais experiência com o áudio e compreendendo assim o importante papel que o som e a música têm na criação de uma experiência imersiva de jogo. Em suma, as coisas estão boas e cada vez melhores no estúdio de áudio de jogo – mesmo para o pessoal que opera as mesas de mixagem e assinam os acordos de licenciamento.

Então, como funciona o som para os jogos? É muita magia negra! A boa notícia é que, no atual ambiente de desenvolvimento de jogos, as equipes de profissionais de áudio são a caixa-preta – o produtor do jogo fornece a visão, e os profissionais de áudio produzem o resultado. Contudo, isso não quer dizer que não existam desafios complexos envolvidos. Contribuindo para tanto está o

---

[1] N.R.T.: Som *Surround* é definido como o conceito da expansão da imagem do som a três dimensões. O *surround* recria um ambiente mais realista de áudio, presente nos sistemas de som de cinemas, teatros, entretenimento doméstico, vídeos, jogos de computador, dentre outros. Existem diversos métodos para criar som *surround*. O mais simples consiste em colocar diversos alto-falantes em torno do ouvinte para reproduzir áudio vindo de direções diferentes. Outro método envolve o processamento de áudio usando métodos de localização psicoacústica para simular auscultadores de ouvidos ou campos 3D. Os atuais motores de jogos buscam trabalhar uma combinação entre ambos os métodos.

[2] N.R.T.: O termo inglês *stream* geralmente é traduzido por fluxo. Para hipermídia e games, ele designa a transmissão contínua de dados através da rede e o seu imediato processamento e, no caso, a sua renderização em estruturas de vídeo, áudio ou recursos. Os diálogos em *streamming* são transferidos pela rede e, de certo modo, processados em tempo real – no caso, equivalem ao termo *transmissão contínua*.

fato de que não há nenhuma maneira padronizada de criar-se áudio (ou qualquer outro tipo de recurso) para jogos. Com exceção de imitações diretas, mods e sequências, cada novo jogo funciona de forma diferente, desde o design até a sua tecnologia básica, tornando seu respectivo processo de desenvolvimento tão único como eles são.

Para lidar com isso, os profissionais de áudio de jogos têm um número de opções de desenvolvimento para mídia interativa – *streaming*, reprodução sequenciada, som surround, trilhas sonoras adaptadas e muito mais. Decidir apenas como um jogo deve soar e como ele vai entregar esses sons é responsabilidade conjunta do produtor, do programador líder e do diretor de áudio.

Este capítulo explora vários aspectos do projeto de áudio e produção, incluindo as diferentes funções e equipes, conceitos básicos do design de áudio, o design de som/música/voz-off/dublagem, equipamentos de áudio e questões de negócios envolvidas no processo. Primeiro, começamos com os vários papéis e as equipes.

> Equipe de áudio

Os projetos de jogos modernos exigem uma equipe inteira de profissionais de áudio para fazer um trabalho benfeito. Supervisores musicais, designers de sons, diretores de áudio, atores de voz para personagens, *implementadores*[3,] engenheiros de software de áudio, atores, orquestras especialmente contratadas, executivos de música especializados e muito mais. Nesta seção, vamos examinar o papel fundamental para o desenvolvimento de conteúdo de áudio e as soluções utilizadas no fornecimento de som para os jogos.

A produção de áudio dos jogos é, ao mesmo tempo, uma ciência e uma arte. Há empresários, técnicos e elementos criativos envolvidos, e os profissionais em cada uma dessas áreas são cruciais para seu desenvolvimento. Nos primeiros dias de desenvolvimento de jogos, um membro da equipe preenchia todos os três papéis, no entanto, as coisas são diferentes no universo dos jogos modernos. Mais e mais profissionais de áudio entram no setor de desenvolvimento de jogos a cada ano, cada qual desempenhando diferentes e específicos "papéis" e usando seus respectivos "chapéus". Alguns são compositores, outros designers de som, e outros são mixadores de som *surround*. Considerando que em 1984 o "cara do som" era responsável por escrever a música, a programação do som do motor, conseguir autorização para quaisquer licenças de qualquer natureza, criar efeitos de som e era o CEO da companhia, hoje cada tarefa requer um membro dedicado da equipe para providenciar a expertise requerida.

A produção de áudio para jogos requer habilidade e conhecimento da música e do som e das ferramentas envolvidas na criação desses elementos. Criar e produzir boa música é uma arte que leva anos para se aprimorar. O mesmo pode ser dito para o design de som. O papel do produtor é garantir que os melhores talentos estejam trabalhando no projeto e, portanto, ele deve ter um nível de familiaridade com tudo o que está envolvido na produção de áudio para jogos. Esta seção fornece uma visão geral das habilidades de áudio e ferramentas específicas envolvidas na produção de um grande áudio de jogo.

---

[3] N.R.T.: Implementadores, do inglês *implementers*. Originalmente, este foi o nome autoatribuído pelos criadores da série *Zork*. Muitas vezes abreviado para *Imp*, tornou-se um título dado aos games designers e programadores pela Infocom. O termo atualmente se encontra em processo de substituição pelo seu sinônimo *desenvolvedor*.

Equipe de música: diretor de música

O *diretor de música* supervisiona a tomada de decisão de alto nível relativa a qual música vai entrar em um jogo, incluindo quem será contratado para criá-la. Como na maioria dos cargos na indústria de jogos, as responsabilidades reais de um diretor de música variam de empresa para empresa. Por exemplo, as maiores publishers de jogos têm *executivos de música*, com uma equipe de *supervisores de música* trabalhando com os diretores de música. Eles em geral trazem consigo uma lista grande de contatos da indústria da música, possuindo acesso aos melhores artistas e compositores, e entendem os prós e contras da contratação de música e licenciamento. Outras empresas de menor porte podem ter um diretor de música que licencia as músicas de alguma banda que tenha seu trabalho produzido em CD, por exemplo. Outras empresas podem ainda nem mesmo possuir um diretor de música, com todas as decisões passando por departamentos de produção ou design.

Equipe de música: compositor

Os *compositores* escrevem música para ser colocada nos jogos. Às vezes, as empresas de jogos têm compositores que trabalham dentro delas e que criam a música para os seus jogos, mas isso está se tornando mais raro. Em vez disso, o talento é contratado por projeto para ajudar a gerenciar as necessidades musicais de um projeto específico. A produção da música pode ser feita inteiramente por uma única pessoa, compondo, gravando, mixando e assim por diante. Com grandes orçamentos se tornando mais comuns, compositores muitas vezes têm uma equipe que inclui assistentes, orquestradores, orquestras especialmente contratadas, músicos, e todos trabalhando juntos para criar o produto final.

Equipe de música: produtores de música

Os *produtores de música* são contratados para manter a visão criativa de uma gravação musical. Na indústria de gravação, eles são contratados pelo artista ou gravadora para garantir que o processo de gravação corra bem e que os artistas, músicos e engenheiros estejam dando o seu melhor no projeto. Tradicionalmente, tem sido incomum para uma empresa de jogos contratar um produtor musical dedicado a orientar o processo de criação de música, embora tenha acontecido. Normalmente, apenas os projetos com grande orçamento podem contratar um produtor musical. Como os temas musicais para jogos feitos por músicos pop se tornaram mais comuns, no entanto, haverá mais produtores entrando na briga para criar trilhas de sucesso para acompanhar os jogos, como é prática comum em filmes.

Equipe de música: engenheiro de gravação

O *engenheiro de gravação* é um marco do processo de produção musical. Eles cuidam de providenciar os melhores sons possíveis para cada performance no projeto. Se o seu processo de produção de áudio consiste em um ou dois designers de som produzindo música em um estúdio improvisado em sua casa, então as chances são de que um deles (se não ambos) irá usar o chapéu de engenheiro de gravação. Na verdade, com o processo de evolução e histórico do estúdio de gravação se deslocando para a casa dos artistas, a maioria dos compositores/produtores sempre tem alguns recursos de engenharia básica. Entretanto, a música realmente profissional requer uma equipe realmente profissional, o que, naturalmente, inclui um engenheiro de gravação dedicado.

Equipe de música: engenheiro de mixagem
O *engenheiro de mixagem* lida com as faixas gravadas concluídas, unidas pelo engenheiro de gravação, e equilibra as suas características sonoras e os seus volumes (ou seja, "níveis") em relação umas com as outras. A mixagem é uma fase essencial na produção de música. Embora possa existir a tentação de usar a mesma pessoa que fez a gravação, para fazer a mixagem, em geral, um engenheiro de mixagem dedicado pode trazer a música gravada para um novo e mais alto nível. É uma prática comum no ramo de gravação usar um engenheiro para gravação, outro para mixagem e um terceiro para a masterização.

Equipe de música: engenheiro de masterização
Masterização, no que se refere à música nos jogos, é o estágio final da produção musical. O engenheiro de masterização normalmente tem uma audição sobre-humana, e utiliza sua apurada escuta para detectar eventuais desequilíbrios sutis, erros ou outros problemas nas gravações mixadas. Além disso, o engenheiro de masterização fará com que os volumes de cada peça de música sejam combinados entre si. Por exemplo, coloque um álbum de um artista importante no seu reprodutor de música, e você notará que cada faixa ocupa o mesmo lugar e equilíbrio em relação à sonoridade e qualidade – esse é o trabalho de um engenheiro de masterização. Masterização é essencial se os seus arquivos de música forem provenientes de muitas fontes diferentes (ou seja, produtores/compositores).

Equipe de música: engenheiro assistente
Engenheiros de gravação e mixagem, como compositores, são tradicionalmente contratados por projeto por seus gostos particulares que agregam ao produto musical finalizado. Eles estão acostumados a trabalhar em estúdios diferentes, para diferentes projetos. *Engenheiros assistentes* são contratados por estúdios de gravação para ajudar engenheiros visitantes a se encontrarem e se ambientarem nas salas de artes e montagens peculiares a cada estúdio, as quais poderiam, de outra forma, serem encaradas como alienígenas por aqueles. O custo de um assistente é levado em conta no custo geral que o estúdio orçou para hospedar o projeto de gravação.

Equipe de design de som: diretor/gerente de áudio
Diretores de áudio gerenciam equipes de projeto de som. Eles mantêm controle dos recursos e cronogramas e participam de reuniões com as equipes de produção e design. Os diretores de áudio controlam e guiam a visão do produtor sobre o som e o diálogo. Sentam-se em reuniões de produção, trabalham com o produtor para estabelecer metas realistas, resolver problemas e ter certeza de que, acima de tudo, os recursos de áudio serão criados levando em conta as especificações e entregues a tempo.

Equipe de design de som: designer de som
O *designer de som* é um membro fundamental de uma equipe de desenvolvimento de jogo. Com áudio sendo um terço da experiência do jogo, os designers de som trazem o mundo da tela do jogo para a vida. O design de som como uma habilidade está presente desde o início dos "talkies" (filmes com trilhas sonoras). O som nos jogos começou como um modesto *affair*, com possibilidades limitadas de processamento e com chips de áudio quase pré-históricos (mas que produziam um som incrível), como a única arma no arsenal do designer de som. O estado atual e futuro da reprodução de som nos jogos é muito mais avançado, com sistemas suportando "reproduções

de amostra" com qualidade de CD. Isso significa que os designers de som podem captar os sons do mundo real, exagerá-los e importá-los para o ambiente do jogo. Isso fornece aos jogos uma perspectiva hollywoodiana, uma qualidade superior para a vida, coisa esperada pelo público do entretenimento visual.

Equipe de design de som: implementador

Implementadores, também chamados às vezes de *desenvolvedores,* trabalham no departamento de design de som com várias ferramentas de produção para anexar sons projetados por designers de som para ambientes, eventos e personagens. Eles são, em certo sentido, os designers de nível do departamento de áudio. Implementadores, como membros da equipe dedicada de áudio, é a introdução mais recente para o círculo da área de áudio nos jogos. Apenas as maiores empresas terão um implementador de áudio dedicado, em vez de depender de designers de som, ou em piores cenários, dos programadores, para obter o som em seu jogo. A razão de dizermos "pior" é apenas porque os programadores não são, em geral, profissionais de áudio. Eles não são treinados para compreender os métodos sutis envolvidos na colocação e balanceamento de sons em ambientes virtuais. O melhor cenário possível é ter um membro dedicado na equipe para começar o trabalho de maneira correta.

Equipe de diálogo: agente de elenco

Agentes de elenco são contratados por empresas de jogos para reunir talentos para os papéis de dublagem das personagens. Bons agentes de elenco possuem uma ampla rede de talentos vocais, sindicalizados ou não, para o dispôr das empresas de jogos. Eles conhecem as melhores pessoas para o trabalho a ser feito, os atores profissionais que podem ler maravilhosamente o script, em pouco tempo. Bons agentes de elenco organizarão seções de testes para seleção de elenco para ajudar a equipe de áudio decidir quem será escolhido para realizar dado papel no projeto.

Equipe de diálogo: diretor de dublagem

O trabalho de um *diretor de dublagem* é idêntico ao de um diretor de cinema: conseguir o melhor e mais adequado desempenho do talento exercendo o papel em uma produção. É comum para a produção de jogos contratar um diretor de dublagem dedicado para trabalhar em sessões de gravação de diálogos. Isso não quer dizer que seja obrigatório – o que muitas vezes se reflete no diálogo resultante encontrado em muitos jogos. A tentação existe para permitir que o diretor ou produtor de áudio dirijam o talento vocal. Isso só é aconselhável se o indivíduo tem experiência em fazê-lo, caso contrário, a qualidade das performances pode resultar em algo consideravelmente sofrível, e muitas vezes isso sem que ninguém perceba, até que seja tarde demais. A importância de um bom diretor não pode ser suficientemente enfatizada.

Equipe de diálogo: dubladores

Os *dubladores* entram em uma das duas formas: sindicalizados e não sindicalizados. Talentos sindicalizados são caros, mas a qualidade do seu trabalho é incomparável. Profissionais não sindicalizados são menos dispendiosos, mas normalmente só podem fornecer uma voz muito boa. É comum que os jogos usem uma mistura dos dois tipos de atores, contando com o talento sindicalizado para os personagens principais e não sindicalizados para papéis secundários e terciários.

Equipe de diálogo: editor de diálogo
Depois de as performances dos dubladores serem capturadas, os arquivos devem ser cortados e organizados. O trabalho de um *editor de diálogo* é fazer exatamente isso. Ele masteriza os arquivos, verifica se existe erros e apresenta os recursos para o diretor de áudio. O trabalho é tedioso, mas crítico, e é dirigido a um membro júnior da equipe de áudio.

〉 Fundamentos do design de áudio

Existem três elementos principais para um jogo, igualmente importantes para a totalidade da experiência com o jogo. Primeiro, há a parte visual, incluindo a arte, o vídeo e a animação. Em segundo lugar, há o projeto, que incorpora o visual, acrescendo-se o design do jogo, a programação, o impacto sensorial e o movimento. Por fim, há o áudio, que inclui tudo o que se ouve.

Infelizmente, a maioria das empresas não leva o áudio tão a sério como a parte visual e o design. Muitas vezes, existe uma maior porcentagem do orçamento dedicada ao áudio, para permitir a dublagem sindicalizada, a elaboração de um roteiro inteligente, ou até mesmo orquestras ao vivo. O áudio em jogos às vezes é encarado como pós-produção, semelhante ao da indústria cinematográfica. No entanto, para os jogos, o compositor e o designer de som precisam ser úteis a partir do primeiro dia, descobrindo tecnicamente como tudo vai ser incorporado em cada fase ou nível do jogo. Nos últimos anos, a situação tornou-se progressivamente melhor, com mais e mais músicos e vozes talentosas ao vivo sendo incorporados aos jogos. É muito importante conhecer esse tipo de informação. Você pode se encontrar em uma situação de tentar explicar a importância do áudio e por que certos aspectos criativos e técnicos precisam ser focados.

Dois pontos importantes para se concentrar são a criatividade e a integração. A criatividade fala por si. A parte complicada é como conseguir sons para o mundo do jogo. A integração com os programadores e designers/produtores é metade do trabalho. Depois que o som foi criado, é importante certificar-se de que está sendo acionado corretamente, na hora certa, com volume, *tom* e *pan*. Decidir sobre a forma como o áudio será acionado deve ser discutida muito no início do projeto. Tenha em mente que em todos os projetos você nunca irá trabalhar em vão e que eles sejam criados e tratados de maneira diferente.

Do lado criativo, você quer que seu trabalho destaque-se de qualquer coisa que alguém já ouviu falar. Utilizar elementos como ambientação, em oposição à música, às vezes pode criar uma atmosfera mais realista e agradável. A chave é ousar e bravamente trazer sua audiência para a costa inexplorada em termos de som, música e diálogo.

Uma das partes mais difíceis do áudio em jogos está tentar fazer todo o mundo feliz. Há muitas pessoas diferentes em uma equipe, e cada um sente-se um pouco como crítico de música. É engraçado, geralmente as pessoas podem olhar para uma estrutura de arte em um jogo e dizer se é boa. As pessoas podem mover uma personagem na tela e dizer se é boa ou não. Mas se você colocar uma música em um jogo!?!? Todo o mundo tem gostos musicais diferentes! É difícil encontrar duas pessoas que concordam com cada trecho musical! Veja a música *country*, por exemplo. Algumas pessoas adoram, e outras não podem suportá-la. Um designer de jogos ou produtor não deve escolher que tipo de música ele gostaria para o jogo, mas que tipo de música que melhor se enquadra e aprimora o jogo.

Ao compôr música, é cada vez mais difícil ser original, mas algo que se destaca irá chamar a atenção das pessoas. Não tente fazer a sua música soar como "música de videogame". Escreva uma grande melodia! Às vezes as pessoas ficam presas "justamente" à aparência e sensação do jogo. Se você escreveu uma grande melodia, os jogadores irão se lembrar e gostar.

O melhor instrumento para aprender é o piano/sintetizador/teclado. Com o conhecimento desse instrumento, você pode muito bem recriar qualquer instrumento no mundo (por meio de dispositivos conhecidos como *samplers*). Ele também permite gravar suas composições em arquivos MIDI, que podem ser editados e gravados facilmente em um computador.

Há três coisas fundamentais que, para se tornar bem-sucedido, você precisa se concentrar: 1) o elemento criativo, 2) os aspectos técnicos e 3) os aspectos do negócio/networking. Se você pode estudar e dominar esses três aspectos, estará bem no seu caminho para se tornar um sucesso no mundo do áudio dos videogames.

〉 Desenvolvimento de áudio

Uma das maiores transformações que o áudio do jogo passou recentemente é a criação de ferramentas que permitem colocar o poder da interatividade de volta nas mãos do criador de áudio. É amplamente dito na indústria dos jogos que criar um efeito de som ou música é apenas *metade* do trabalho.

A outra metade é a integração e desenvolvimento, que é outra grande diferença que a indústria de jogos tem em relação ao cinema e televisão. Um designer de som pode criar os melhores sons de tiros do mundo. No entanto, se ele é integrado incorretamente no jogo, poderia rapidamente se tornar o som mais irritante do mundo. Coisas como a randomização das amostras, tom e variações de volume são muito importantes na criação de áudio do jogo. Saber quando e onde usar o *crossfade* em uma música ou o uso de um recurso de "ataque musical" bem situado pode significar toda a diferença na apreciação global da experiência de jogo.

Nas décadas de 1980 e 1990, um designer de som ou um músico tinha de se sentar por horas e dias a fio com os programadores, meticulosamente integrando cada som ouvido em um jogo. Cada volume 3D, variação de tom e a randomização tinha de ser ajustada para assegurar a não repetitividade. Se o designer ou programador de áudio não tivesse tempo, conhecimento, experiência e energia para fazer isso, o áudio ficaria comprometido.

Finalmente, a indústria ficou esperta e decidiu fazer os jogos baseados em dados, em que os recursos (áudio, modelos, texturas e outros) não são mais parte do código, mas sim dados que conduzem o comportamento do jogo. Essa evolução colocou a maior parte da energia de volta nas mãos do designer de áudio, criando drivers de áudio de integração incríveis com os quais o pessoal pode agora interagir por conta própria, sem precisar gastar o precioso tempo do programador. Os designers de áudio podem configurar os bancos de dados de áudio com a randomização, o posicionamento de controle de volume 3D, e integrar efeitos como reverberação, randomização de amostras diferentes e tons. Tudo o que o programador tem de fazer é fornecer um acionador de evento de áudio configurável, e o designer de som pode agora ir atrás das cenas e ajustar o conteúdo, pautado pela sua sensibilidade artística ajustada ao jogo.

Com o equipamento e as ferramentas apropriados, muitos drivers de áudio oferecem possibilidades de modificações "em tempo real", enquanto o jogo está sendo executado. Isso significa que se o designer de áudio está "jogando" determinado nível e percebe que o som de explosão é muito alto, ele pode baixar o volume em tempo real no motor de áudio durante o jogo para obter o volume exato que desejar. Novamente, não apenas volumes, mas tom, posicionamento 3D, randomização, efeitos de reverberação e assim por diante, tudo pode ser controlado pelo engenheiro de áudio.

Um aspecto importante do áudio do jogo é o "driver de áudio e som". Este é o programa ou ferramenta de software que permite que os designers de som, compositores etc. façam interface com o jogo e com o que o programador está realizando. É a ferramenta na qual serão colocados todos os sons de modo que o programador possa facilmente ativá-los dentro do jogo.

Existem muitos drivers de som diferentes capazes de fazer muitas coisas diferentes. Alguns só podem ser configurados para ativar sons. Outros mais complexos poderiam ter interatividade completa embutida o que permitiria ao designer de som ou compositor configurar o áudio exatamente como desejar, sem precisar trabalhar com os programadores para desenvolver cada nuance do som.

Um bom exemplo de como os drivers de som mudaram o fluxo de trabalho seria o som de passos. "Nos velhos tempos", alguém teria de fornecer ao programador quatro a seis arquivos ".wav" de sons de passos diferentes, e depois sentar com ele para escrever o código para ativar aleatoriamente um dos sons de passos cada vez que um pé atingisse a superfície. Em seguida, o programador teria de ajustar ou escrever o código para obter a faixa de afinação aleatória correta e o volume. Não é necessário dizer, que isso leva muito tempo, e a qualidade final do áudio ficou nas mãos do programador de áudio em vez de ser responsabilidade do designer de áudio. Hoje, a maioria dos drivers de som permite ao designer de áudio ir e configurar (assim como a audição em tempo real) todas essas nuances. O programador de áudio agora está mais focado na criação de ativações dos eventos de áudio (ou seja, o de reproduzir o esquema de som de número 42 quando o pé toca na superfície), em vez de ter de lidar com todos os ajustes nos bastidores, que deveriam ser colocados nas mãos do designer de áudio, em primeiro lugar. Resumindo, quão melhor você conhecer e entender seu sistema de driver de áudio/som, mais eficaz será como um designer de áudio.

Cada console ou plataforma possuem ligeiras diferenças, mas todos têm memória, armazenamento e limitações de largura de banda. Mesmo que cada nova geração possua mais memória para o som do que a última, você ainda vai se encontrar sem espaço muito rapidamente. Em vez de sacrificar a qualidade da amostragem, o desafio hoje é tentar manter tudo em um nível extremamente alto de qualidade. Incluído nesse processo está a criação de muito mais sons e variações, já que os jogos estão ficando cada vez maiores a cada ano. Tudo isso, é claro, utiliza mais memória e armazenamento de mídia.

Outra questão de limitação é como o código está lidando com os recursos do console (como memória e disco) dentro de determinado nível do jogo. Muitas vezes, um jogo pode precisar acessar o disco para carregar o nível ou a informação gráfica. Quando isso acontece, o designer de som ou compositor precisa descobrir como a música que está sendo executada em tempo real a partir do disco será afetada, pois o recurso de disco pode ser aprisionado e engasgar durante o carregamento. Ou a música tem de desaparecer, ou a transição para o som ambiente é inteiramente realizada na memória, ou talvez o código possa ser modificado para minimizar o impacto da carga que a leitura de dados imprime. Existem muitas maneiras diferentes de fazer a engenharia do áudio mesmo dentro da mesma máquina, e esse é o maior desafio de áudio que deve ser enfrentado.

Mais informações sobre o áudio para as diferentes plataformas podem ser encontradas no Game Audio Network Guild (G.A.N.G), no site www.audiogang.com.

› Design de som

O design de som é um elemento extremamente importante do desenvolvimento do jogo. É o elemento mais interativo da paisagem sonora e um dos mais focados nos aspectos técnicos de áudio do jogo. O desenvolvimento é fundamental quando se apresenta com um desafio de design de som. Criar uma explosão muito grande, tiro ou o som de passos é meramente uma pequena porcentagem do que precisa acontecer para obter o efeito de som para uma boa audibilidade no jogo. Versões múltiplas e dinâmicas de cada som criam um ambiente mais realista que não soará tão repetitivo. Ao criar efeitos sonoros para jogos, um dos maiores desafios é fazer com que o som do jogo seja dinâmico, sem ser demasiado repetitivo. Para tanto, um designer de som deve criar inúmeras variações do mesmo som.

Por exemplo, você não iria querer gravar apenas um som de passos e continuar reproduzindo várias vezes para o jogo inteiro (apesar de que alguns jogos ainda fazem isso, infelizmente). É melhor gravar muitos sons de passos, escolha entre 6 e 20 diferentes (dependendo da limitação de espaço) e ative-os aleatoriamente dentro do componente que controla o driver de som. Uma vez dentro do componente de controle do driver, você pode configurar efeitos como randomização, altura, volume, 3D e assim por diante. Ser dinâmico e não repetitivo são características-chave para o sucesso do design de áudio em jogos.

No que diz respeito à criação de sons únicos, é sempre melhor combinar as bibliotecas sonoras preexistentes com as ações de sair a campo e gravar/editar seus próprios sons. Os designers de som não devem confiar apenas em bibliotecas de som. Bibliotecas de som são ótimas para determinados aspectos, mas não para tudo. Bibliotecas de som preexistentes são ótimas para auxiliar a nivelar com os sons que você criou. Com todos os softwares de áudio e ferramentas disponíveis, é fácil utilizar um som e manipulá-lo, transformando-o em algo completamente diferente. Você pode obter alguns sons muito surpreendentes apenas diminuindo algumas oitavas. O importante é ser criativo e pensar em coisas que normalmente não pode fazer. É mais que provável que todos os sons de que você precisa possam ser gravados com objetos que estão em sua própria casa. Por exemplo, precisa de muitos sons grudentos e molhados? Para isso, você pode usar uma gelatina densa antes que fique dura. Isso faz um bom líquido, espesso e molhado. Precisa de um ruído ou um caixote de metal com rolamento? Tente bater e balançar uma tigela de metal ou panela para a frente e para trás em um aparelho de ar-condicionado ou ventilação. Ser criativo não é apenas uma parte importante do design de som, é também o mais divertido!

Outro ponto a lembrar é que diferentes tipos de microfones produzirão resultados distintos. Uma boa sugestão é usar alguns microfones diferentes colocados em áreas diferentes para o som que você está tentando gravar. Ao voltar para seu estúdio, você pode então decidir quais sons (ou camada de sons) funcionam melhor. Em caso de dúvida, adicione uma equalização do tipo *low-end* para o seu som. Sempre trará uma presença e o fará soar um pouco mais intenso.

Se está fazendo um jogo de esportes, não deixe de pedir ao coordenador do projeto para ir a algum evento a fim de gravar os seus sons (ou seja, a multidão, cânticos, aplausos, ambiência etc.). Muitas vezes, a sua publisher está pagando uma grande quantia para obter as licenças de esportes profissionais, e é muito fácil entrar em eventos especiais, se você solicitar ao responsável pela área na publisher que contate o licenciante.

Exemplo de design de som: basquete de rua

Para entender melhor a quantidade de trabalho e pensar no que ocorre em um jogo, vamos ver um exemplo do que exatamente é necessário ser feito para criar um design de som. Vamos usar um jogo de basquete de rua para o nosso exemplo. Para tanto, você vai querer criar a experiência exata de áudio que ouviria se estivesse em uma quadra. Para conseguir isso, você teria diversos efeitos de som no jogo e múltiplos fluxos de áudio a serem constantemente acionados. Veja como isso pode funcionar: os passos seriam um dos principais efeitos de som.

Nesse jogo em particular, haveria muitos tipos diferentes de quadra como concreto, madeira, asfalto e terra. Haveria também muitos tipos diferentes de encostos, como madeira, metal, fibra de vidro e acrílico. Além disso, haveria diferentes tipos de redes, como nylon, corrente ou nenhuma rede. Cada quadra poderia ter qualquer combinação desses sons, de modo que todos eles deveriam ser registrados individualmente. Você em geral registraria um conjunto diferente de sons de passos em todas as superfícies e, em seguida, escolheria seus favoritos, que são bastante distintos uns dos outros. Junto com os passos, você também vai querer gravar ruídos de pés e arrastar de pés. Uma vez que grave e coloque esses sons em sua ferramenta de edição de áudio (por exemplo, Sound Forge, Wavelab), terá de inseri-los no driver de áudio/som. No driver de áudio/som, você desejará ativar os passos de forma aleatória e nunca repetir o mesmo passo duas vezes. Você também vai variar o tom de forma aleatória e controlar o volume, dependendo de onde o jogador está no espaço 3D. Adicione alguns arrastares de pés aleatórios e ruídos aqui e ali, e você terá um conjunto de passos elaborado.

Um ponto a observar: todos os efeitos de som no jogo são colocados no driver como arquivo no formato mono. Isso é feito para que o programador possa usar o som em 3D. Ter um arquivo estéreo para um som estático não iria funcionar. Cada jogador tem seu próprio conjunto de passos que estão sendo desencadeados em um ambiente multicanal. O jogador o qual você controla está geralmente no centro da tela, então você iria querer mantê-lo em linha reta até o meio e no centro. Todos os demais, no entanto, estão ao redor do jogador. Como poderia haver dez jogadores, cada um com um conjunto de passos, você teria de priorizar certos sons mais importantes ao longo dos passos devido a um limite de alocação de voz ou muitos sons reproduzindo tudo ao mesmo tempo. O controle de volume, nesse caso, torna-se muito importante.

Alguns dos outros sons são ações necessárias como acertos de bola, passes, rebotes, saltos, aterrissagem, barulho do jogador, tapas na bola, bola rebatendo na tabela, bola para fora do aro, cestas, agito e assim por diante. Esses sons devem ser reproduzidos em surround, com tom dinâmico, volume, randomização e 3D. A maioria dos motores de som e programadores calcula o espaço tridimensional com base na posição e volume, portanto, em essência, o designer de som só precisa se concentrar em integrar o espaço adequado, o volume e o posicionamento do tom.

Ambiência

Outro elemento extremamente importante e muitas vezes ignorado no design de som é a ambiência. Ambiência às vezes pode criar um clima ainda melhor do que a música. Mesmo um pequeno barulho vindo de um computador ou de uma cachoeira distante ou do vento por meio das árvores melhora a experiência em dez vezes. Com frequência, dependendo do espaço e dos limites da máquina, você vai querer seus ambientes com som surround pleno e completo. Isso pode ser conseguido por meio da criação de um *leito de ambiência* e espelhamento da imagem nos alto-falantes de trás. Esses leitos de ambiência podem consistir apenas em vento, zumbidos ou ruídos em recintos, ondas do oceano distante e assim por diante. Além de uma ambiência estérea, também haverá objetos 3D específicos dentro dos ambientes que também devem ter sons (como rios ou máquinas).

〉 Música

Como é criada a música para os jogos? Tecnicamente, você pode fazê-la de mil maneiras diferentes. Cada projeto pode ser abordado de forma completamente diversas por causa da tecnologia, aspecto criativo, e o motor/ferramentas de áudio ou jogos. É parte do trabalho do compositor descobrir exatamente como fazer o que você está tentando realizar, tanto técnica quanto criativamente.

Música interativa

Música interativa é aquela que muda de acordo com o que o jogador está fazendo. Os filmes variam a música para combinar a ação ou clima da história, mas já que os jogos não são estaticamente fixos no tempo, eles devem ajustar a música "em tempo de execução" para coincidir com a forma como o jogador conduz o jogo. Se o jogador está lutando contra zumbis, então a música pode ser intensa. Quando o último zumbi é morto, a música pode transitar para algo mais relaxado. Existem várias maneiras de criar a música interativa.

Às vezes, você pode optar por usar a ramificação do MIDI para a música complexa não linear e interativa. Isso é quando a trilha sonora é configurada com pontos específicos de ramificação que podem fazer a transição para vários outros pontos especialmente projetados. Outro método mais simples é selecionar um trecho da música e fazer a transição para um outro trecho em determinado momento do jogo quando um evento é acionado. Pode ser tão simples quanto isso, ou tão complexo como áudio adaptativo, em que cada pequena coisa no jogo é conectada a um canal MIDI. Como alguns hardwares de jogo suportam múltiplos fluxos e um grande disco rígido, é possível utilizar uma grande quantidade de dados e ter tudo fluindo ao mesmo tempo, mesmo em som surround 5.1. Por exemplo, você pode escrever diversas variações e níveis diferentes de intensidade da mesma música, gravar tudo com uma orquestra ao vivo e, permitir o trânsito no jogo por entre estes diferentes níveis de intensidade por meio do recurso de *crossfade*. Isso pode ser obtido pela criação de pontos de marcação[4] para que o programador saiba sempre a parte atual da música, de modo que quando a cena muda, ou a ação torna-se mais intensa, você pode aplicar o crossfade em diferentes variações e níveis de intensidade da música. Outra técnica de música interativa é a utilização de *ataques musicais* curtos e rápidos como uma forma eficaz de transmitir emoção e intensidade. Abrir uma porta secreta e ouvir um som FX do tipo "revelação" pode dar alegria ao jogador. Abrir a mesma porta secreta e ouvir um som misterioso e assustador pode trazer hesitação e emoção para o jogo.

Fazendo streaming de música

Streaming[5] *de música* é um método simples, mas poderoso, de proporcionar música de alta qualidade. A música é armazenada em uma mídia baseada em disco ou unidade de disco rígido e é lida

---

[4] N.R.T.: Pontos de marcação, no inglês, *flag points*, também chamado em tecnologias anteriores de *cue points*.
[5] N.R.T.: Mais informações sobre os processos de *streamming* em áudio e música podem ser encontradas no tópico *Fazendo streamming de áudio*, Capítulo 5.5, *Programação de áudio*, do livro *Introdução ao desenvolvimento de games*, volume 2: *Programação: técnica, linguagem e arquitetura*.

um pouco de cada vez (ao contrário de tentar carregar a música inteira na memória de uma vez). Isso permite que as faixas de áudio totalmente produzidas com qualidade de CD (Redbook) sejam utilizadas nos jogos. O streaming de música é de longe o método mais utilizado para fornecimento de música, agora e no futuro previsível.

Criando música

Ao criar músicas, você normalmente recebe uma primeira versão do jogo sem áudio algum. Na maioria das vezes, você vai discutir estilos de música com os designers ou produtores. Durante algumas produções de jogos, um nível pode não estar completamente terminado, então às vezes você tem de lidar com storyboards e a arte conceitual do jogo. Uma boa regra é fornecer algumas diferentes versões de demonstração de 30 segundos da música para ver o que os designers/produtores acham. É uma boa maneira para se levantar ideias sobre que eles estão pensando, e poupa o tempo de criar uma peça grande, de dois ou três minutos, apenas para tê-la rejeitada, porque não era exatamente o que eles queriam. Para o profissional de áudio, é bom quando os designers e produtores de confiança confiam na experiência do compositor. No entanto, tenha em mente que cada projeto, produtor, designer, desenvolvedor e editor funciona de forma diferente para cada jogo.

Ouvir e fazer referências a trilhas sonoras de filmes é uma boa forma de adquirir um gosto do estilo de certos jogos. Muitas vezes, um produtor ou um designer pode vir a você e dizer: "Nós queremos que ele soe como *Conan, o Bárbaro*", ou qualquer filme que melhor represente o sentimento que está tentando transmitir. Tenha em mente que a música de cinema é o tipo de música incidental ou de fundo, enquanto a música de videogame, em sua maior parte, é de primeiro plano. A música para videogame é geralmente, *na sua cara*, o coração batendo forte, adrenalina a mil e você chutando coisas. Uma boa maneira de criar música que corresponda a determinado ambiente ou sentimento é referenciar e utilizar determinados instrumentos para ajudar a transmitir o clima de uma cena. Por exemplo, um *didgeridoo*[6] o colocará imediatamente na Austrália. Grandes sinos tubulares ou de um coral masculino podem dar-lhe um sentido de algo fantasmagórico. O vento nas árvores e um coral feminino podem transmitir-lhe uma sensação submersa ou gelada.

Fazer trilhas para imagens é uma arte valiosa no mundo de produção de entretenimento. Independentemente se os compositores criam música para um filme, programa de televisão ou jogo, o seu papel continua o mesmo. Eles são responsáveis por transmitir informações do subconsciente e emocionais para o público. Sem a música a guiá-los, o público pode ficar inseguro sobre como se sentem sobre o que veem na tela. Sugestões musicais cuidadosamente elaboradas transmitem sentimentos e mensagens essenciais para experimentar a produção como um todo.

O cinema é linear, enquanto os videogames são interativos, de modo que você não sabe o que o jogador vai fazer a seguir. É muito mais desafiador e muito mais gratificante, como um jogador, ouvir que a música mudou quando você faz algo.

Como com muitas coisas, tempo é tudo, e o desencadeamento de sugestões musicais para a imagem não é exceção. Imagine o que aconteceria se a trilha de *Star Wars* estivesse configurada para tocar dois minutos antes da ação na tela? Seria confuso ver Luke Skywalker olhando para a

---

[6] N.R.T.: *Didgeridoo* ou *didjeridu*: instrumento de sopro dos aborígenes australianos. Trata-se de um aerofone, ou seja, um instrumento em que o som é provocado pela vibração do ar. O som no didjeridu é produzido pela vibração dos lábios e por outros sons produzidos pelo instrumentista. O *didjeridu* é um instrumento muito antigo. Estudos arqueológicos baseados em pinturas rupestres sugerem que o povo aborígene da região de Kakadu já utilizava o *didjeridu* há cerca de 1.500 anos.

casa de seu tio em ruínas com a música do bar tocando ao fundo. Felizmente, os sinais de sincronização para a mídia linear, como o filme, são fáceis porque a sequência de reprodução é a mesma com cada sessão do filme. Quando a ação é quente na tela, a trilha é animada. Quando uma cena é de suspense, a música também é. A música combina com o clima *que rola na telona*.

Os jogos não funcionam dessa forma, uma vez que não são lineares. Teoricamente, a sequência de eventos em um jogo poderia ocorrer em uma ordem diferente durante cada sessão de jogo. Uma trilha sonora linear pode rapidamente tornar-se incoerente em relação à ação que se desenvolve na tela do jogo.

O legado da música de jogo é a repetição. A repetição em trilhas sonoras de jogo tem um lado positivo e um negativo. A vantagem é que, assim como uma canção pop em alta rotação nas rádios, a música para um jogo pode rapidamente tornar-se memorável e um elemento forte na marca do título. A desvantagem é que a música pode rapidamente tornar-se irritante e pode ser desligada pelo público, que é um resultado indesejável.

Quando for criar músicas de videogame, é importante que o compositor seja cuidadoso de não ser demasiado repetitivo. Por exemplo, se você está criando uma música de dois minutos, a parte principal não deve se repetir a menos que mude um pouco ou outros instrumentos sejam adicionados, subtraídos, modificados e assim por diante. A primeira coisa a lembrar é que o jogador vai ouvir sua música várias e várias vezes, então você quer certificar-se de oferecer algo único e diferente antes de cada loop acontecer.

Sistema de áudio adaptativo

O pulo do gato para criar música e efeitos sonoros para uma experiência de jogo que evolui continuadamente é adotar um *sistema de áudio adaptativo*. Na área musical, um sistema de música adaptativa trata o problema da repetição. A maioria dos jogos tem uma música que se repete inúmeras vezes. Enquanto a música pode ser de grande qualidade, alguns jogadores acham que a repetição distrai e optam por desligar o volume. Os sistemas de música adaptativa apresentam a capacidade para a equipe de música de criar um conteúdo musical que nunca se repete da mesma forma duas vezes.

Outra vantagem de usar uma estrutura de áudio adaptativa é a capacidade de fornecer mais precisamente informações valiosas para o jogador sobre o estado do jogo. Como o estado de um jogo pode estar em fluxo, é impossível para uma trilha sonora linear manter-se atualizada e sincronizada com o contexto do jogo. Uma trilha adaptativa, no entanto, pode informar os jogadores sobre sua saúde, perigo iminente ou a distância entre seu personagem e seu objetivo. Assim, a música adaptativa pode ser uma poderosa ferramenta de design para comunicação entre o jogador e o jogo.

A música adaptativa coloca mais controle nas mãos do designer para transmitir emoção no contexto atual com os acontecimentos no jogo. Como a trilha reage a tempo de eventos específicos, a música pode crescer com a emoção nos momentos adequados ou diminuir, conforme necessário. Com uma trilha de repetição linear, a música poderia estar em qualquer ponto do seu ciclo – perdendo as oportunidades para transmitir impacto emocional.

A chave é desenvolver os sistemas de áudio que podem criar a música, sons e objetos de diálogo que têm características adaptativas programadas. O programador de áudio na equipe pode desenvolver ferramentas para as especificações do diretor de áudio, que podem permitir realizar exatamente isso. Existem também ferramentas de jogo de terceiros disponíveis, como o Creative ISACT, que têm a capacidade de introduzir variação e adaptação à música, efeitos sonoros e diálogo. A introdução dessas propriedades para um jogo e trilha sonora vai melhorar a credibilidade e a imersão.

Nem toda trilha tem de ser não linear. Não há problema em usar músicas completas para determinadas seções. Se a seção ou cena mudar, você pode utilizar uma outra variação melódica totalmente nova que reflita o estado de espírito atual. É importante notar que cada projeto vai ser diferente e exigir uma abordagem diferente para o áudio. Esse é o desafio e "faz parte da diversão" de fazer o áudio do jogo. Manter a mente aberta para todas as possibilidades técnicas é muito importante. Não tenha medo de expor e experimentar novas ideias.

> Produção de dublagem

Uma área em que os jogos, por vezes, decaem na qualidade de áudio é na produção de dublagem. Ter o orçamento adequado e o talento tornam-se muito importantes quando se busca atingir a alta qualidade de produção para os jogos. Todo esforço deve ser feito para contratar atores sindicalizados talentosos[7]. Você irá descobrir rapidamente que o dinheiro extragasto vale a pena no final. É muito mais difícil encontrar pessoas talentosas para atuar que não sejam sindicalizadas. No caso da realidade brasileira, o panorama possui características peculiares. Muitos estudantes de jogos digitais possuem algum envolvimento musical, o que os coloca em uma situação favorável para a lide de sua voz com a área da dublagem. Além disso, muitas graduações acadêmicas de cinema, teatro, artes do corpo e outras trabalham e incentivam a cooperação entre seus graduandos e os produtores *indie* de games. Por outro lado, a cultura da poesia e da fala expressiva, muito difundida no Brasil, influenciada também pelas novelas televisivas e comercias, contribuiu para que tivéssemos a participação de inúmeros atores, professores e estudantes emprestando a sua voz a projetos digitais, como hipermídias e games[8].

É importante manter-se atualizado sobre as normas e regulamentos de gravação dos dubladores do sindicato. Por exemplo, nos Estados Unidos um ator sindicalizado só pode gravar até três personagens diferentes dentro do prazo de quatro horas que você está pagando. Você vai ter de pagar mais se quiser que faça vozes de outro personagem, mesmo que seja apenas algumas linhas. Outro ponto a saber é que não se pode misturar talentos sindicalizados e não sindicalizados, em

---

[7] N.R.T.: No Brasil, várias faculdades e universidades possuem cursos de graduação dedicados à formação profissional de atores e toda a área correlata a este campo. Também existem organizações dedicadas, os chamados *sindicatos*, em todos os estados do Brasil. Para encontrá-los, basta realizar uma pesquisa na Web com a chave "sindicato dos atores", que uma generosa lista de links será oferecida.

[8] N.R.T.: Exemplos do panorama brasileiro que podem ser dados inicialmente pelos trabalhos de Kiko Goiffman, com *Valetes em slow motion (1998)* e de Sérgio Bairon e Lawrence Shum em *Hipermídia: psicanálise e história da cultura (2000)* e *Texturas sonoras (2005).* Nos trabalhos de composição e dublagem realizados por Bairon (USP) temos tanto a participação de vozes profissionais, como a de Arnaldo Antunes, como a de vozes de professores acadêmicos como Olgária Matos (USP) e Lucia Santaella (PUC-SP). Mais recentemente, destaca-se o projeto do game acadêmico *Ilha Cabu*, em curso, de Arlete dos Santos Petry (USP), disponível em: http://www.ilhacabu.net/, no qual toda a direção das locuções dos áudios das personagens tem a direção de áudio de Eliseu Lopes Filho (PUC-SP-FAAP). Além disso, vários trabalhos no Brasil, como o *Tríade* (2010), de Lynn Alvez (UEB), disponível em: http://www.comunidadesvirtuais.pro.br/triade/index.htm, têm investido na pesquisa e produção de jogos dentro da academia, e dentro do padrão da indústria nacional de jogos, sendo exemplos notáveis os trabalhos da AQUIRIS (RS) com o Bootcamp (2011), o Demo técnico para a Unity 3x. E Taikodom (2010) (http://www.taikodom.com.br/) da Hoplon (SC), um MMORPG on-line. Em todos eles, o uso de dublagens e locuções se faz presente.

um projeto, em alguns Estados dentro os Estados Unidos. No caso da situação brasileira, não existe uma normativa completamente regulamentada[9]. No Brasil, as Leis Nº 6.533 (24/05/1978) e Nº 5.615 (16/12/1968) regulamentam a profissão de *dublador*[10] junto a outras. Além disso, atualmente existem vários acordos coletivos da categoria que buscam organizar o trabalho do dublador, como o *acordo coletivo de trabalho de dublagem (2008/2009)*[11] , o qual estabelece que a primeira hora de trabalho deve contar de forma integral, para fins de pagamento, enquanto as horas subsequentes devem ser fracionadas em 30 minutos cada, ou seja, após uma hora de trabalho, se paga o valor de uma hora por 30 minutos de tempo. O acordo estabelece ainda que, se o trabalho for realizado em menos tempo do que o escalado originalmente, os valores a serem pagos deverão ser os referentes às horas previstas no planejamento. Estabelece valores para dublagens em línguas estrangeiras, valores mais altos para a dublagem para cinema, canto solo ou à capela, com ou sem acompanhamento musical; valores triplos para o diretor de dublagem e para os atores principais etc. Quanto à escala e à forma temporal do trabalho, prevê que sejam divulgadas com uma antecedência de 48 horas, anéis de gravação, podendo ser modificadas ou canceladas com 24 horas de antecedência.

Considere essas informações sucintas como um exemplo do que pode ter de gerenciar na produção de dublagens para um projeto de jogo. Esse acordo de dublagem é válido para o Estado de São Paulo. Você deve se informar e pesquisar pela existência ou não de uma normatização ou acordo de dublagem em seu estado de trabalho, principalmente se não desejar ter problemas com profissionais sindicalizados. Ainda que o trabalho profissional, com um profissional que possua formação e DRT, seja sempre mais indicado e que venha a produzir resultados esperados, a utilização de talentos vocais para dublagem pode ser uma alternativa interessante, principalmente se considerando o colocado acima, na relação em atores principais e coadjuvantes. Por outro lado, a experiência acadêmica brasileira no campo da dublagem para hipermídias e jogos indicou caminhos alternativos e interessantes que não devem ser nem desconsiderados nem esquecidos quando se pensa na relação custo-benefício para um projeto[12].

Você deve ter todas as suas bases do jogo cobertas e organizadas quando for entrar para uma sessão de dublagem. No final da sessão, desejará incorporar muitos elementos diferentes de voz para o jogo, por isso é bom gravar o máximo que puder. A seguir apresentamos uma boa lista de situações e reações que seria inteligente gravá-las para cada personagem. Para cada um dos itens da lista, grave pelo menos cinco ou seis variações de cada; *mais*, você deve fazer versões sutis, médias e altas de cada uma. É fácil ver rapidamente como um som de "pular" pode se transformar em 15 ou 20 sons diferentes e variações. Grave esses por último, pois alguns deles contêm gritos ou tensão das cordas vocais. Tome seu tempo e faça o ator improvisar alguns deles. Eles são muito importantes para o jogo; ter apenas um ou dois sons de "queda do jogador" para 20 ou mais horas de jogo torna-se algo monótono rapidamente!

---

[9] N.R.T.: Informações sobre os valores praticados pelo *Sindicato dos Artistas e Técnicos em Espetáculos de Diversões no Estado de São Paulo* podem servir de referência para um bom e adequado levantamento dos custos envolvidos com a dublagem dentro de um projeto. Veja no link: http://www.satedsp.org.br/tabelas/151-dublagem-2010-2012.html.
[10] N.R.T: A Lei Nº 6.533 pode ser acessada pelo link: http://www.planalto.gov.br/ccivil_03/leis/L6533.htm; e a lei Nº 6.615, pelo link: http://www.planalto.gov.br/ccivil_03/leis/L6615.htm.
[11] N.R.T.: Disponível em: http://www.satedsp.org.br/acordos-e-dissidios-coletivos/89-acordo-de-dublagem-20082009.html.
[12] N.R.T.: Assim como produções fílmicas acadêmicas, com vozes selecionadas, mas não sindicalizadas, conseguiram se destacar em festivais, as produções de jogos *indie* podem contar com a mesma possibilidade.

Enunciados: Provocação, autorreflexão em voz ("O que foi isso?")
Funções corporais: Respiração (sutil e pesada), tosse
Esforço físico: Pular, cair, dar um soco, empurrar, puxar, palmas
Emoções: Choro, medo, susto, triste, aliviado
Dor: Atingido na cara, atingido no estômago, tomou choque elétrico
Barulhos de morte: Caindo para morte (curto e longo), morte violenta (grito), morte súbita (última respiração), afogamento

> Áudio espacializado

Áudio espacializado é uma ferramenta perfeita para jogos. Imagine-se em um jogo de carros e ouvindo o motor de um veículo oponente vindo de trás no seu lado direito antes de ver o carro na tela. O jogador, então, rapidamente se move para a direita para cortar seu oponente, sem nunca vê-lo. Isso é áudio interativo, e esse é o futuro dos videogames.

A indústria cinematográfica utiliza áudio multicanal, mas muitas vezes é raro que os filmes realmente tirem proveito da tecnologia. Claro, há exceções, como a bala zunindo em *O Resgate do Soldado Ryan* e *Matrix*. Infelizmente, um argumento comum em Hollywood é que a imagem fica na sua frente e a ação está na sua frente, então, os sons na maior parte devem estar na sua frente. Embora isso possa ser o caso de muitos filmes, os jogos colocam o jogador no meio da ação, e é crucial para os desenvolvedores envolverem o jogador com uma *paisagem sonora imersiva*.

Se há uma cena em uma selva, cada pedaço da floresta deve cercar o jogador. A realidade é que isso leva muito mais tempo e energia para gravar e mixar, mas o resultado vale a pena.

Então, como você pode ouvir, no mundo real, o som existe em toda a extensão dos 360 graus em torno de nós. Ele vem de todas as direções. Os desenvolvedores procuram imitar a experiência do mundo real em seus mundos virtuais e exigem soluções para a reprodução realista de som. O posicionamento adequado do som nos mundos do jogo recai sobre os ombros do diretor de áudio e da equipe de som para fornecer os comportamentos realistas do som.

Áudio espacializado envolve a reprodução de som gravado de tal forma que seja percebido para situar-se em um local específico no espaço em relação ao ouvinte. A forma mais popular de áudio espacializado é o estéreo.

Colocar "espaço" em uma trilha sonora de uma produção linear, como cinema ou televisão, é bastante simples, pois a tecnologia e técnicas têm estado por aí há quase um século. Essas técnicas e ferramentas traduzem perfeitamente o componente linear do entretenimento não linear (por exemplo, cinemáticas do jogo, cenas de CGI, FMVs). O verdadeiro truque está em trazer esses elementos à vida durante o jogo. Como os eventos ocorrem em tempo real durante o jogo, reproduzir uma sequência linear de efeitos sonoros gravados simplesmente não funciona. Em vez disso, o motor de jogo deve gerar características espaciais e ambientais de sons em tempo real. Estas são baseadas em informações de localização fornecidas pelos objetos situados no ambiente espacial do jogo.

Mono

Mono é a abreviação para som monocromático. Este formato refere-se à trilha sonora de um canal. Mono é usado para sistemas que têm apenas um alto-falante alocado para reprodução de som.

Como só existe um alto-falante em um sistema mono, não há características espaciais controláveis. Mesmo o mono não sendo a principal forma de reprodução de som em sistemas domésticos há algum tempo, os consoles normalmente suportam um modo de saída mono, de modo que isso deve ser considerado. Além disso, os efeitos sonoros são em geral gravados em mono, para que possam ser colocados de forma dinâmica em torno do jogador por meio de um controle de som estéreo ou surround.

Estéreo

Estéreo é o formato de reprodução preferencial que existe há décadas e é um padrão na produção de música, hoje. A produção musical estéreo envolve duas faixas, reproduzidas em um canal esquerdo e um direito. As diferenças nos volumes de cada instrumento em cada alto-falante cria a ilusão de que os instrumentos estejam situados em um espaço entre os dois alto-falantes. Por exemplo, se os vocais de uma música em particular estiverem no volume máximo no alto-falante esquerdo, mas não no alto-falante direito, a voz vai soar como se estivesse à "esquerda". Se, no entanto, os vocais estiverem em pleno volume em ambos os alto-falantes, eles soarão como se estivessem no "centro". As alterações graduais no volume entre os dois alto-falantes farão com que a voz soe como se estivesse se "movendo" para a esquerda ou direita.

Surround multicanal

Som surround, sempre prevalente nos cinemas, envolve o uso de mais de dois alto-falantes. A configuração mais comum é conhecida como 5.1, em que o "5" representa o número de canais de saída de alto-falantes no sistema, e o ".1" (*ponto um*) representa o canal subsônico de graves, ou *subwoofer*. Em um sistema 5.1, temos três canais frontais (esquerda, direita e centro) e dois canais posteriores (esquerdo e direito). O padrão 5.1 em geral é criado de tal forma que todo o diálogo na tela acontece no canal central, a música e efeitos sonoros frontais ficam situados nos canais frontais esquerdo e direito, e os efeitos especiais de som e ambiente são colocados nos canais posteriores esquerdo e direito. Formatos *surround multicanal* podem ser criados em diversas configurações, com algumas opções semipopulares sendo 6.1 e 7.1.

Após uma tentativa falha de um formato surround de quatro canais na década de 1970, o formato quadrifônico, a indústria de cinema doméstico se afastou do multicanal em casa. Entretanto, os consumidores de hoje são experientes, e a ânsia por tecnologia de ponta, associada ao desejo de uma experiência de jogo mais envolvente possível, criou um mercado para sistemas de som surround entre os jogadores.

Para obter a quantidade maciça de dados de áudio não comprimidos em um meio de entrega fixa como um filme ou um meio digital, como DVD (seis canais de áudio sem compressão é uma enorme quantidade de dados), os dados de áudio devem ser codificados. Os dois principais formatos de codificação são o surround Dolby e o DTS. Para mais informações sobre cada uma dessas tecnologias, visite seus respectivos sites [Dolby, DTS].

Áudio 3D espacializado

Uma limitação das configurações estéreo e surround convencional é a notável falta de componente vertical. Usando esses sistemas, o som pode ser feito para parecer que está vindo pela frente, por trás ou pelos lados, mas não por cima ou por baixo. Outra limitação envolvida com sistemas multicanais surround é o custo, em que mais alto-falantes significa um maior custo para o consumidor adquirir o sistema. Uma terceira limitação reside na colocação dos alto-falantes pelo ouvinte. Reprodução correta de surround multicanal exige a colocação correta, e para muitas pessoas, a colocação correta dos seis alto-falantes envolvidos no sistema *surround 5.1* não é sempre conveniente, se não tiverem o espaço para colocá-los.

Para combater essas limitações, engenheiros de som desenvolveram o áudio 3D espacializado[13]. Usando a tecnologia de áudio 3D espacializado, um motor de jogo de áudio pode criar a ilusão de um som vindo de qualquer lugar no espaço ao redor do ouvinte. Isso implica o espaço 3D em torno do ouvinte: por cima, por baixo, pela esquerda, direita, frente, por trás e ao redor.

A tecnologia envolve uma técnica que utiliza frequências de filtragem especial que imita a forma como o som interage com a cabeça, orelhas e tórax de um ser humano. Esses filtros são chamados de *funções de transferência relacionadas à cabeça*, ou HRTFs.

As soluções de software 3D espacializado encontrou um lar na indústria dos jogos em todos os principais consoles e no mercado de PCs, graças a empresas como a Microsoft, Creative Labs, Sensaura e do legado da extinta A3D. Esses grupos investiram grande quantia de dinheiro e pesquisa para o desenvolvimento de software de middleware capaz de proporcionar ambientes de áudio 3D para os universos virtuais do desenvolvedor de jogo.

Infelizmente, a espacialização 3D tem suas limitações. Como o surround multicanal, a colocação adequada de alto-falantes é necessária para desfrutar o pleno efeito que a tecnologia oferece. Por essa razão, o áudio espacializado 3D é mais bem experienciado em fones de ouvido.

Áudio de ambiente

A direção do áudio é apenas uma parcela da imagem a ser considerada quando se modela o comportamento do som nos jogos. Algumas propriedades ambientais são igualmente importantes na transmissão do som. Qualidades como a pressão do ar, umidade, tamanho da sala, a forma do quarto, sala e materiais têm um profundo impacto sobre como uma pessoa ouve um som. A criação desses efeitos ambientais variados tornou-se um aspecto importante do desenvolvimento de áudio de jogo. Modelar a interação do som como ele realmente ocorreria em um ambiente real nos levaria a uma quantidade excessiva de poder de processamento para ser realizado. Em vez disso, as soluções modernas precisam "trapacear" de algum modo para criar uma reprodução que ofereça uma sensação realista do comportamento do som.

Como o som viaja pelo ar, ele vai refletir, se dobrar e penetrar em objetos em seu caminho. Os objetos encontrados podem ser qualquer coisa, de paredes a pessoas, bolsões densos de ar. Para piorar a situação, os objetos do mundo real são feitos de diversos tipos de materiais, como madeira, pedra, carne e plástico, que absorvem e refletem as frequências com váriados graus de almplitude. A temperatura, gradientes de vento e umidade têm um efeito profundo sobre as características tonais do som, assim como o tamanho da sala, os objetos colocados dentro dela e os materiais físicos utilizados para construir a sala e seu interior.

Todos esses fatores se combinam para verdadeiramente produzir complexas interações sonoras que afetam o ouvinte, isto no que diz respeito a qualidade perceptiva do som. Por exemplo, um grito emitido por uma personagem que se situa no lado oposto de uma parede de tijolos diante da qual

---

[13] N.R.T.: É justamente neste campo do trabalho do áudio em jogos que entra, com toda a propriedade, o conceito de *paisagem sonora*. Você poderá ter mais informações sobre os fundamentos, estrutura e potencialidades da questão da paisagem sonora, no estudo de Murray R. Schafer, *O ouvido pensante*. São Paulo: Unesp, 2000.

está parado o jogador no jogo deve soar muito diferente do que se o grito ocorresse dentro da mesma sala, na qual jogador e personagem estejam juntos.

Os jogos requerem soluções especiais de áudio para modelar o efeito que têm sobre diferentes ambientes sonoros. A maioria dos modernos sistemas de áudio para jogos tem alguma habilidade inerente de fornecer os efeitos ambientais em tempo real, modelagem no jogo de comportamento sonoro realista. De particular interesse são as soluções oferecidas pela Creative Labs. Seu trabalho tem sido mais amplo no desenvolvimento de soluções ambientais de síntese de áudio. Sua solução é chamada EAX: Environmental Áudio eXtensions. O EAX permite aos designers de áudio de jogo modelar o efeito do ambiente sobre o som. EAX tem a capacidade de dar as características de diferentes materiais para as paredes de um quarto. A Creative tem um extenso programa para os desenvolvedores interessados em integrar o EAX em suas produções, incluindo ferramentas, treinamento e suporte [CreativeLabs][14]. Realmente é a solução mais abrangente para os efeitos ambientais de áudio no negócio.

> Estúdio experiente

Como animadores, artistas e engenheiros de software, profissionais de áudio têm seu próprio conjunto de ferramentas que usam para produzir o conteúdo. De fato, os profissionais de áudio usam mais ferramentas, software e hardware do que qualquer outro profissional no processo de desenvolvimento. Enquanto um animador e programador podem sair com algumas peças de software e um computador de alta potência, profissionais de áudio precisam de uma paleta de sons variados, processamento de dispositivos, equipamentos de gravação e outras artes para alcançar seu pleno potencial. Esta seção aborda as principais ferramentas do mundo de produção de áudio.

Todo músico precisa de um bom sequenciador para compor música. Macs e PCs têm grandes softwares de sequenciamento. O melhor conselho seria fazer o download na Internet de demos diferentes para cada um. Seja Cakewalk para o PC ou Digital Performer ou Cubase para o Mac, um sequenciador confortável para criar música é muito importante. Além do sequenciador, ele precisará de um robusto pacote de sons e instrumentos. Programas como o GigaStudio ou plug-ins VST permitem-lhe que tenha milhares de sons diferentes e únicos em suas mãos. Não existe realmente qualquer estilo para músicas de videogame, portanto você pode ser convidado a integrar muitos sons diferentes, estilos e técnicas em sua escrita musical. Um bom conjunto de instrumentos e sons irá permitir que o faça isso.

Muitos profissionais de áudio para jogos usam o programa Sound Forge para o PC. É um dos programas de computador mais versáteis, fáceis de usar e acessível do mercado. Existem toneladas de plug-ins disponíveis para torná-lo ainda mais poderoso. Outra peça de equipamento que um designer de som irá precisar é de uma máquina DAT portátil ou dispositivo de gravação digital com um microfone grande para captar todos esses efeitos sonoros tomados de suas saídas de campo, fora do estúdio.

Ao montar tudo para a cinemática pré-renderizada de jogo, como música, efeitos sonoros e diálogo, uma boa ferramenta de pós-produção torna-se importante. Seja Digital Performer ou

---

[14] N.R.T.: Informações, principalmente sobre o EAX 1.0 destinado a jogos, podem ser acessadas pelo link: http://www.creative.com/soundblaster/technology/welcome_flash.asp?j1=eax.

Pro Tools em um Mac rápido ou a Nuendo ou Vegas no PC, um bom programa de software para a mixagem eleva o nível de qualidade e conveniência.

Hardware

Estúdios modernos se centram em torno de ambientes de produção do computador, limitando a dependência histórica que os profissionais de áudio de hardware tiveram durante décadas. Isso não quer dizer que partes específicas de hardware não são necessárias em um ambiente de qualidade de gravação. Existem grandes mixadores, caixas de efeitos e outras ferramentas que os designers de áudio podem usar para criar recursos de ponta para jogos. Diretores de áudio sabem do que precisam e o que pode ser substituído pelo software. Há alguns componentes críticos de hardware que são obrigação para um grande estúdio de produção de áudio.

A tríade

Razoavelmente, os três componentes mais importantes em um conjunto de produção de áudio são os microfones, conversores A/D e os monitores (ou seja, alto-falantes), todos componentes de hardware. Esses três dispositivos são necessários para obter o melhor som possível no ambiente do computador e para controlá-lo. São absurdamente caros, mas essenciais para a criação de um som excelente. Se seu objetivo é ter um estúdio de som em casa, não hesite quando vir os preços desses itens.

PC *versus* Mac

O debate sempre polêmico sobre a superioridade da plataforma não é estranho ao mundo da produção de áudio. Houve um tempo em que produção musical high-end (de alta qualidade) só poderia ser feita em um Mac. Isso já não é verdade, e agora os PCs são muito populares como plataformas de produção de áudio.

Um aspecto a ter em mente é que as ferramentas de áudio do jogo como a SCREAM e XACT só serão executadas em um PC, por isso, em algum momento, se você for desenvolver som em um jogo, um PC será necessário. Cerca de 99% de todo o desenvolvimento de áudio vive no mundo dos PCs, assim planeje ter alguns PCs no ambiente de desenvolvimento de áudio.

Software

A pedra angular da produção moderna de áudio é o ambiente de gravação/edição de software. As atuais opções de software para a produção são muito mais rentáveis do que as instalações de produção pesada do século XX. Enquanto alguns da velha guarda acreditam que o software não é substituto para dispositivos de hardware testados, mudanças no cenário da produção de mídia ditam que, pelo menos no momento, aquele software é a solução dominante, e o mundo do áudio não é exceção.

Aplicativos para produção de áudio

Existem muitas grandes ferramentas de software para a gravação/produção de música, edição de clipes de som e ajustes de efeitos de som. Há dois tipos principais de produção de software: *software multitrilha (multipista* ou *multicanais)* e *software de edição/masterização estéreo.* O software de produção de áudio é bastante padronizado de uma indústria para outra. Embora existam alguns aplicativos não comerciais, abordaremos os específicos para o campo de áudio de jogo.

O *software de gravação multitrilha* é usado principalmente para produzir música, embora esses pacotes sejam úteis para criar complexos efeitos de som de várias fontes. *Software de edição/masterização estéreo* é usado para editar e cortar diálogos, ajustar efeitos sonoros e dar os últimos retoques em arquivos de música.

Pacotes populares de software multitrilha incluem:

- Cakewalk Sonar
- Steinberg Cubase SX
- Steinberg Nuendo
- Digidesign Protocols
- MOTU Digital Performer
- Apple Logic

Pacotes populares para edição/masterização incluem:

- Sony Sound Forge
- Steinberg Wavelab
- Adobe Audition

As chances são de que sua equipe de áudio vai empregar um ou mais desses pacotes no desenvolvimento de recursos de áudio. Pode ser útil se familiarizar com os nomes desses programas, pois aparecem muito em conversas sobre áudio.

Instrumentos e efeitos virtuais

Os *instrumentos virtuais*, programas de software que criam som, estão substituindo os sintetizadores e samplers nas estações de trabalho. Esse recente pico na popularidade está reduzindo o custo de produção do estúdio de áudio. Alguns acreditam que o som de um instrumento virtual não pode corresponder ao de suas contrapartes reais, e em alguns casos, isso parece ser verdade. No entanto, a qualidade dessas ferramentas aumenta a cada ano e, em alguns casos, até mesmo o ouvido mais bem treinado não consegue diferenciar entre o real e o virtual.

Os samplers de software são particularmente úteis na produção do áudio para o jogo. Sistemas como GigaStudio, Kontact e Mach 5 podem carregar arquivos de amostra gigantes que, quando programados corretamente, podem soar como uma orquestra real e plena. As bibliotecas de orquestra da Vienna Symphonic Library, Sonic Implants e Garritan Orchestral Strings proporcionam uma qualidade de som quase natural. Essas ferramentas são perfeitas para criar trilhas sonoras simuladas que mais tarde servirão de referências quando a trilha sonora real for gravada. Elas também são úteis quando um projeto é confrontado com recursos extremamente limitados para o orçamento de música.

Nada substitui o som de uma orquestra real executando uma peça musical, mas a fidelidade de amostras de orquestras de alta qualidade é algo verdadeiramente surpreendente.

Bibliotecas de efeitos sonoros

Era uma vez, os efeitos de som de jogos que consistiam nos tipos *sound chips programados* para imitar os sons da vida real. Hoje, os sistemas de jogo têm memória capaz de reproduzir grandes amostras do som gravado. A diferença no realismo tem melhorado a qualidade dos jogos acentuadamente.

Um desafio na produção de efeitos sonoros para jogos está em onde conseguir gravações de determinados sons. Nem sempre é fácil gravar o som de um vulcão, um avião de caça da Segunda Guerra Mundial ou uma lhama. A solução é a biblioteca de efeitos sonoros. Bibliotecas são coleções de efeitos de som de gravações que abrangem uma variedade de fontes, como sons de animais, sons de veículos, sons da cidade e assim por diante. Há muitas bibliotecas comerciais disponíveis, incluindo o kit SFX da Sound Ideas[15], a primeira criada especificamente para uso em jogos e outras mídias.

〉 O negócio

Apenas ter talento e experiência técnica não são suficientes. Networking, como se diz, relacionamento, é também cerca de 50% do jogo para qualquer músico aspirante. VPs, produtores, designers e programadores mudam de emprego muitas vezes, então se você pode impressioná-los, inicialmente, continuarão voltando e sua lista de clientes em potencial será enorme em um curto período de tempo.

Game Audio Network Guild

Se você está decidido em se tornar um profissional de áudio na indústria dos jogos, será extremamente útil se juntar à Game Audio Network Guild [Gang]. A G.A.N.G. é uma organização sem fins lucrativos criada para educar as massas em relação ao áudio interativo, fornecendo informação, instrução, recursos, orientação e esclarecimento aos seus associados e fornecedores de conteúdos e ouvintes em todo o mundo. Ela capacita seus membros por meio da criação de recursos para educação, negócios, questões técnicas, comunidade, publicidade e reconhecimento. Também apoia o desenvolvimento de carreira para os aspirantes a profissionais de jogo de áudio, editores, desenvolvedores e estudantes.

A G.A.N.G. é um recurso para os compositores, designers de som, programadores, músicos, atores, engenheiros, produtores, designers, diretores e outras pessoas que tenham um interesse genuíno em áudio interativo. Ao se unirem e se organizarem em uma só voz, os membros podem articular melhor, discutir e problematizar as questões dentro da comunidade do entretenimento interativo. Um dos focos e metas da G.A.N.G. é incentivar e promover a criação de uma melhor sonoridade de áudio, que avança a indústria interativa por ajudar a produzir produtos mais competitivos e divertidos.

A G.A.N.G. promove e reconhece a qualidade por meio da G.A.N.G Awards Show anual. Seu site (www.audiogang.org) oferece uma riqueza de informações relativas ao universo de áudio interativo e das pessoas que trabalham ou que aspiram fazer parte dele.

Paixão e localização

Se você é apaixonado o suficiente, nunca deve desistir. A paixão direciona tudo! A vontade de vencer, de fazer cada vez melhor e de sobreviver se torna muito importante em qualquer indústria. Outro elemento importante é estar no lugar certo. Se está procurando entrar na indústria dos jogos, você precisa se mudar para um lugar que tenha muitas oportunidades para o desenvolvimento

---

[15] N.R.T.: Podendo ser acessada em: http://www.sound-ideas.com/.

de jogos. Considerando os Estados Unidos, Los Angeles é o centro da indústria do entretenimento em geral, incluindo o negócio de jogos. San Francisco, Seattle e partes da Inglaterra estão cheias de atividade da indústria de jogos também. Vancouver, Boston e partes do Texas também estão crescendo.

Talento e determinação são os dois maiores bens que você poderia ter. Com determinação suficiente, você pode alcançar/encontrar/criar sucesso. Reúna suas melhores canções escritas em um CD e vá para a convenção E3 em Los Angeles e/ou a Game Developers Conference. Distribua CDs, faça amigos, aprenda e se relacione com as pessoas. Leve sua gravação de demonstração e envie-a para todas as empresas de jogos. É tudo uma questão de estar no lugar certo, e será muito difícil você ser descoberto se estiver sentado em seu quarto sem fazer nada. Isso vale para entrar em qualquer parte da indústria; tudo isso é para que você escale o topo e sobre quem você conhece.

Um CD com cerca de cinco ou seis das suas melhores canções ou demonstrações de efeitos sonoros será o seu currículo. É sempre melhor apresentar o material que você amou escrever. Não envie uma gravação de demonstração que tenha diferentes variedades de música. Basta enviar o estilo que você gosta de escrever. É sempre a música que melhor soa, porque vem de seu coração.

Um estudo do áudio é sempre útil, mas a aprendizagem de ferramentas de software e ser um aprendiz de alguém que já está trabalhando no campo são muito mais vantajosos. É uma ótima ideia ir a todas as feiras para conhecer pessoas na indústria.

Ir a Game Developers Conference e a E3 também é muito importante [GDC, E3]. Saiba mais sobre a indústria por meio da G.A.N.G, Gamasutra e organizações como o IGDA [GANG, Gamasutra, IGDA]. Alguns grandes livros em áudio incluem *The Complete Guide to Game Audio* [Marks08a], *Game Development Essentials: Game Audio Development* [Marks08b], *Game Sound* [Collins08], *The Fat Man on Game Audio* [Sanger03], e *Audio for Games: Planning, Process and Production* [Brandon04].

Resumo

A produção de áudio acrescenta um crescimento gigantesco para a experiência geral de qualquer jogo. Nos últimos anos, o processo de criação e execução de áudio para jogos deixou de ser um adendo para tardiamente se converter em um tema que possui uma ampla reflexão. Orçamentos têm aumentado, e profissionais de áudio dedicados são membros principais das equipes de produção. Com a sua contribuição sutil, mas importante, emocional e informativa, o áudio fornece o alicerce subconsciente para a experiência de jogo que faz o jogo parecer "real".

Para os jogos fornecerem a experiência de qualidade que o público esperou por mais de um século das idas ao cinema, os criadores do jogo devem levar a sério o pré-planejamento, criação e desenvolvimento do conteúdo de áudio em seus mundos de jogo.

Exercícios

1. Por que o áudio interativo, em oposto ao áudio estático, é importante para os jogos?
2. Escolha um jogo popular e estude o design de som da música. Como a música influencia o clima e o ritmo? A música combina com o nível de tensão a todo o momento? Qual é a relação

existente entre a música real para com a ambiente? Como o jogo lida com a alteração de trilhas de música?
3. Escolha um jogo popular e estude o design de som dos efeitos sonoros. Faça uma lista de todos os efeitos sonoros que você ouvir durante cinco minutos de jogabilidade e que ação ou evento causou. Marque quais são colocados em um espaço 3D ao redor do jogador. Qual é o número máximo de efeitos sonoros reproduzidos de uma vez? Para um dado efeito, como passos, quantas variações diferentes você consegue detectar?
4. Escolha um jogo popular e estude o design de som da sua dublagem. Quantas vozes existem? As frases são editadas por fragmentos que são colados ou gravadas em uma peça única? Critique a qualidade da atuação das dublagens.
5. Planeje a ambientação sonora para um jogo de esporte de sua escolha. Liste os tipos de efeitos sonoros junto com o que os ativa. Liste os tipos de música e ambiência.

Referências

[Bairon00] Bairon, Sérgio; Petry, Luís Carlos. *Hipermídia: psicanálise e história da cultura*. Caixas do Sul: Educs, 2000.
[Bairon05] Bairon, Sérgio. *Texturas sonoras*. São Paulo: Hacker, 2005.
[Brandon04] Brandon, Alexander, *Audio for Games: Planning, Process, and Production*, New Riders, 2004.
[Collins08] Collins, Karen, *Game Sound: An Introduction to the History, Theory, and Practice of Video Game Music and Sound Design*, The MIT Press, 2008.
[CreativeLabs] Creative Labs, http://developer.creative.com/.
[Dolby] Dolby, www.dolby.com.
[DTS] DTS, www.dts.com.
[E3] Electronic Entertainment Expo, www.e3expo.com.
[Gamasutra] Gamasutra, www.gamasutra.com.
[GANG] Game Audio Network Guild, www.audiogang.com.
[GDC] Game Developers Conference, www.gdconf.com.
[Goiffman98] Goiffman, Kiko. *Valetes em slow motion*. Campinhas: Ed. Unicamp, 2008.
[IGDA] International Game Developers Association, www.igda.org.
[Marks08a] Marks, Aaron, *The Complete Guide to Game Audio: For Composers, Musicians, Sound Designers, and Game Developers, Second Edition*, CMP Books, 2008.
[Marks08b] Marks, Aaron, and Novak, Jeannie, *Game Development Essentials: Game Audio Development*, Delmar Cengage Learning, 2009.
[Sanger03] Sanger, George A., *The Fat Man on Game Audio: Tasty Morsels of Sonic Goodness*, New Riders, 2003.

> Índice

A

ação de sobreposição, explicando, 731
ações
 considerando em cinemática, 762-763
agente de elenco, o papel da equipe de diálogo, 774
animação de personagens
 fluxo de produção de, 732-746
 Veja também animações
animação facial, visão geral de, 746-748
animação, construindo os keyframes manualmente, 741-746
animação pose a pose
 explicação, 742
 usando, 745
animação para reprodução em tempo real, 729-732
animações
 facial, 746-748
 fluidez de, 745
 recomendações, 744
 simulação, 751
 Veja também a animação de personagens
animadores
 expectativas de, 728
 responsabilidades de, 728
antecipação, expressando, 730-731
armação de esqueleto, criando, 736-739
articulações de geometria, colocando perto, 735
aterramento de efeitos especiais, criticando, 709
atores da voz, o papel da equipe de diálogo, 774

áudio
 desenvolvimento, 776-778
 espacializado, 785-787
áudio design, fundamentos, 775-776
 3D, 787
áudio espacializado
 áudio de ambiente, 787-788
 estéreo, 786
 mono, 786
 surround multicanal, 786
 visão geral de, 786

B

basquete de rua, exemplo de design de som, 779-780
braço direito, construindo no modelo de caixa, 661
braço esquerdo, criando no modelo de caixa, 662
braços
 construção do modelo de caixa, 662, 666
 BSP, modelagem (particionamento de espaço binário)
 visão geral de, 672-673

C

cabeça, aproximando-se no modelo de caixa, 660, 666, 668
calendário de efeitos especiais, criticando, 708
captura de movimento (mocap)
 visão geral de, 748-749
caracteres
 mapeamento de textura, 693-700
carros de modelagem, 673-675
carros, modelagem, 673-675
chefe da função de transferência relativa (HRTF)
 codificação, o uso de, 787

cinemática
 agendamento, 761
 avançar o enredo, 757-761
 definição, 742
 dicas, pistas e instruções, 758
 estimulação, 757
 ferramentas, 759-760
 frente *versus* inverso, 742
 integrando nos jogos, 757
 introduções, finais, e de volta a história, 757-758
 maquinima, 759
 oferecendo recompensas, 757
 pré-renderização, 758-760
 pré-renderizado *versus* em jogo, 758
 transmitir emoção, 757
 Veja também FK (cinemática para a frente); IK (cinemática inversa)
cinemática inversa (IK)
 usando, 742
 Veja também FK (cinemática para a frente); cinemática
cinemática para a frente (FK)
 usando, 742
 Veja também IK (cinemática inversa); cinemática
circulação, considerando-se em animações, 761-764
clima, com ajuste de iluminação, 721
clipes de animação, salvar e carregar, 744
composições, equilíbrio, 644
contagem de partículas, considerando para efeitos especiais, 713
coordenadas polares, usar com efeitos especiais, 711
Coordenadas UV
 especificando no mapeamento de textura, 691-692

mapeamento, 692-694
cores
 considerando em design gráfico, 646, 649-650
 difusa, 689
 retratando com profundidade, 682
cores, teoria das
 cores primárias, identificando, 647

D

densidade de efeitos especiais, criticando, 709
desenho de som
 ambiente, 781
 membros da equipe, 773-774
 visão geral de, 779
desenvolvedor, o papel da equipe de design de som, 774
design de IU (interface de usuário)
 considerações, 648-651
 elementos, 649-654
 visão geral de, 648-649
design gráfico
 elementos, 645-646
 visão geral de, 644
direção
 considerando, cinemática, 762-763
diretor de áudio/gerente, o papel na equipe de design de som, 773
diretor de dublagem, o papel da equipe de diálogo, 774
diretor musical, o papel da equipe de música, 771-772
dispersão dos efeitos especiais, criticando, 709
Dragon's Lair, 755

E

EAX (Environmental Audio eXtensions), uso de, 788
edição, considerando em animações, 763

editor de diálogo, o papel da equipe de diálogo, 774-775
efeito cinematográfico, descrição, 705
efeito, definição, 703
efeito de jogo, descrição, 705
efeito destrutível, descrição, 705
efeitos de ambiente, descrição, 705
efeitos especiais
 CPU *versus* partículas GPU, 715
 crítica, 708
 desempenho, 712-716
 desenho com shaders, 710-711
 dicas profissionais, 716
 elementos, 705
 física, 711-712
 limitações de tempo, 712
 otimizações, 712-716
 quatro milissegundos para desenhar, 714
 repartição, 713
 shaders, 710-711
 solicitando novos recursos, 716
 tempo de desenhar, 714-715
 terminologia, 702
 tipos de, 704-705
 tipos de partículas, 704
efeitos especiais, crítica, 709
efeitos especiais frenéticos, crítica, 710
efeitos especiais viscerais, crítica, 710
efeitos sonoros
 bibliotecas, 791
emissor, definição, 703
emoções
 entrega em cinemática, 756
ênfase, a criação, 645
engenharia reversa, visão geral de, 671-672
engenheiro assistente, o papel da equipe de música, 773

engenheiro de gravação, o papel da equipe de música, 772
engenheiro de masterização, o papel da equipe de música, 773
engenheiro de mixagem, o papel da equipe de música, 772-773
engenheiro de som, o papel da equipe de design de som, 773
envelopes, utilizando em aparelhamento, 741
Environmental Audio eXtensions (EAX), uso de, 788
equilíbrio, simétrico *versus* assimétrico, 644
equipamento, através de envelopes em, 740
equipe de áudio
 equipe de design de som, 773-774
 equipe de diálogo, 774-775
 equipe de música, 771-773
equipe de diálogo, os membros da, 774-775
equipe de música, os membros da, 771-773
espaço e tempo, considerando, 729
espaços, considerando em design gráfico, 646
esqueletos
 malhas vinculativas para, 739-740
estimulação
 considerando, cinematicas, 757
estúdios de som. *Veja* ferramentas de áudio
explosão, criando, 707
explosão de foguetes, exemplo de, 706-708

F

faíscas, acrescentando à detonação de foguetes, 708

ferramenta Render Monkey, características da, 711
ferramentas de áudio
  bibliotecas de efeitos de som, 791
  hardware, 789
    instrumentos virtuais e efeitos, 790-792
  PC *versus* Mac, 789
  software, 789
  tríade, 789
  visão geral de, 786
física
  aplicando efeitos especiais, 711-712
FK (cinemática para a frente)
  usando, 742
  Veja também IK (cinemática inversa); cinemática
fluxo de produção para animação de personagens
  criação de armação de esqueleto, 736-741
  keyframe, 742-746
  modelagem e mapeamento de textura, 735
  ponderação vértice, 741
  trabalho de planejamento, 733-734
  visão geral de, 732-733
fontes
  criação, 653
  serif *versus* sans serif, 652
  TrueType *versus* bitmap, 653
fontes bitmap *versus* fontes TrueType, 653
fontes internacionais, considerando, 652
fontes sans-serif *versus* serif, 651
fontes serif *versus* sans serif, 651
fontes TrueType *versus* bitmap, 653
forma de tronco, aproximando em modelo de caixa, 659-660, 666-667
formas, considerando design gráfico, 646

fronteiras de textura, criando, 697
fulgor, somando-se a detonação de foguetes, 707
fumo, criando, 705

G
Game Audio Network Guild (GANG), formação, 791-792
GANG (Game Audio Network Guild), juntando, 791-792
geometria
  construindo, 673-676
grades
  utilizando na concepção da interface do usuário, 651

H
holofotes, usando, 722
HRTF (Head Relative Transfer Function) codificação, o uso de, 786

I
IK (cinemática inversa)
  usando, 742
  Veja também FK (cinemática para a frente); cinemática
iluminação
  configuração com humor, 721
  dirigir com atenção, 721
  Efeitos de lente e uma atmosfera, 724
  ênfase na forma, 721
  e superfícies, 719
  luminância, 720
  texturas iluminadas, 724-725
ilustração de produção, considerando, em cinemática, 764-765
imagem de teste, criando em mapeamento de textura, 697
impacto de efeitos especiais, criticando, 709

insinuando, considerando-se em design de interface do usuário, 653
instrumentos virtuais e efeitos, utilizar, 790-792

J
jogo on-line *Final Drive Nitro*, 673-675
jogos de corrida
  modelagem de carros, 673-675
Johnson, David, 668

K
kerning, considerando no design de interface do usuário, 652

L
linguagem cinemática
  ação e direção, 762-763
  edição, 763
  enquadramento, 762
  ilustração de produção, 764-765
  movimento, 762-764
  pesquisa, 764
  práticas de produção, 765
  storyboards, 764-765
  visão geral de, 755
linhas
  em design gráfico, 646
localização, considerando em design de IU, 651
luminância, visão geral de, 719
luz ambiente, usar, 723-724
luz de área, usar, 723
luz direcional, utilizando, 722
luzes do ponto, utilizando, 722

M
malhas
  vinculativo para os esqueletos, 739-740
malhas LOD, utilizando em jogos de corrida, 674

mão, construção no modelo de caixa, 665-666
mapas alfa, usar em mapeamento de textura, 689
mapas de cores, usando, em mapeamento de textura, 689
mapas de opacidade, usando no mapeamento de textura, 689
mapas de relevo, utilizar no mapeamento de textura, 689
mapas de transparência, usando em mapeamento de textura, 689
mapas normais
 criação, 672
mapeamento de projeção da imagem, explicação, 692
mapeamento de projeção plana, explicação, 692
mapeamento de textura
 caracteres, 693-700
 etapas envolvidas na, 688
 imagens 2D baseadas em arquivo usado para, 688-689
 modelagem, 735
 preparando para, 689-694
 sistema de coordenadas, 691-692
matiz, definição, 647
metamorfose, usar com animação facial, 747
método maquinima, utilizando a cinemática, 759
mocap (captura de movimento)
 visão geral de, 748-749
modelagem de baixo polígono, 675, 735
modelagem por caixa com polígonos
 afinando o personagem, 659-663
 conceito esboço, 658-659
 modelo de refino, 663-668
modelagem e mapeamento de textura, 735
modelos de luz
 holofotes, 722

luz ambiente, 722-724
luz de área, 722
luz direcional, 722
ponto de luz, 722
visão geral de, 719
movimento: ação e direção dentro de um frame, considerando a cinemática, 762
movimento de looping, frames de início e final do, 744
movimento secundário de efeitos especiais, criticando, 709
música
 criando, 781-782
 interativa, 780-781
 sistema de áudio adaptativo, 782-783
 streaming, 781

N

negócio de áudio
 GANG (Game Audio Network Guild), 791-792
 paixão e local, 791
NURBS (Non Uniform Basis Spline Rational), 669-670

O

ossos
 exibir trajetórias de, 745
 posicionamento adequado em equipamentos, 737

P

partícula billboard, descrevendo, 704
partícula ribbons, descrevendo, 704
partículas
 definindo, 703
 tipos de, 704
partículas de CPU *versus* partículas de GPU, 715
partícula sprite, descrevendo, 704

perna direita, construindo no modelo de caixa, 662
perna esquerda, criando no modelo de caixa, 662
pernas
 acrescentando detalhes, 664
 construção do modelo de caixa, 662
pescoço, extrudando no modelo de caixa, 660
peso de efeitos especiais, criticando, 709
pesquisa, conduzir para a cinemática, 764
plataformas
 criando, 736-741
polígonos. *Veja* modelagem por caixa com polígonos
ponderação do vértice, visão geral de, 741
animação pose a pose
 explicação, 742
 usando, 745
práticas de produção, considerando, em cinemática, 765
produção de áudio, os pedidos de, 790
produtores de música, o papel da equipe de música, 772
profundidade, transmitindo através da cor, 682
prototipagem rápida, considerando em design de interface do usuário, 654

R

recompensas, oferecendo em cinemática, 757
renderização de partículas Z-feather, descrição, 704
reprodução em tempo real, animando para, 729-732
resumo de voz sobre a produção, de, 783-785
ritmo
 definindo, 645

S

saturação, definindo, 647
sequência de movimentos, construindo, 733
shaders
  usando com efeitos especiais, 710-711
shaders de mistura, usando com efeitos especiais, 710
simulação de animação, visão geral de, 751
sistema de áudio adaptativo, usar, 782-783
sistema de menu
  utilizar na concepção da interface do usuário, 650
sistemas de partículas
  criando, 705-708
  definindo, 703
sites
  GANG (Game Audio Network Guild), 777, 791-792
sombras, visão geral de, 724
sons
  Veja áudio
storyboards, considerando, em cinemática, 764-765
streaming de música, usar, 781
subdivisão de superfícies, visão geral de, 670
sujeira, acrescentando à detonação de foguetes, 707

T

tamanho, considerando em design gráfico, 646
técnica de sobreposição de ação, usando, 731
técnica de *squash* e *stretch*, exemplo, 730
tempo e espaço, considerando, 729
tempo real, personagens, animação, criação de, 735
teoria das cores, visão geral, 646-648

texturas
  considerando no design gráfico, 646
  iluminadas, 725
  para a detonação de foguetes, 706
  procedurais, 711
  usando em jogos de corrida, 674
texturas de iluminação, utilizando, 724-725
texturas *flipbook*, utilizando, 711
texturas procedurais, utilizando com efeitos especiais, 711
tipografia, considerando em design de IU, 651-654

U

unidade, definção, 645

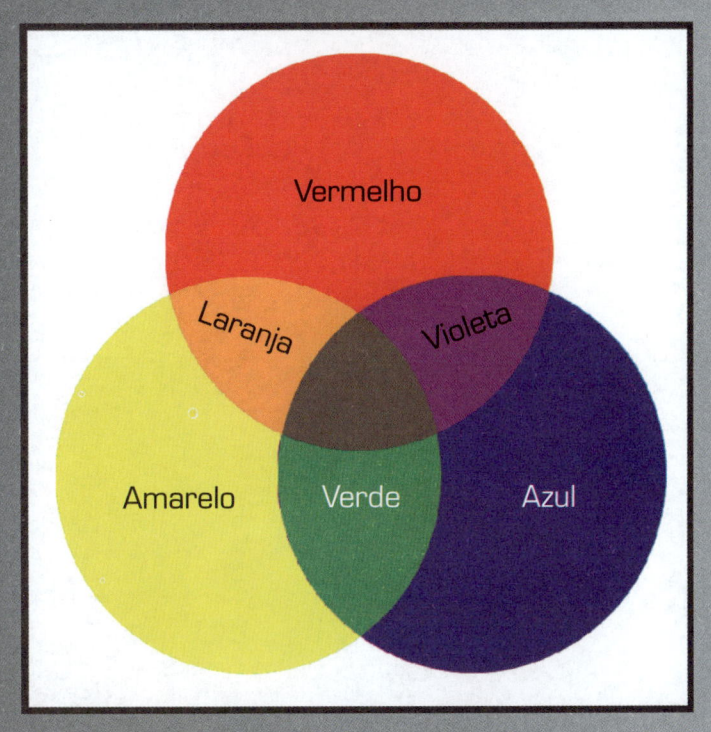

Imagem colorida 1 Um exemplo de cor subtrativa.

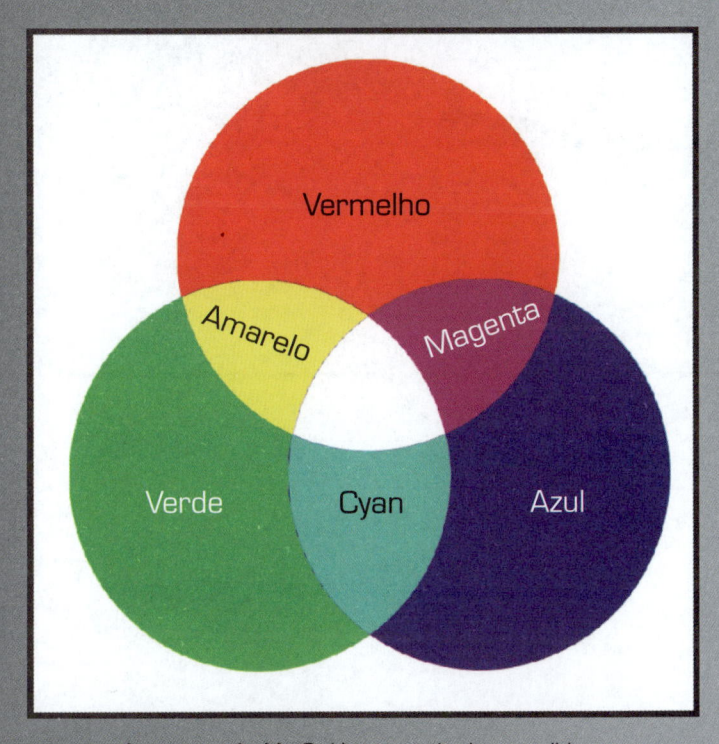

Imagem colorida 2 Um exemplo de cor aditiva.

Imagem colorida 3 Phoenix Assault antes da aplicação dos princípios de profundidade e volume.

Imagem colorida 4 Phoenix Assault depois que os princípios de profundidade foram aplicados.

Imagem colorida 5 As paredes de gelo de Polar Bowler dependem fortemente da coloração de vértices para adicionar interesse para uma única textura ladrilhada.

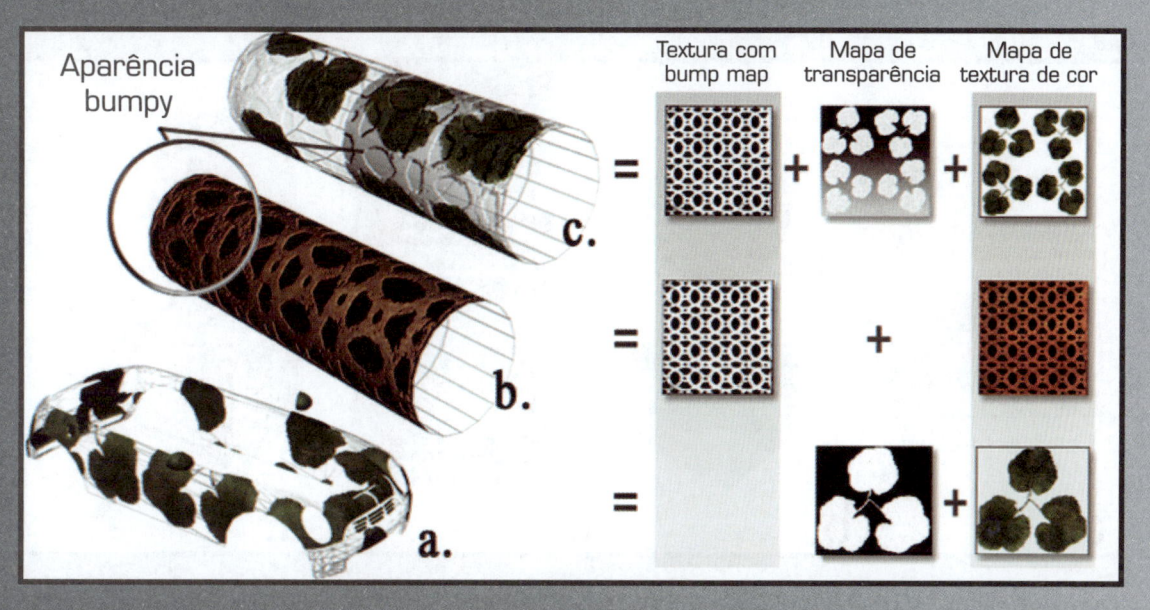

Imagem colorida 6 Exemplos de texturização com uma bump map, um mapa de transparência e um mapa de textura de cor.

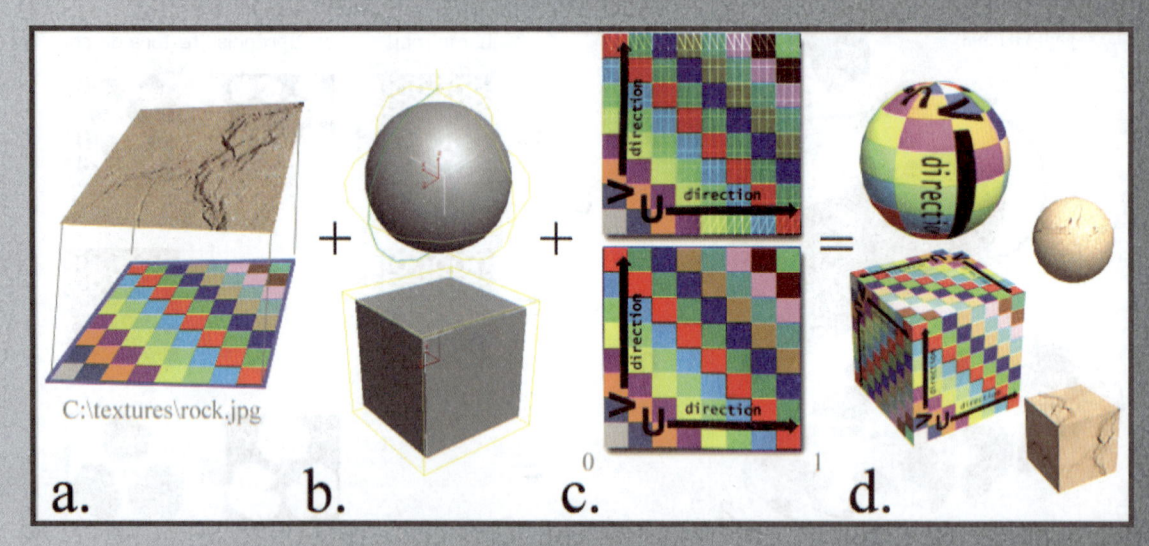

Imagem colorida 7 Mapeando uma textura em uma superfície.

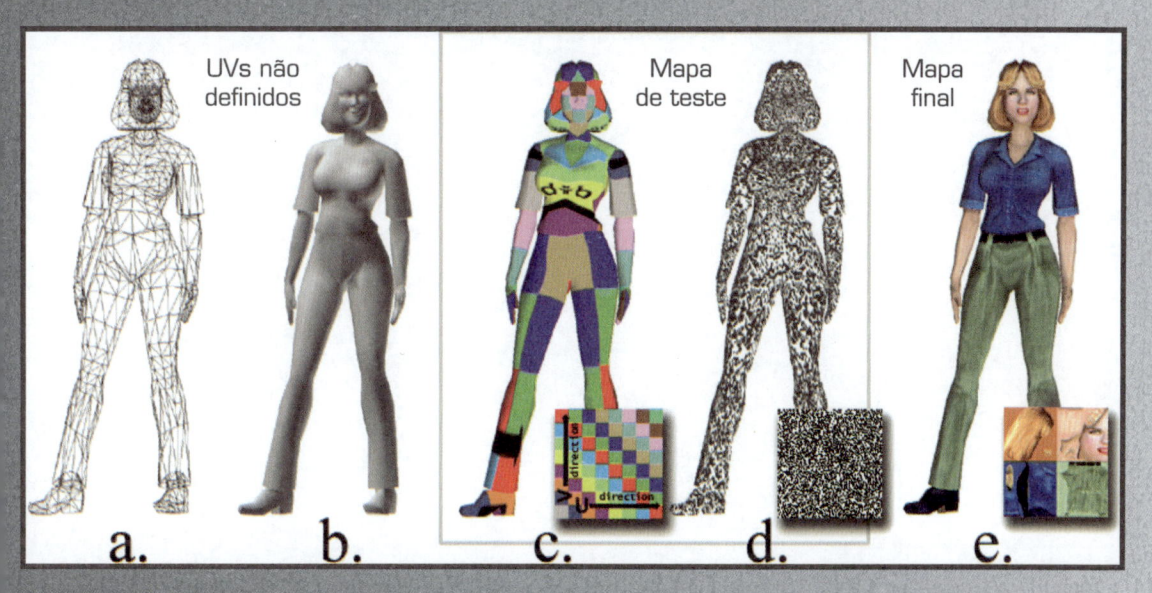

Imagem colorida 8 Exemplo de uso de mapas de teste para calibrar a qualidade do mapeamento da textura, com o resultado final à direita.

CARBON FREE

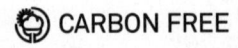

A Cengage Learning Edições aderiu ao Programa Carbon Free, que, pela utilização de metodologias aprovadas pela ONU e ferramentas de Análise de Ciclo de Vida, calculou as emissões de gases de efeito estufa referentes à produção desta obra (expressas em CO_2 equivalente). Com base no resultado, será realizado um plantio de árvores, que visa compensar essas emissões e minimizar o impacto ambiental da atuação da empresa no meio ambiente.